Advent, Advent,
der Christbaum brennt

Herausgegeben von Heike Abidi und Anja Koeseling

Advent, Advent, der Christbaum brennt

24 neue Geschichten
aus der chaotischen
Weihnachtszeit

Inhalt

Weihnachten ohne Stress

7 ultimative Entspannungstipps zum Fest

Haben Sie sich als Kind auch immer so unbändig auf Weihnachten gefreut? Was waren wir doch alle naiv. Damals ahnten wir noch nichts von Vorweihnachtshektik und Geschenkestress ...

Wie schön wäre es doch, noch einmal so unschuldig und frei von Zwängen zu sein wie damals! Und wissen Sie was? Es ist möglich, genau das noch einmal zu erleben. Zwar können wir die Uhr nicht zurückdrehen, wohl aber die Stressfaktoren so klein wie möglich halten.

1: Deko-Downsizing
»Früher war mehr Lametta? Im Gegenteil!«

Mit dem vorweihnachtlichen Dekorieren könnten Sie locker zwei bis drei komplette Arbeitstage verbringen. Bis jeder Leuchtstern am perfekten Platz erstrahlt, jedes Krippenfigürchen nach Feng Shui ausgerichtet und jedes Sprühschneefensterbild angebracht ist, braucht es seine Zeit. Wann hat das eigentlich angefangen, dass ein simpler Adventskranz und vielleicht noch eine Bodenvase mit strohsternbehängten Tannenzweigen nicht mehr ausreichten?

Unser Tipp: Reduzieren Sie den Weihnachtsschmuck auf ein Minimum. Am besten konzentrieren Sie sich auf die Stücke, die Ihnen so gut gefallen, dass Sie sich theoretisch auch das ganze Jahr über daran erfreuen könnten. Und dann tun Sie genau das!

Merke: Was man nicht wegräumt, muss man im nächsten Advent auch nicht wieder suchen ...

2: To-do-Cancelling
»Abhaken ist gut. Durchstreichen ist besser!«

Vielleicht hat man Ihnen geraten, Aufgaben zu verteilen, um den Stress zu reduzieren. Vergessen Sie das! Das macht am Ende sogar noch mehr Arbeit. Bekämpfen Sie das Übel lieber an der Wurzel und stutzen Sie die Aufgabenliste auf das absolut Notwendige zurecht! Ganz ehrlich: Glauben Sie wirklich, Ihre Verwandtschaft freut sich über die alljährlichen Hunde-und/oder-Kinder-mit-Nikolausmützen-Fotos? Sind Sie sicher, dass Sie die Feiertage ohne frische Strähnchen nicht überstehen? Und wer soll bloß all die Plätzchen essen, die Sie im Schweiße Ihres Angesichts backen?

Unser Tipp: Das sprichwörtliche »Was du heute kannst besorgen, das verschiebe nicht auf morgen« tritt an Weihnachten außer Kraft! Machen Sie sich nicht mehr Arbeit als nötig. Am besten gar keine.

Merke: Die Wohnung putzen, bevor die Gäste kommen, ist so sinnvoll, wie den Verdauungsschnaps vor dem Essen zu trinken!

3: Shopping-Minimalismus
»Eines für alle statt für alle irgendwas«

Was dem Großvater schenken, der doch eh alles hat? Was der Mutter, die überhaupt keine Hobbys pflegt? Was dem Onkel, der gar nicht so viele Socken durchlöchern kann, wie er Jahr für Jahr bekommt? Geschenke kaufen ist Stress pur! Zumindest wenn man auf Geldpräsente und Gutscheine verzichten und wirklich für jeden etwas ganz Individuelles aussuchen will. Tun Sie sich das gar nicht erst an – es klappt ja doch nicht.

<u>Unser Tipp:</u> Kaufen Sie einfach für alle dasselbe. Ein witziges Spiel, ein angesagtes Buch, eine brandneue CD – irgendwas, was Ihnen selbst so gut gefällt, dass Sie davon überzeugt sind: Das könnte allen gefallen. Und wenn nicht? Wer's nicht mag, kann es ja umtauschen ...

<u>Merke:</u> Das Motto »Keep it simple« macht aus Shopping-Stress einen gemütlichen Einkaufsbummel. Wer es noch reduzierter mag, kaufe einfach nur ein einziges Präsent und verlose das unter seinen Lieben. Das macht die Bescherung gleich noch viel spannender.

4: Party-Verweigerung
»Lieber blau machen als blau werden!«

Auf welche Weihnachtsfeiern freuen Sie sich wirklich? Und zu welchen gehen Sie nur anstandshalber? Weil es Ihr Chef, Ihr Partner, Ihre Kinder, Ihre Freunde, Ihre Clubkameraden, Ihre Kollegen, Ihre Nachbarn oder sonst wer erwarten? Und dann müssen Sie schon wieder etwas für die Tombola spenden, langweilige Reden ertragen, *O Tannenbaum* singen, schrottwichteln und so tun, als hätten Sie das peinliche Techtelmechtel am Nebentisch nicht bemerkt ...

<u>Unser Tipp:</u> Konzentrieren Sie sich auf die Veranstaltungen, auf die Sie sich wirklich freuen! Und sagen Sie alle anderen gnadenlos ab. Oder noch besser: Sagen Sie *nicht* ab, sonst wird man

versuchen, Sie zu überreden. Machen Sie einfach blau. Nichts ist befreiender!

Merke: Entschuldigen Sie Ihr Fernbleiben nur, wenn jemand Sie vermisst hat und sich anschließend erkundigt, wo Sie gesteckt haben. Und auch dann genügt ein simples: »Hab's einfach nicht geschafft. Weihnachtsstress – Sie wissen ja …«

5: Verpackungsboykott
»Schließlich geht's ums Auspacken – nicht ums Einpacken!«

Natürlich ist es ein bisschen unromantisch, das Schmuckstück, das Buch oder den Seidenschal einfach so zu überreichen. Wenn es keine Verpackung gäbe, wäre die Bescherung eine ziemlich nüchterne Veranstaltung. Aber müssen Sie sich deshalb gleich mit Glitzerpapier, Engelaufklebern, Geschenkband und Folienschleifen abquälen? Es geht doch nur darum, den Augenblick der Erkenntnis ein bisschen hinauszuzögern.

Unser Tipp: Verpacken Sie Ihre Geschenke in Kissenhüllen. Die gibt es in fast allen Formaten und meistens auch mit Reißverschluss. Das spart unfassbar viel Zeit, sieht gut aus und löst das Post-Bescherungs-Müllentsorgungsproblem gleich mit: Einfach Hüllen wieder zusammenfalten und zurück in den Schrank. Fertig!

Merke: Falls ein Präsent ein bisschen großformatiger ausfällt – das Ganze funktioniert natürlich auch mit Bettbezügen.

6: Menü bearbeiten
»Das ist doch bloß Nahrungsaufnahme! Eigentlich …«

Karpfen. Gans. Raclette. Truthahn. Wild. Knödel. Rotkohl … Da leidet man ja schon beim Lesen unter Völlegefühl! Haben Sie etwa, so wie das früher üblich war, in der Adventszeit gefastet? Nein? Nun, dann können Sie sich beruhigen: Sie werden über die Feiertage auf gar keinen Fall verhungern. Vermutlich müssten Sie vorher nicht einmal einkaufen gehen, um sitt und satt zu werden, wetten?

Unser Tipp: Wie wäre es mit einem leckeren Resteessen? Einfach alles in eine Auflaufform, Käse drüber und ab in den Ofen. Und gleich haben Sie viele Stunden gewonnen, die Sie viel sinnvoller nutzen können (siehe Punkt 7).

Merke: Irgendwas ist immer in der Speisekammer. Oder im Tiefkühler. Oder in der Süßigkeitschublade ...

7: Extrem-Couching
»Feiertage sind zum Faulenzen da!«

Wie viele Pflichtbesuche haben Sie geplant? Und wie viele Gäste erwarten Sie? Vermutlich kommt da alles in allem eine stattliche Zahl zusammen. Oder aber Sie machen es wie bei den Weihnachtsfeiern und streiken einfach.

Unser Tipp: Treffen Sie sich nur mit den Menschen, die Sie wirklich gern um sich haben wollen. Je weniger Höflichkeitsbegegnungen der unerfreulichen Art Sie absolvieren, desto geringer das Konfliktpotenzial – und das ist an den Feiertagen bekanntlich besonders groß.

Merke: Man muss auch einfach mal nichts machen. Wenn nicht an Weihnachten, wann dann?

KAPITEL 1
Familienchaos-Geschichten

Weihnachten – das Fest der Familie

Wer kennt sie nicht, diese Sehnsucht, Weihnachten im Kreise seiner Familie verbringen zu wollen? Doch ist man erst einmal mittendrin in diesem Chaos, möchte man der lieben Familie am liebsten wieder entfliehen.

Die Mutter ist kurz vorm Burn-out, der Vater zieht sich zurück in sein Arbeitszimmer. Die Kinder platzen vor Vorfreude und haben alle Aufmerksamkeitsdefizite. Oma mäkelt am Essen rum, Opa trinkt vor sich hin und wird ganz still. Der Hund jagt die Katze, die sich auf den Weihnachtsbaum rettet ...

Und trotz allem schleicht sich eine tiefe Sehnsucht vor dem 24. Dezember in unser Herz und lässt es ganz warm werden. Die Sehnsucht nach Familie, Geborgenheit und Glückseligkeit im Kreise seiner Liebsten.

Und wir steigen in das Auto, in den Flieger, in die Bahn und lassen uns wieder auf das gleiche nervenzerrende Familienfest ein: Weihnachten.

Die Kipferl des Grauens

»Ich kann nicht! Ich schaffe das dieses Jahr einfach nicht. Mitte November ist unser Kater gestorben, zehn Tage später hat sich mein Schwiegervater den Oberschenkelhals gebrochen und dann bekamen meine Jungs vor zwei Wochen auch noch das Norovirus. Ich habe wochenlang nur Taschentücher an heulende Kinder verteilt, mit meiner Schwiegermutter Krankenhausbesuche bei deren jammerndem Mann gemacht und die letzte Woche dann permanent vollgekotzte Bettwäsche gewechselt. Wenn ich jetzt auch nur ein einziges Plätzchen backen soll, drehe ich durch und bringe meine Familie um!«

Meine Freundin Merle klang am Telefon, als meinte sie es verdammt ernst. Unwillkürlich fiel mir der Kinderreim »Lizzie Borden mit dem Beile, hackt Papa in Einzelteile ...« ein und ich schluckte.

»Gibt es bei eurem Bäcker keine Fertigplätzchen?«, wagte ich zu fragen.

Als Antwort drang ein gereiztes Schnauben durch den Hörer. »Da solltest du mal meine Familie hören. ›Merle, Liebes – du wirst es doch wohl neben deinem Halbtagsjob noch schaffen, ein paar Plätzchen selbst zu backen. Schon den Kindern zuliebe‹«, verfiel sie in einen glockenhellen Sopran, der verdächtig nach ihrer Schwiegermutter Gisela klang. »Und Patrick hält mir einen Vortrag über misshandelte Käfighühner, deren degenerierte Eier sich im Teig der Vanillekipferl befinden, die unsere Kinder essen«, fuhr sie fort. »Nein, mit irgendwelchen Fertigprodukten brauche ich erst gar nicht ankommen.«

Als Mutter dreier Söhne im Alter von sieben, neuneinhalb und zwölf Jahren hatte Merle es sowieso schon nicht leicht. Dazu kam noch ein Ehemann, der zwar ganz nett, aber in seinem früheren Leben wahrscheinlich das Alphatier irgendeiner Pavianherde gewesen war, denn er war dominant und wusste grundsätzlich, wie die Dinge zu laufen hatten.

Als kinderloser Single sah ich meistens fasziniert auf dieses Familienleben, das mir wie das Praxisbeispiel des Darwinismus erschien (Survival of the fittest, Sie wissen schon). Jetzt aber tat Merle mir aufrichtig leid. Und weil sie erstens meine allerbeste Freundin ist – und das bereits seit zwanzig Jahren – und ich zweitens gern backe, purzelten mir die Worte aus dem Mund, ehe ich nur eine Sekunde über die Konsequenzen nachdenken konnte: »Wenn du willst, komme ich nächste Woche zu euch und backe mit deinen Jungs.«

»Das würdest du tun?« Merle klang wie Maria kurz vor der Niederkunft, die unvermittelt von Donald Trump ins Weiße Haus zur Entbindung eingeladen worden war. Ihr Tonfall hätte mich aufhorchen lassen sollen, aber in diesem Moment *war* ich Trump – und geblendet vom Glanz meiner eigenen Großzügigkeit bejahte ich milde und erklärte mich darüber hinaus auch noch bereit, sämtliche Zutaten mitzubringen.

»Du kannst in Ruhe Weihnachtsgeschenke kaufen gehen, während ich mit deinen Kindern in der Küche Spaß habe. Kein Problem.«

»Meine Güte, du bist wirklich ein Engel«, sagte Merle.

Dadurch im wahrsten Sinne des Wortes beflügelt, schwebte ich am folgenden Samstag bei ihr zu Hause ein, bepackt mit zwei Kilo Mehl, mehreren Päckchen Butter und Zucker, einem Glas Himbeergelee sowie diversen Tütchen mit Nelken- und Lebkuchengewürz.

»In Deckung – hier kommt der Rosinenbomber«, witzelte Patrick, als er mir die Haustür öffnete,

»In Deckung – hier kommt der Rosinenbomber.«

und hätte ich nicht beide Arme voll mit diversen Kalorienbomben gehabt, hätte ich ihm wahrscheinlich zur Begrüßung eine geknallt. Ich bin empfindlich, was meine Figur oder mein Gewicht angeht, und bei Merles Ehemann wusste man nie, ob sein Humor Absicht oder Versehen war. Doch weil es stark auf Weihnachten, das Fest der Liebe und des Friedens, zuging, schenkte ich ihm nur ein Saccharin-Lächeln.

»Möchtest *du* vielleicht mit deinen Kindern backen? Als Ausgleich für deine dreimal nicht in Anspruch genommene Elternzeit als Vater?«, fragte ich freundlich.

Prompt verschwand Patrick mit einem gemurmelten »Hab noch was zu erledigen« in seinem sogenannten Arbeitszimmer, das – wie ich nach einem heimlichen Blick durch den Türspalt vor ein paar Monaten gesehen hatte – von einem Vierzig-Zoll-Monitor beherrscht wurde. »Wenn die Kinder im Bett sind, verkriecht er sich hier drin und schaut oft eine ganze Staffel von *The Walking Dead*«, hatte mir Merle unter vier Augen anvertraut. Ich bezweifelte, dass Patrick sich des Nachts wirklich ausschließlich herumtaumelnde Zombies in zerschlissenen Klamotten ansah oder nicht doch etwas Appetitlicheres, Leichtbekleidetes, aber das war nicht mein Problem.

»Menno, glotzt Papa wieder diese Zombie-Filme, die wir nicht dürfen?« Auftritt des Erstgeborenen, der proportional zur Pubertät auf immer mehr Vollverben verzichtete.

»Hi, Lucca. Na, alles klar?«, sagte ich betont munter und tröstete mich, dass ein knappes »Joooh« besser war als gar keine Antwort. Immerhin begrüßten Felix, der Mittlere, und Nesthäkchen Tim mich deutlich euphorischer, wobei ihre begehrlichen Blicke den drei Tafeln Schokolade galten, die sich an der Spitze der Ernährungspyramide aus Fett und Zucker auf meinem Arm türmten.

»Die sind zum Backen«, machte ich gleich jeglichen Annäherungsversuchen den Garaus. »Ich hoffe, ihr seid bereit für die große Plätzchenschlacht.«

»Nope, ich bin raus«, verkündete Lucca. »Ich geh zu 'nem Kumpel zocken.«

Ein erster Anflug von Gereiztheit legte sich über meine Samariter-Stimmung, aber ich atmete die Negativität aus, wie meine Yogalehrerin es uns neulich gezeigt hatte. »Gut, kein Thema. Aber du weißt ja – ohne Backen keine Plätzchen. Dann können wenigstens deine Brüder mehr davon essen.«

Ich atmete die Negativität aus, wie meine Yogalehrerin es uns neulich gezeigt hatte.

Damit ließ ich den Zwölfjährigen stehen, dessen Zahnspange jetzt gut sichtbar war, da ihm der Mund offen stand.

Siegesgewiss steuerte ich die Küche an, während Tim und Felix eifrig hinter mir herwieselten – offenbar hatte meine Drohung wenigstens bei den Jüngeren gewirkt. Vor dem Backofen kniete fluchend Merle und kratzte an einer schwarzen Kruste im Inneren herum. »Wenn ich denjenigen erwische, der als Letzter hier drin Pizza gemacht hat«, zischte sie und schabte eine verkohlte Salamischeibe vom Ofenboden.

»Der Papa!«

»Der Lucca!«, ertönte es unisono von Tim und Felix und Merle verdrehte die Augen.

»Wieso frage ich eigentlich noch«, seufzte sie, ehe sie sich erhob und mich umarmte. »Schön, dass du da bist. Ich weiß gar nicht, wie ich dir danken soll ...«

»Ach, vergiss es. Die zwei Jungs und ich werden Spaß haben, nicht wahr?«

Tim und Felix nickten auf Merles drohenden Blick hin artig, aber sie sahen aus wie zwei Sträflinge, die man zur Arbeit im Steinbruch abkommandiert hatte. Mein pädagogischer Ehrgeiz erwachte. Man muss die Kinder da abholen, wo sie stehen. »Kommt schon! Das wird lustig. Ihr dürft auch die Plätzchen verzieren, wie ihr wollt«, startete ich Teil eins des Motivationsprogramms. Lustlos schlurften Tim und Felix zur Arbeitsplatte und blieben mit hängenden Armen davor stehen wie zwei abgeschaltete Haushaltsroboter.

»Und jetzt?«

»Jetzt machen wir erst mal den Teig«, trällerte ich und schob Merle nachdrücklich aus der Küchentür. »Du gehst shoppen und lässt dich erst in drei Stunden wieder hier blicken, klar?«

Stolz darauf, nicht auf die blödsinnige Idee gekommen zu sein, das Abwiegen der Zutaten mit allerlei pseudolustigen Matheaufgaben zu verbinden, legte ich eine Stunde später zwei Teigkugeln für Engelsaugen und Vanillekipferl in den Kühlschrank. »Halbe Stunde Pause, danach geht es ans Ausstechen«, erklärte ich. Felix und Tim hatten sich jedoch schon beim Wort »Pause« wieselflink davongemacht und ich fragte mich, ob es vielleicht ein

Fehler gewesen war, die beiden nicht einfach in die Küche einzusperren, bis der Teig fertig gekühlt war.

Zwei Tassen Kaffee später (zum Glück wusste ich, wie Merles Espressomaschine funktionierte) und nach mehreren pseudo-optimistischen WhatsApps an Merle kostete es mich tatsächlich einige Mühe, die zwei Jungs aus ihren Zimmern zu holen und  **Ich spürte, wie meine Sympathie für die Waldorfpädagogik schwand.** wieder in die Küche zu lotsen. Ich spürte, wie meine Sympathie für die Waldorfpädagogik schwand und einem Kasernenhofton Platz zu machen drohte, doch ich riss mich zusammen. »So, als Erstes machen wir Engelsaugen.« Ich versuchte so freudig zu klingen, als sei ich der Engel der Verkündigung persönlich.

Statt der ehrfürchtigen Hirten sahen mich zwei Augenpaare voller Verachtung an. »En-gels-au-gen?«, fragte Felix gedehnt.

»Ey, wie uncool«, vervollständigte Tim.

Na prima, dachte ich verbittert. Das kommt davon, wenn der Vater Untoten-Filme glotzt, statt seinen Kindern Gutenachtgeschichten vom Sandmann vorzulesen. Aber weil mich die Geringschätzung im Gesicht des Mittleren empfindlich in meiner Bäckerehre traf und der Jüngste bereits zu Fluchtbewegungen neigte, fasste ich einen Entschluss. »Gut, dann machen wir eben Zyklopenaugen.«

Felix starrte mich verblüfft an, während Tim krähte: »Was ist ein Zyklop?«

Aha, in dem Punkt hatte Zombie-Papi offenbar keine Aufklärungsarbeit geleistet. Oder er war der griechischen Mythologie nicht mächtig. »Ein Zyklop ist ein menschenfressender Riese mit nur einem Auge. Mitten auf der Stirn. Wer ihm begegnet, der wird mit Haut und Haaren von ihm verschluckt.«

Drei Sekunden Stille. »Geil«, sagte Felix dann ehrfürchtig und Tim hüpfte begierig auf und ab.

»Gib mir Teig, gib mir Teig! Ich mache das erste Zü-Klo-Auge«, schrie er ungeduldig.

»Aber mit viel Blut«, fügte sein Bruder hinzu und schielte begehrlich auf die rote Himbeermarmelade.

»Sowieso«, sagte ich lässig und kam mir vor wie im alten Rom. Die Menge verlangte nach Brot und Spielen.

Eine Stunde später glich die Küche einem Horrorkabinett. Überall klebte Marmelade. Felix hatte seine Technik perfektioniert und um den roten Klecks in der Mitte des ausgestochenen Plätzchenkreises herum kunstvolle Schlieren fabriziert. Zitat: »Dem Zyklopen läuft Blut aus'm Auge, während er Menschen frisst.«

Tim dagegen hatte darauf bestanden, aus einem Teil des Teiges Totenköpfe zu formen. »Die sind von denen, die der Menschenfresser schon totgemacht hat.«

Ich ließ die Jungs sich austoben, denn die Alternative wäre gewesen, stundenlang in der Küche zu stehen und einsam Engelsaugen auszustechen oder öde Halbmonde zu formen.

Selbstredend, dass auch aus dem zweiten Teig, der verführerisch nach Vanille duftete, keine Kipferl wurden, sondern Teufelshörner. Jedenfalls was Tim anging. Felix zog es vor, kleine **Meine Versuche, die Teigknochen als harmlosen Ausdruck kindlicher Kreativität zu interpretieren, wurden von den beiden Mini-Kannibalen zunichtegemacht.**

Teighäufchen zu nehmen und daraus mehr oder weniger kunstvoll Knochen zu formen, während er lauthals *In der Weihnachtsbäckerei gibt es manche Leckerei* mitsang, das im CD-Player lief. Meine Versuche, die Teigknochen als harmlosen Ausdruck kindlicher Kreativität zu interpretieren, wurden von den beiden Mini-Kannibalen zunichtegemacht.

»Los, ab ins Feuer mit dem Zyklopen«, schrie Felix und rammte das Blech mit den Marmeladenplätzchen in den vorgeheizten Backofen.

»Danach kommen die Leichenteile rein«, kreischte Tim und bepinselte einen der Vanilleknochen mit Himbeermarmelade. Kinder im Blutrausch.

Gerade als ich das zweite Blech in den Ofen schob, hörte ich das Geräusch eines Schlüssels im Haustürschloss und gleich darauf eine Frauenstimme: »Oh, das riecht ja wirklich wundervoll nach weihnachtlichen Köstlichkeiten!«

Ich erstarrte. Das war nicht Merles raues, von einigen Zigaretten pro Tag immer leicht heiser klingendes Organ. Dieser glockenreine Sopran gehörte ...

»Oma!«, schrie Tim begeistert und schnappte sich eins der runden Himbeerplätzchen. Er hielt es vor seine Stirn und stürmte in den Flur. »Wir haben Zyklopenaugen gebacken! Guck mal – ganz blutig von der vielen Menschenfresserei!«

»Die Knochen sind gerade im Ofen«, überschrie Felix seinen kleinen Bruder und rannte ebenfalls in den Flur. Ich schloss die Augen und wünschte in diesem Moment, ich wäre Odysseus. Der Kampf gegen den einäugigen Riesen schien mir ein Klacks gegen das, was mir wahrscheinlich gleich von Merles Schwiegermutter Gisela drohte. Die Frau hatte mich damals schon nicht leiden können, als ich Merles Trauzeugin war. Bei der Hochzeit hatte ich den

Fehler gemacht zu erzählen, dass mein dunkelrotes, geschlitztes Samtkleid aus einem Laden namens Lack 'n' Roll stammte. Es war zwar mit dem Slipdress aus cremefarbener Seide darunter durchaus elegant, aber beim Namen des Ladens ließ Gisela den Schwiegertiger aus dem Tank – und ich war fortan Persona non grata.

Meine Plätzchenback-Aktion würde die Sache nicht besser machen, das hatte ich im Gefühl. Kurz darauf tauchte Gisela in der Küche auf und musterte fassungslos unser Werk, während Rolf Zuckowski in Dauerschleife aus dem CD-Player schepperte.

Ich versuchte zu retten, was zu retten war. »Hallo, Frau Peters, schön, Sie zu sehen. Wie geht's Ihrem Mann im Krankenhaus?«

Doch meine Mühe war vergeblich.

»Zyklopen-Plätzchen, also wirklich! Und was sind das da für Gebilde?«, fragte Gisela, während Merle, die hinter ihrer Schwiegermutter aufgetaucht war, eine Grimasse schnitt und die Schultern zuckte.

»Na, Totenschädel! Die von den aufgegessenen Menschen«, plärrte Tim, noch ehe ich eine kreative Ausrede fand.

»Ich muss mich sehr wundern. Welche Folgen das für ein kindliches Gemüt hat, will ich mir gar nicht ausmalen!« Giselas Blick erinnerte mich an den des Polizisten aus *M – eine Stadt sucht einen Mörder:* Die reinste Verachtung in Gestalt einer Frau im blaugrauen Twinset mit Perlenkette, während ich mit mehlbestäubten Jeans und klebrigen Marmeladenfingern dastand.

Zu allem Überfluss kam just in dem Moment Lucca, der Älteste, nach Hause und fasste die vorweihnachtliche Veranstaltung in drei Worte: »Boah! Voll Foodporn, ey!«

 **»Boah! Voll Foodporn, ey!«**

Mir kam eine Idee. »Gehen Sie doch mal zu Patrick rein, Frau Peters. Er hat vorhin schon von Ihnen gesprochen«, sagte ich scheinheilig.

»Das mache ich. Merle, ich rate dir dringend, die Küche aufzuräumen, damit nicht noch mehr ... Schaden bei deinen Kindern angerichtet wird«, schnaubte die Schwiegermutter meiner besten Freundin und gleich darauf hörte ich die Absätze ihrer Stiefeletten auf dem Flurboden klackern.

»Drei, zwei, eins ...«, zählte ich und tatsächlich hörte man nach einem kurzen Klopfen das Öffnen einer Tür und gleich darauf drangen knurrende Laute und schrille Schreie an unsere Ohren.

»Ich tippe auf Staffel drei von *The Walking Dead*«, sagte ich.

Merle legte den Kopf schief. »Oder ... *Die Nacht der lebenden Toten*. Das hat Patrick erst neulich gestreamt.« Wir blickten uns an und prusteten los.

»Hier stinkt's nach verbranntem Zyklop«, ertönte es auf einmal vorwurfsvoll von Tim.

»Oh, Sch...«, rief Merle und riss die Ofentür auf. Auf dem Backblech lagen nur mehr schwarze Brocken.

»Unsere Teufelshörner! Jetzt haben sie die richtige Farbe«, jubelte Felix.

Obwohl Gisela konsterniert das Haus verlassen hatte, war Merle am Ende des Tages ziemlich zufrieden, denn Patrick hatte versprochen, darüber nachzudenken, ob er nicht sein Netflix-Abo zum Jahresende kündigte.

»Aber weißt du, was das Beste ist?«, sagte Merle. »Jetzt kann ich jedes Jahr Plätzchen vom Bäcker kaufen – und meine Schwiegermutter wird keinen Ton mehr darüber verlieren!«

2

Hoher Besuch

Eine Ente muss nicht immer Pech haben, dachte ich, ohne es zu wollen, während ich mich ins Waschbecken erbrach. Vielleicht lag es an meinen hämmernden Kopfschmerzen, vielleicht aber auch an den lauten Entrüstungsäußerungen meiner besseren Hälfte, bei der ich seit meiner frühmorgendlichen Heimkehr zugegebenermaßen einen schlechten Stand hatte, dass ich das Klingeln zunächst nicht realisierte. Ich hatte einen großartigen Abend gehabt, beste Gesellschaft, herausragende Geistesblitze, und es ernüchterte mich zutiefst, dass die Weltformel, die die Kneipenrunde zu spätester Stunde aus dem alkoholgetränkten Nichts heraus gebar, am nächsten Tag so gar keinen Sinn mehr ergeben wollte – »eine Ente muss nicht immer Pech haben ...« Ein erneuter Schwall Erbrochenes ergoss sich in die weihnachtlich gewienerte Keramikschüssel.

Ja, es war Heiligabend, wahrscheinlich schon gar nicht mehr so früh, die Kinder würden in Kürze auf den Plan treten und ihr Recht fordern, die Laune meiner Lebensgefährtin musste wiederhergestellt werden – wohl eine unlösbare Aufgabe – und ich befand mich in einem derart jämmerlichen Zustand, dass selbst mein Bett kein geeigneter Ort für mich gewesen wäre. Da klingelte es und erst Evas barsche Frage, ob ich nicht endlich einmal aufmachen wolle, ließ in mir den Gedanken herandämmern, dass es wohl schon öfter geklingelt haben musste. Bleiern schleppte ich mich zur Tür und öffnete.

Das Gesicht, das mir, umweht von dünnen Schneeflocken, aus dem schalen Winterlicht entgegenblickte, aktivierte in mir den Wunsch, mich zu erinnern, woher ich es wohl kannte. Ein Mann, zweifellos, und offenbar keiner, der Small Talk liebte: »Ihr Gartenteich ist zugefroren«, schmetterte er mir grußlos entgegen und sah mich herausfordernd an. Tatsächlich sprach der Mann die Wahrheit aus, kein Wunder, bei den knackigen minus zehn Grad, die unsere Gegend seit Tagen im Griff hatten und den Gedanken an Klimawandel und grüne Weihnachten so fern erscheinen ließen wie die Logik hinter den ersten Worten des unerwarteten Besuchers. Krampfhaft überlegte ich, ob es womöglich der Alkohol war, der mir ein sinnvolles Kommunizieren erschwerte, hörte aus dumpfer Ferne Eva fragen, wer da wohl gekommen sei, und beschloss, die Tür ohne weitere Erläuterungen zu schließen. Gedacht, getan.

Krampfhaft überlegte ich, ob es womöglich der Alkohol war, der mir ein sinnvolles Kommunizieren erschwerte.

Ein Fuß verhinderte das Einrasten des Schlosses und zu meinem Erschrecken musste ich feststellen, dass der Fuß keine Schuhe trug. »Ihr Teich ist zugefroren, verdammte Hacke, wie soll ich darauf wandeln?« Der Mann hatte sich vor mir aufgebaut und obschon er nicht besonders groß war, ging doch eine gewisse Autorität von ihm aus. Er trug einen seltsamen Mantel, eher ein Hemd, das seine besten Jahre wohl hinter sich hatte, und funkelte mich zornig an. Auf einmal wusste ich, woher ich das Gesicht kannte: Es gehörte zweifellos zu dem Schauspieler Jürgen Vogel.

»Herr Vogel?«, hörte ich mich fragen, doch der Mann öffnete die Tür nun ganz und trat über die Schwelle.

»Quatsch, ich bin der Messias.« Mit wenigen Sätzen stand er im Wohnzimmer und machte sich an unserem Weihnachtsbaum zu schaffen. »Was soll denn der Scheiß?« Provozierend hielt er mir eine Christbaumkugel unter die Nase. »Dafür tötet ihr Bäume?«

Erneut klingelte es. Eva öffnete. Es war Ruth, die die Kinder brachte. Ruth wollte über die Feiertage mit ihrem Freund in Skiurlaub fahren. An Weihnachten hatte sie noch nie etwas gehabt. Und da sie jedes Jahr einen neuen Freund hatte, konnte sie immer wieder an denselben Urlaubsort verreisen, ohne langweilig zu wirken. Ruth schien immer ein wenig verlegen, wenn sie zu uns nach Hause kam. In erster Linie wohl deshalb, weil sie wusste, dass ich sie ihrer Oberflächlichkeit wegen verlassen hätte, hätte sie es nicht vorher meiner eigenen Charakterfehler wegen getan. Und natürlich wusste sie auch, dass ich wusste, wie egoistisch glücklich sie sich schätzte, wenn sie unsere Kinder mal wieder für die Dauer eines Urlaubs bei mir parken konnte.

»Komm rein, Ruth«, hörte ich Eva sagen – Nicolas und Mathieu waren es längst – und wunderte mich, wie so oft schon, über Evas Fähigkeit, ihren gerade noch auflodernden Zorn in Freundlichkeit denen gegenüber umzuwandeln, die sie doch viel weniger verdient gehabt hätten als ich.

Momente später standen wir zu fünft um den Tannenbaum und sahen Jürgen Vogel dabei zu, wie er ihn gewissenhaft abschmückte.

Geschlagene sieben Sekunden dauerte es, bis Nicolas als Erster das Wort ergriff: »Wer bist du?«, und damit zum Ausdruck brachte, was alle anderen ebenfalls dachten.

Momente später standen wir zu fünft um den Tannenbaum und sahen Jürgen Vogel dabei zu, wie er ihn gewissenhaft abschmückte.

Jürgen Vogel drehte sich um. »Hat dir das dein Vater, die alte Saufnase, noch nicht erklärt?«

Nicolas schaute mich fragend an. Gewiss wäre nun der richtige Moment gekommen, um sich als Vater zu beweisen, indem man den ungebetenen Besucher freundlich, aber bestimmt zur Tür brachte. Doch irgendetwas hielt mich davon ab. Ich setzte mich auf unsere sündhaft teure Wohnlandschaft und hieß die anderen, es mir gleichzutun.

»Na ja, ich geh dann mal«, meinte Ruth. Draußen wartete der Skiurlaub, wahrscheinlich saß sogar der Freund im Auto, verständlich, dass es sie nicht lange im Hause ihres Ex-Lebensgefährten hielt. Auch den Kindern schien klar zu sein, dass lange Abschiedsprozeduren nicht gefragt waren, so sagten sie nur ein paar matte Floskeln zu ihrer immer noch viel zu jungen Mutter. Bevor diese aber ihren Fuß auf die Straße setzen konnte, hatte Jürgen Vogel sie am Handgelenk gepackt.

»Komm herein, Weib, auch du bist mir willkommen, gerade du, und wir werden speisen im Angesicht unserer selbst bei Kerzenschein und der Herr wird uns bewirten mit einer Freundlichkeit, die du noch nicht gekannt.«

»Wer, ich?«, fragte ich.

»Der Herr, du Penner!«

Langsam verfestigte sich in mir der Eindruck, Jürgen Vogel könne mich nicht leiden.

Langsam verfestigte sich in mir der Eindruck, Jürgen Vogel könne mich nicht leiden.

»Lass nur«, meinte Eva und verschwand, eine Wolke aus Güte aufwirbelnd, in der Küche.

»Na also, geht doch.« Jürgen Vogel wandte sich wieder dem Weihnachtsbaum zu. Offenbar war ihm das gewissenhafte Abschmücken nun doch nicht mehr wichtig, denn er riss den Baum aus dem Ständer und warf ihn durch das geschlossene Wohnzimmerfenster.

»Ich ruf mal eben den Glaser an«, erbot sich Mathieu, mit seinen 15 Jahren schon zu außerordentlicher Vernunft gekommen, doch das war nicht nötig, denn der Glaser musste schon da gewesen sein und eine neue Scheibe eingesetzt haben, während ich kurz weggenickt war. Ich würde in der nächsten Zeit keinen Alkohol mehr trinken.

Erst als das Abendessen schon in vollem Gange war, kam ich wieder richtig zu mir. Erstaunt bemerkte ich, dass Ruth am Tisch saß, direkt gegenüber von Jürgen Vogel, wie Eva und die beiden Jungs, gebannt den Reden des Messias lauschend. Unter normalen Umständen wäre ich wütend geworden, hätte spätestens jetzt den Vollidioten vor die Tür gezerrt, ihn mit einem Arschtritt versehen und in die Nacht gejagt, aber eine sanfte Wohligkeit hatte sich in mir breitgemacht. Fasziniert beobachtete ich, wie Vogel mit einem Glas Rotwein in der Hand weit ausholend referierte:

Unter normalen Umständen wäre ich wütend geworden, hätte spätestens jetzt den Vollidioten vor die Tür gezerrt, ihn mit einem Arschtritt versehen und in die Nacht gejagt.

»Seht dies Weinglas – blutrot ist der Lebenssaft, den es zu unserer Erquickung bereithält, und schon ...«, er leerte es in einem Zug, »... ist da nichts mehr, außer einer gläsernen Leere. Dennoch wirkt der Saft des Lebens in mir fort, rauscht mir durch die Venen und bereichert meinen Geist, der, beseelt von der Magie des Weines, nach neuerlichem Weinblut Ausschau hält.« Vogel streckte den Arm mit dem Glas nach vorn und bekam wie selbstverständlich von Ruth, die ihn auf unangenehme Weise anhimmelte, nachgeschenkt. Er wandte sich nun direkt an sie: »Wenn ein Schaf sich von der Herde entfernt und in Gefahr gerät – was würdest du von einem Schäfer halten, der sich nicht darum schert? Wäre das ein guter Hirte?«

»Wer bist du?«, fragte Nicolas aufs Neue.

»Ich bin der Weg, die Wahrheit und das Leben«, entgegnete der Fremde, der auf einmal so gar keine Ähnlichkeit mit Jürgen Vogel mehr aufzuweisen schien. »Und wenn ich euch einen guten Rat geben darf: Interessiert euch füreinander! Öffnet eure Herzen! Bleibt Menschen und hört auf, permanent um euch selbst zu kreisen! Meinem Vater ist nicht wichtig, dass ihr ihn anbetet. Aber er bekommt Depressionen, wenn er sieht, wie ihr eure Smartphones, eure Tablets und eure Instagramprofile anbetet.«

»Ich besitze überhaupt kein Smartphone«, entrüstete sich Eva, aber der Mann legte ihr beschwichtigend seine Hand auf die Schulter:

»Ich spreche nicht zu dir allein, sondern zu der gesamten Menschheit. Zu der gesamten kaputten Menschheit, die nicht einmal in der Lage ist zu erkennen, dass ihre Probleme nur gemeinsam zu lösen sind.«

»Probleme gemeinsam lösen« – da hatte der Messias ein wahres Wort gesprochen. Wie oft schon waren mir die großen Fragen der Menschheit durch das Hirn gewabert und hatten dann doch ihren Platz für sinnlose Alltagsdinge geräumt. Als ob es wichtiger wäre, ein Auto zu polieren, als Kriege zu vermeiden.

Plötzlich spürte ich Vogels stechenden Blick: »Und dir möchte ich auch etwas auf den Weg geben: Eine Ente muss nicht immer Pech haben. Merk dir das. Nicht immer. Aber eben doch fast immer ...«

Eine Ente muss nicht immer Pech haben. Merk dir das.

Ich erwachte. Sonnenlicht brach durch die Ritzen im Rollladen. Ruth schlief neben mir. Wie immer. Ich grübelte, wer genau Eva gewesen sein könnte, aber ich hatte kein Bild mehr vor Augen. Aus den unteren Stockwerken hörte ich, dass Nils und Maren schon spielten. Schön, dass sie noch so klein waren und auf das

Christkind warteten. Viel zu schnell würde sich alles ändern. Ruth schnarchte. Sie hatte gestern wohl zu lange mit ihrer Freundin geklönt. Für mich war es nun Zeit, aufzustehen. Ich überlegte, mit den Kindern gemeinsam den Baum aufzustellen. Bäume gehörten einfach dazu. Oder doch nicht? An der Haustür klingelte es.

Die Weihnachtstaube

Noch glaubten die beiden an den Weihnachtsmann.

Noch.

Der Aufwand, den wir betreiben mussten, wurde allerdings jedes Jahr größer. Zum Beispiel kam bis zum letzten Jahr der Weihnachtsmann stets singend in unserem Wohnzimmer an. Das übertönte nämlich locker die üblichen Weihnachtsgeräusche »Scharren«, »Rascheln« und sogar »Fluchen«, die auftreten, wenn man versucht, einen widerspenstigen Baum wiederaufzurichten oder eindeutig zu große Geschenke unter seine Äste zu schieben.

Unser Weihnachtsmann sang auf Englisch, das verstanden die lieben Kleinen nicht und hielten es für »Weihnachtsmannisch«. Er sang das alte englische Lied vom guten König Wenzeslaus, weil das in unserem Umfeld niemand kannte oder hörte. In irischem Englisch. Auf Endlosschleife. Von YouTube geklaut, auf einen Stick gebannt.

Unser Weihnachtsmann sang auf Englisch, das verstanden die lieben Kleinen nicht und hielten es für »Weihnachtsmannisch«.

Wir nahmen in Kauf, dass unsere Kinder vermutlich den Rest ihres Lebens denken würden, der Weihnachtsmann stamme aus der Republik Irland. Das, fanden wir, hat Irland in all seiner Nettigkeit durchaus verdient.

Alles ging gut. Bis zum letzten Jahr. Da fand der schlaue, kleine Lukas den Stick. Und der noch schlauere, etwas größere Jonas steckte ihn in meinen Computer.

Danach hatte ich ein Problem. Ich löste es, indem ich den Kindern sagte, der Weihnachtsmann hätte uns letztes Jahr erlaubt, ihn aufzunehmen, weil wir seine Stimme so schön fänden. Aber der Zweifel war gesät und fing an zu keimen und zu wachsen, zumal es Kinder im Kindergarten gab wie die entzückende, kleine, hochbegabte Lucia, die, kaum pirschte sich das Jahr an Weihnachten heran, lauthals behauptete, den Weihnachtsmann gäbe es nicht. Leider war Lukas derzeit in Lucia verliebt.

Wir begannen, uns vorzubereiten: Albert, mein Mann, installierte ein Programm auf seinem Computer, womit er die Stimme des irischen »Wenzeslaus«-Sängers verdoppelte, sodass wir den Kindern erzählen konnten, der Weihnachtsmann würde jetzt zu seinem eigenen Playback singen.

Ich kaufte goldenen Glitzerstaub in einem kleinen Fläschchen, verteilte ihn zart auf den Fensterbrettern, hub an, den lieben Kleinen etwas von »Weihnachtsstaub« aus dem Mantel des Weihnachtsmannes zu erzählen, und – »Mama, Lucia hat genau den gleichen Glitzer, da hat sie Weihnachtskarten mit gemacht!« – saugte ihn wieder auf.

Eine Weile überlegte Albert, unseren Kindern den Absolutknaller zu servieren: einen echten Weihnachtsmann!

Zu diesem Zweck wollte er seinen Freund Tobias verpflichten. Tobias ist der einzige seiner Freunde, der einen geeigneten Bart besitzt, dicht und auf Zug sehr stabil. Wir waren beide von dem Gedanken geradezu euphorisiert.

Tobias weniger.

Er behauptete, ein lausiger Schauspieler zu sein.

»Das kannst du nicht sagen, wenn du es noch nie versucht hast«, konterte

»**Wer weiß, vielleicht steckt in dir ein hollywoodwürdiger Weihnachtsmann.**«

Albert. »Wer weiß, vielleicht steckt in dir ein hollywoodwürdiger Weihnachtsmann. Mann, Alter: Danach heuerst du bei Disney an und wirst endlich reich!«

Tobias änderte seine Taktik. Jetzt lehnte er ab, sich seinen Bart weiß zu färben, sogar als wir ihm anboten, das Bleichmittel zu bezahlen; er versicherte uns, dass der Bart mit Haarbleichmittel bestenfalls blond werden würde.

»Ich weigere mich, monatelang mit einem blonden Bart herumzulaufen, nur damit eure Kinder an den Weihnachtsmann glauben, bis sie erwachsen sind und ausziehen«, sagte Tobias und rollte mit den Augen. »Und im Übrigen riechen eure Kinder sowieso Lunte, wenn sie mich nach Weihnachten mit einem hellen Bart sehen!«

»Du könntest ihn doch wieder dunkel färben«, schlug Albert vor. »Sag einfach, welche Farbe du möchtest – Ebenholz, Mahagoni, Teak –, ich besorge sie dir.«

Tobias stand auf und sagte: »Wisst ihr eigentlich, dass Marie, schon seit sie vier Jahre alt ist, nicht mehr an den Weihnachtsmann glaubt?«

Marie ist seine Tochter und ein entzückendes Kind, aber sie leidet an einem gewissen Mangel an Fantasie, das müsste man schon einmal sagen dürfen. Und jetzt wüsste man ja auch endlich, woher das kommt, erläuterte Albert ihm.

Tobias murmelte etwas von »Kinder nicht belügen« in seinen prächtigen schwarzen Bart und holte sich ein weiteres Bier.

Also musste der Weihnachtsmann virtuell bleiben.

Kurz vor Weihnachten malte ich vormittags einige Klinken golden an. Der Weihnachtsmann hatte dort, als er unsere Wohnung schon mal vorbereitend inspiziert hatte, seinen güldenen Glanz hinterlassen, wollte ich den Kindern erzählen. Natürlich war der güldene Glanz ungiftig, sie war also notfalls ess- und trinkbar, diese Farbe. Leider gehen solche Eigenschaften meistens mit Wasserlöslichkeit einher und leider vergaß ich im Laufe des Vormittags komplett, dass ich eine halbe Stunde lang Türklinken angepinselt hatte, weil ich eine schwierige Rolle auswendig lernen musste.

Zu diesem Zweck spaziere ich gern ausführlich durch unsere Altbauwohnung, weswegen mich unsere Kinder, als ich sie von Kindergarten und Grundschule abholte, fragten: »Mama, warum hast du goldene Wasserfarbe an den Händen?«

Jonas sprach sogar von meinen »Handflächen«.

Zum Glück verfügen wir Erwachsenen ja über jede Menge Fantasie. Das braucht man heutzutage zur Kinderaufzucht.

»Ich wollte einfach mal ausprobieren, wie sich eine goldhändige Fee wohl so fühlt«, erklärte ich den beiden.

»Ich finde das cool, dass du so ein bisschen verrückt bist«, gab Lukas zurück. »Und was kriege ich zu Weihnachten?«

»Keine Ahnung. Musst du den Weihnachtsmann fragen!«

Die beiden Jungen sahen sich an, dann grinsten sie.

Schließlich kam der Weihnachtsabend.

Den Baum schmückten wir noch gemeinsam. Dann aber kam der große Auftritt des virtuellen Weihnachtsmannes. Zu diesem Zweck scheuchen wir die Kinder immer in Jonas' Zimmer. Das liegt am weitesten entfernt vom Wohnzimmer, weswegen uns eine Weile blieb, bis sie sich schließlich vor die Tür geschlichen hatten.

Sie werden jedes Jahr schneller.

»Jetzt sind sie vor der Badezimmertür«, flüsterte Albert und warf den Verstärker an. Fast volle Lautstärke. Leider hörten wir dann die Kinder auch nicht mehr.

Ich bemühte mich, das Preisschild von der Lego-*Star-Wars*-Packung zu entfernen – das eine von den auf den letzten Drücker besorgten Notgeschenken zwecks absolut gerechter Geschenkeverteilung –, und bedeutete Albert gleichzeitig: »Halt das Schlüsselloch zu, eins, zwei, drei, jetzt stehen sie davor.«

Ich bin inzwischen nahezu perfekt in Englisch und Pantomime, notfalls auch gleichzeitig.

Albert grinste und fummelte stattdessen an seinem Handy herum. Dann presste er es vor das Schlüsselloch.

»Manno, Papa!«, schrie jemand Kleines von draußen, »ich kann gar nichts mehr sehen!«

»Das ist das Weihnachtslicht um den Weihnachtsmann, das hier so hell leuchtet!«, brüllte Albert über den doppelten »König Wenzeslaus« hinweg und presste sein Handy weiter gegen das Schlüsselloch. »Schau da auf gar keinen Fall hinein, das ist schlecht für die Augen!«

»Warum leuchtet der Weihnachtsmann denn mit LED-Licht?«, wollte einer von den beiden wissen.

»Keine Ahnung!«, brüllte Albert zurück, während ich in die Verpackung biss. Irgendwie musste das verflixte Preisschild doch abzubekommen sein.

»Warum sieht man das Licht denn dann nicht durch die Türritze unten?«

»Warum leuchtet der Weihnachtsmann denn mit LED-Licht?«

Mist, verflixter!

Albert schlüpfte einhändig aus seinem Pullover und schmiss ihn vor die Türritze.

»Warum liegt dein Pullover jetzt vor der Türritze? Wo ist der Weihnachtsmann? Und warum hat Mama gerade an einem Paket herumgekaut?«

Das ist der Nachteil von Altbauten. Ritzen und Spalten überall. Türen mit verlorenen Schlüsseln. Derlei weihnachtserschwerende Dinge.

Letztes Jahr waren sie noch ehrfürchtiger gewesen. Letztes Weihnachten hatten sie sich noch nicht getraut, durch das Schlüsselloch zu schauen. Weil wir ihnen gesagt hatten, dass der Weihnachtsmann mitsamt den Geschenken dann schneller verschwinden würde als die Schokolade aus der Süßigkeitenschublade, wenn ich nicht in der Küche bin.

Preisschild ab. Nächstes Paket. Da ich das Spiel secondhand erstanden hatte, musste es wenigstens in schönes Papier eingewickelt werden. Vor der Tür klang es vage, als würden die Kinder die Wohnung umbauen.

Ich sah, wie Albert die Augenbrauen erst hob, dann kräuselte.

Die Tür vibrierte.

Albert straffte sich. Er nahm sein Handy vom Schlüsselloch und drückte die Klinke herab, um zu sehen, was da draußen vor sich ging. Das war ein Fehler.

In diesem Moment platzte die Tür auf und zwei kleine Jungen stürmten ins Wohnzimmer. Albert und mir fiel der Unterkiefer herunter. Ich schob die Pakete blitzschnell unter den Baum. Der ließ seufzend ein paar Nadeln.

Die Jungen sahen sich um, dann rannten sie zum Fenster, das Albert vorhin, nachdem wir laut fluchend versucht hatten, den Baum einigermaßen gerade in seinem Baumfuß zu versenken, auf Kipp gestellt hatte.

»Siehst du ihn, Joni? Siehst du den Weihnachtsmann?«

Beide pressten die Nasen gegen die dunkle Scheibe. Draußen hatte die Heilige Nacht begonnen. Vielleicht hatte Tobias doch recht und man sollte die Kinder nicht anlügen.

Aber dann würden sie Beamte oder Programmierer werden müssen und konnten wir das verantworten?

»Weg«, schnaubte Albert, als er sich von dem Schreck erholt hatte. »Der Weihnachtsmann ist jetzt weg und kommt nicht wieder!«

»Warum singt er dann immer noch?«, fragte Jonas und drehte sich um. Im Hintergrund brüllte der gute König Wenzeslaus zweistimmig: »Mark my footsteps, good my page, tread thou in them boldly, thou shalt find the winter's rage freeze thy blood less coldly ...«

Es gibt so Momente, da fällt auch dem erfindungsreichsten Elternteil einfach nichts mehr ein. Wir starrten.

Um Jonas Lippen spielte ein leises »Gotcha«-Lächeln.

Er drehte sich wieder um zur Heiligen Nacht und plötzlich:

»Papa, Papa, auf dem Fensterbrett sitzt eine Taube. Der Weihnachtsmann hat sich in eine Taube verwandelt!«

Manchmal reagiert mein Mann wirklich schnell. Ich war noch dabei, meine Gedanken zu frisieren, da schnaubte Albert schon: »Ja ... Was hast du denn gedacht?«

Da sah ich Licht. Weihnachtslicht. Möglicherweise direkt von irgendwoher weit über den Wolken.

Da sah ich Licht. Weihnachtslicht. Möglicherweise direkt von irgendwoher weit über den Wolken.

»Manchmal verwandelt er sich in eine Taube«, sagte ich mit meiner sanftesten Stimme. »Manchmal verwandelt er sich auch in etwas anderes, wenn man ihn so überrascht, zum Beispiel ...«

Beide Kinder starrten mich begeistert an.

»In eine Wurst?«, schlug Lukas vor.

Ich runzelte Stirn und Brauen. »In eine Weihnachtsbaumkugel. Oder in ...« Ich sah mich schnell im Zimmer um. »In eine Kerze«, sagte ich dann mit fester Stimme. »In eine Flamme. Ja, in fast alles. Deshalb muss man auch seeehr aufpassen, wenn man Kerzen ausbläst, siehst du, Luki. Weil es sein könnte, dass man den Weihnachtsmann wegpustet. Und er dann nie wiederkommt.« Luki blies derzeit jede erreichbare Kerze sofort aus. Zwei Fliegen mit einer Klappe.

Luki und Joni blickten zu mir auf.

»Keine Geschenke«, seufzte Jonas traurig und schüttelte langsam den Kopf.

»Du sagst es«, sprach Albert und schob seine Söhne aus dem Weihnachtszimmer. »Die Geschenke werden dann gleich mitausgepustet. Und wenn man ihn überrascht, sodass er sich in eine ... Taube verwandeln muss oder eine Kerzenflamme oder was war das noch gleich, Julia? ... Dann ist er anschließend beleidigt. Deshalb müsst ihr ihm jetzt einen Brief schreiben.«

Die beiden Jungen sahen ihren Vater ungläubig an.

Er sie ebenfalls. Weniger ungläubig und direkt in die Augen.

»Einen schönen und sehr langen Brief. Am besten gereimt, damit er wiederkommt.«

»Papa, aber ich kann noch nicht richtig schreiben«, erinnerte Lukas ihn.

»Aber malen«, sagte Albert unerbittlich. »Sehr schön malen. Und das werdet ihr jetzt in Jonas' Zimmer auch tun. Und es wird lange dauern. Und ihr werdet die ganze Zeit hoffen, dass der Weihnachtsmann mit euren Geschenken überhaupt zurückkommt, hört ihr?«

Weihnachten wurde dann sehr schön und friedlich. Keine Kerze wurde ausgepustet, die Jungen freuten sich wie verrückt über ihre Geschenke. Sogar der Weihnachtsmann kam noch einmal vorbei, um zu schauen, ob alles in Ordnung war ... Entschuldigung, ich meine natürlich die Taube.

Und dann lagen unsere Schätze im Bett und Albert und ich tranken unseren wohlverdienten Nachbescherungswein und sahen in die Kerzenflammen und ich beschloss, noch einmal nach den beiden zu sehen und ...

Das war ein Fehler.

Vor der Tür von Jonas' Zimmer, in dem sie beschlossen hatten, heute Nacht zusammen zu schlafen, blieb ich stehen. Ich schaute durchs Schlüsselloch. Vorschriftsmäßige Dunkelheit. Da drinnen flüsterte es.

Ich presste mein rechtes Ohr gegen die Tür ...

»Das mit dem Weihnachtsmann war cool, nicht?«

»Ja, voll krass.«

»Gut, dass dir das eingefallen ist. Das mit der Taube.«

»Ja. Weißt du, Luki, die tun mir manchmal eeecht leid.«

»Warum?«

»Weil: Die glauben doch echt alles. Ich meine: ein Weihnachtsmann als Weihnachtsbaumkugel. Als ob der sich verwandeln könnte ...«

»Ja. Hihihi.«

»Echt jetzt. Denen kann man alles erzählen.«

»Pfrgnihihi.«

»Weißt du, die glauben bestimmt noch an den Weihnachtsmann, wenn wir mal groß sind und auszie- hen. Aber wir passen

»Weißt du, die glauben bestimmt noch an den Weihnachtsmann, wenn wir mal groß sind und ausziehen.«

auf, dass die das nicht merken, dass es den nicht gibt, okay, Luki?«

»Klaaar.«

Ich nahm mein Ohr von der Tür.

Ich hatte genug gehört.

Pffrgnihihi.

Programmierer ist ein solider Beruf. Beamte erhalten oft ein vierzehntes Monatsgehalt. So viel würde ich als Schauspielerin nie verdienen.

4

Weihnachtsschmuck 2.0

»Du musst ihm helfen, Jan. Hast du nicht gehört, was ich gesagt habe? Papa will *basteln!* Das wird eine Vollkatastrophe!« Ich sah unseren 14-jährigen Sohn flehentlich an. Der hingegen blieb völlig entspannt und tippte wie immer abwesend auf seinem Handy herum.

»Mama, chill mal!« Ohne aufzublicken, schrieb er seelenruhig weiter.

»Von wegen, chill mal! Es geht um den Familienfrieden, Jan! Du als ältester Sohn musst mir einfach helfen! Dein Vater ist ein absoluter Bastel-Legastheniker.«

»Papa kriegt das schon hin. Was ist denn überhaupt los? Warum bastelst du denn nicht? Du bist doch unsere Bastelqueen.« Immerhin hatte ich es geschafft, dass er von seinem Handy aufsah und mich anblickte. Er hatte mal wieder nichts mitbekommen. Wo lebte dieses Kind eigentlich? Seit Tagen gab es bei uns zu Hause nur ein Thema: den Weihnachtsschmuck von Uroma Käthe. Max, mein Mann, hatte letzte Woche den Keller ausgemistet und sämtlichen alten Krempel zum Sperrmüll gestellt. Darunter auch, versehentlich, Uroma Käthes antiken Weihnachtsschmuck. Heilige Familienerbstücke. Von meiner Mutter vor Jahren voller Stolz an uns weitergegeben. Grazile Wachsengel und Strohsterne aus dem vorletzten Jahrhundert. Zugegeben, die Verpackung, ein alter Windelkarton, war von mir etwas unglücklich gewählt gewesen, aber er hatte die perfekte Größe gehabt. Und so hatte ich den Schmuck kurzerhand aus seiner angeschimmelten Kiste umgesiedelt, den Windelkarton mit Edding dick beschriftet und Max darüber informiert. Das wiederum hatte Max wohl nicht mitbekommen.

»Der Schmuck ist also weg! Und in zwei Wochen ist Weihnachten. Oma kommt zu Besuch. Wie immer! Dann *müssen* die Wachsengel und die Strohsterne von Uroma Käthe am Baum hängen. Wie immer! Sonst gibt es einen Familienkrach der Extraklasse. Du weißt, wie Oma aufdrehen kann!« Mit diesen Worten beendete ich das Update für Jan.

»Und jetzt bastelt Papa Wachsengel für den Weltfrieden?« Er sah mich ungläubig an.

»Familienfrieden! Hör doch mal zu! Und Strohsterne! Und du musst ihm helfen. Bitte! Du hast immerhin eine Zwei in Kunst und bist meine einzige Rettung. Mich lässt er nicht mitmachen. Du weißt, wie er ist. Er will sich nichts nachsagen lassen.« Ich lächelte Jan an.

Ja, so war er, mein Mann. Irgendwie auch süß. Aber mit süß kamen wir hier nicht weiter!

Drei Tage später. Mein wöchentlicher Yoga-Abend. Von Jan, der sich mittlerweile mit seiner Retterrolle angefreundet hatte, erfuhr ich, dass Max heute Abend mit unseren drei Söhnen Jan, Felix und Tom ein »Männerbasteln« geplant hatte. Ob er sich mit den beiden Kleinen da einen Gefallen tat? Aber ich hielt mich raus. Beim Yoga versuchte ich mich, so gut ich konnte, zu entspannen. Nach der Stunde jedoch siegte die Neugier! Mein übliches »After-Yoga-Weinchen« mit meinen Freundinnen ließ ich heute ausfallen und fuhr sofort nach Hause.

Leise schloss ich die Haustür auf und schlich mich hinein. Die Kellertür stand offen und von unten waren Musik und Gemurmel zu hören. Sie waren im Hobbyraum. Perfekt. Den konnte man vom Garten aus wunderbar einsehen. Man musste sich nur geschickt neben dem Fenster positionieren. Ich ließ meine Jacke gleich an, holte mir aus der Küche ein Glas und ein Fläschchen und verlagerte mein »After-Yoga-Weinchen« einfach in den Garten. Das Kellerfenster war gekippt, sodass ich sogar der Konversation der Bastelmänner folgen konnte.

»Wieso wir jetzt unbedingt der niederländischen YouTube-Bastelfee folgen müssen, ist mir zwar ein Rätsel, aber wenn du meinst.« Mein Mann öffnete eine Packung Strohhalme und legte sie auf den Tisch. Das Strohsternprojekt begann also gerade erst. Perfektes Timing!

»Das war die kürzeste  **Das Strohsternprojekt begann also gerade erst. Perfektes Timing!**
Anleitung«, erwiderte Jan. »Nur zwei Minuten.«

»Was hat die gesagt? Knutseln?« Max und Jan starrten gebannt auf Jans Handy.

»Das ist doch völlig klar, Papa. Sie meint bestimmt kleben! Die Strohhalme müssen festgeklebt werden. Wie sollen die denn sonst halten?«

»Aber die klebt doch da gar nichts. Bist du sicher, dass du das alles richtig verstehst?«

Jan grinste seinen Vater mit dem typisch überheblichen Gesichtsausdruck an, den nur vor Testosteron nahezu überlaufende 14-jährige Jungs aufsetzen können. »Also wenn ich eins gelernt habe in den letzten Wochen, dann Niederländisch. Hol mal den Kleber, Papa!«

Ich konnte mir ein Lachen nicht verkneifen. Wenn ich das WLAN aus Sanktionierungsgründen ausschaltete und Netflix ausfiel, zog Jan sich *The Walking Dead* im niederländischen Fernsehen – amerikanisch mit niederländischen Untertiteln – rein. Ob das Wort *Kleben* da eine Rolle spielte, wagte ich allerdings zu bezweifeln.

»Gib mir mal die Schere rüber, Felix. Ich glaube, die will, dass wir jetzt schneiden.«

Aus meinem Versteck beobachtete ich, wie Felix, unser Siebenjähriger, gerade dabei war, seinem Bruder Tom, drei Jahre, eine Haarlocke abzuschneiden. Das hatte mein Mann wohl nicht mitbekommen. Er war gerade damit beschäftigt, die Stecker der Heißklebepistolen einzustöpseln. Ich nahm einen tiefen Schluck Yoga-Wein und atmete bewusst aus.

»Die Schere her, habe ich gesagt.« Na immerhin, Jan griff ein. Mein Retter! »Jetzt will die schon wieder knutseln. Papa, wo bleibt der Kleber denn?«

Bruchstückhaft hörte ich eine Niederländerin Anweisungen von sich geben. Ich überlegte kurz, ob ich nicht einfach das Bastelbuch aus dem Wohnzimmer holen sollte, doch dann entschied ich mich dazu, meinen Drang, mich einzumischen, zu unterdrücken.

»Cool, wie bei *Star Wars*. Ein Laserstrahl.« Felix starrte begeistert auf die Heißklebepistole in seiner Hand und den hinauslaufenden Kleber. Er richtete sie auf seinen kleinen Bruder, der sich sofort die zweite Klebepistole schnappte.

»Feuer!«, schrie Felix, als der Kleber auf Toms Pullover landete.

»Aber Luke, ich bin doch dein Vater.« Tom verstellte gekonnt seine Stimme. Er war der perfekte Miniatur-Darth-Vader. Die beiden beschossen so ziemlich alles in ihrer Umgebung, was sich als Zielscheibe eignete. Mein Mann hatte das wohl nicht mitbekommen. Er kramte in den Kellerschränken herum und hatte den Kindern den Rücken zugewandt.

»Kleber her.« Jan nahm seinen Brüdern die Heißklebepistolen aus den Händen. Welch ein Glück! Die Sauerei hatte ein Ende. Ich atmete tief ein und aus. Ein und aus. Und spülte mit dem Wein hinterher. Oder hatte sie gerade erst begonnen? Jan verteilte jetzt großzügig viel klebrige Masse auf wenigen Halmen. Nur mit einer großen Portion Fantasie ging der Strohhalmhaufen vor ihm als Uroma-Käthe-Stern durch. Die Zwei in Kunst war in meinen Augen übertrieben.

»Ik ben klaar … Was ist klar? Was macht die denn jetzt da?« Jan starrte ratlos auf sein Handy.

»Na, das sieht doch schon ganz prima aus hier.« Mein Mann, der zwischenzeitlich den Raum verlassen hatte, war mit einem Korb voller Kerzen zurückgekehrt und begutachtete lächelnd das Strohstern-Desaster. Das war nicht sein Ernst, oder? Jan sah ihn irritiert an.

»Üb einfach noch ein bisschen«, sagte Max. »Es ist noch kein Meister vom Himmel gefallen. Ich kümmere mich schon mal um das Wachs für die Engelchen.« Er stellte den Korb auf den Boden und wirkte sehr zufrieden mit sich.

»Was riecht denn hier so nach Klo, Papa?« Tom und Felix schnüffelten wie zwei Jagdhunde und näherten sich dem Korb. Ich näherte mich dem Kellerfenster, um genauer hinsehen zu können. Nein, das hatte er nicht getan! Meine neuen Rituals-

Duftkerzen: »Laughing Buddha – Sweet Sunrise«, 18,50 Euro das Stück. Das Ganze mal sechs. Ich hatte sie in den Badezimmern beziehungsweise Toiletten verteilt. Bedauernd stellte ich fest, dass mein Yoga-Wein zur Neige ging.

»Zunächst löse ich das Wachs aus den Gläsern und dann erhitzen wir alles. Felix, hol schon mal die Kochplatte aus dem Schrank. Eure Mutter wird staunen!«

Bedauernd stellte ich fest, dass mein Yoga-Wein zur Neige ging.

»Glaubst du, Mama steht auf Klo-Engel?« Das war Tom. Mein Engel!

»Ist doch toll, wenn die Engelchen so schön duften. Außerdem stimmt die Wachsfarbe. Uroma Käthes Engel hatten haargenau dasselbe Beige.« Max strahlte. »Okay, Jan. Jetzt mach mal eine Sternpause und finde heraus, wie wir Wachsengel basteln.«

Während sich Jan auf dem Gästebett niederließ und sein Handy um Rat fragte, machten sich Tom und Felix lachend über eine Flasche Cola her, die sie sich aus dem Getränkekeller geholt hatten. Mein Mann hatte wohl auch das nicht mitbekommen, denn er war mit den »Laughing Buddhas« beschäftigt.

»Wachsengel basteln gibt's nicht bei YouTube. Was ist denn mit *Manuel Neuer wird Wachsfigur*. Geht das auch?«

Am 24. Dezember schmückten wir den Weihnachtsbaum. Wie jedes Jahr! Mit Strohsternen und Wachsengeln. Auch wie jedes Jahr! Und darüber hinaus mit so ungefähr allem, was die Deko-Abteilung von IKEA zu bieten hatte. Rote, weiße, silberne und goldene Glaskugeln, Holzpferdchen, Schleifchen,

Lebkuchenfiguren, Pappsterne, Papiertannenbäume, Glöckchen ... Und mein Plan ging tatsächlich auf. Unter all dem Schmuck fielen die niederländischen Strohsterne und Manuel-Neuer-Engelchen gar nicht mehr auf. Bis auf den interessanten Duft in unserem Wohnzimmer bemerkte meine Mutter am Heiligen Abend tatsächlich nichts! Max und die Kinder hatten ganze Arbeit geleistet! Ich konnte es kaum glauben. Für dieses Jahr hatten wir es geschafft! Aber würde ich zukünftig jedes Jahr Höllenqualen durchleben müssen? Immer in der Angst, dass meiner Mutter etwas auffiel?

Die Antwort darauf gab es am ersten Weihnachtsfeiertag. Wir waren alle, wie jedes Jahr, bei Tante Marga eingeladen, der Schwester meiner Mutter, die nur eine Straße weiter wohnte. Die beiden verband eine Hassliebe, was sie nicht daran hinderte, sich an Weihnachten regelmäßig zu besuchen. Tante Marga begrüßte uns überaus fröhlich und schob uns noch in den Mänteln sofort ins Wohnzimmer hinein, wo der geschmückte Tannenbaum uns erwartete. Wie üblich mit Tonnen von Lametta, zwischen Kerzen, Kugeln und ... antiken Strohsternen und Wachsengeln!

»Ist er nicht unglaublich schön dieses Jahr? Mit all den Engeln und Sternen?« Tante Marga grinste scheinheilig.

Meiner Mutter hingegen fiel die Kinnlade hinunter. »Uroma Käthes Schmuck? Wie kommt der denn hierher?«, fragte sie ungläubig. Der vererbte Weihnachtsbaumschmuck hatte vor Jahren zu einem unschönen Streit zwischen den Schwestern geführt, aus dem meine Mutter als Siegerin hervorgegangen war.

»Man glaubt es kaum. Das habe ich zufällig beim Spazierengehen an der Straße gefunden. So was stellen manche Leute zum Sperrmüll!« Tante Marga ließ ihre Schwester bei diesen Worten keine Sekunde aus dem Blick.

»Zum Sperrmüll? Kinder, wie könnt ihr nur?! Und was hing dann bei euch am Baum?« Meine Mutter lief rot an vor Wut.

»Ich kann das erklären.« Max stotterte. »Ist alles ein großes Missverständnis.« Er berichtete wahrheitsgetreu den Ablauf der Geschichte. Nicht ohne zu fragen, was Tante Marga eigentlich mit einem Windelkarton vorgehabt hatte.

»Wieso, da stand doch ›Weihnachtsbaumschmuck Uroma Käthe‹ drauf«, sagte sie entrüstet, nachdem mehr als deutlich war, dass sie in unserem Sperrmüll geschnüffelt hatte. Um die unangenehme Situation aufzulösen, bot sie großmütig an, uns den Schmuck zurückzugeben.

Nacheinander sah ich meine Männer voller Stolz und mit Tränen in den Augen an. »Nein, danke«, sagte ich. »Behalte du den ruhig. Wir haben jetzt unseren eigenen Familienschmuck!« Ich hatte in den

Wir haben jetzt unseren eigenen Familienschmuck!

vergangenen Tagen nicht nur gelernt, dass knutseln – eigentlich knutselen – auf Niederländisch in Wirklichkeit basteln heißt, sondern auch, dass es irgendwann einmal an der Zeit ist, für eigene Familienerbstücke zu sorgen.

5

Zum Kinderkriegen

»Es gibt Tage, da möchte man einfach die Decke übern Kopf ziehen«, brummelte Schwester Heidelinde in Richtung ihrer Kollegin Jana. »Heiligabend auf der Entbindungsstation zum Beispiel. Alle Jahre wieder.«

Jana riss die Augen auf. »Ist es immer so schlimm wie letztes Jahr?«, fragte sie ihre erfahrene Kollegin. »Ich dachte, ich hätte da einfach nur Pech gehabt.«

»Nee. Hier kann man diesen Tag immer in der Pfeife rauchen. Von wegen: Fest der Liebe!« Heidelinde deutete vielsagend in Richtung der Eingangstüre, durch die nun eine Dame im Pelzmantel kam, die resoluten Schritts auf sie zu- und grußlos an ihnen vorbeilief. Ihr hinterher trottete ein Herr, die Jacke ebenso zerknittert wie das Gesicht. Er nickte den Krankenschwestern immerhin freundlich zu. Von seinen Schultern baumelten schwere Taschen. »Das ist das eine Problem«, betonte Heidelinde. »An Heiligabend fallen nicht nur nette, sondern auch schwierige Großeltern hier ein. Mit all ihren Ratschlägen, Forderungen und unbrauchbaren Geschenken. Und wir dürfen hinterher den Kleinen die Fläschchen geben, wenn den Mamas vor lauter Stress die Milch wegbleibt.«

»Oje.« Jana seufzte. »Aber wenigstens die jungen Eltern selbst sind zufrieden und nett, oder?«

»Mitnichten!« Heidelinde schnaubte. »Wie viele Fehlalarme die Ärzte oben immer reinkriegen! Manche werdenden Mütter denken, so vor den Feiertagen, da lässt man besser doch noch mal nachschauen, ob alles in Ordnung ist. Was es fast immer ist. Wenn dann wirklich mal ein Baby raus will und die Mutter in den Kreißsaal oder OP muss, sind die Ärzte entweder total im Stress oder aber fix und fertig. Das überträgt sich natürlich auf die Eltern. Und dann gibt es auch junge Eltern, bei denen alles gut gelaufen ist, die aber gerade jetzt ziemlich herumzicken. Unsere Weihnachtsgans sei nicht so lecker wie die der Oma, unser Kuchen zu trocken und überhaupt sei Weihnachten im Krankenhaus das Letzte. Hallo? Hätten sie halt wann anders die Verhütung schleifen lassen! Ich sag immer: Wer an Ostern die Eier sucht, hat an Weihnachten die Bescherung. Mathe für Anfänger!«

»Und die Hebammen? Sind die wenigstens gut drauf?«, fragte Jana zaghaft.

Wer an Ostern die Eier sucht, hat an Weihnachten die Bescherung.

»Na ja«, gab Heidelinde zurück. »Schon. Doch die haben meistens Ärger daheim – Mann und Kinder finden es nie toll, wenn eine arbeiten geht, statt den Gabentisch vorzubereiten.«

»Ich dachte, im 21. Jahrhundert übernehmen die Kerle das ganz selbstverständlich«, merkte Jana an.

»Schön wär's«, gab Heidelinde zurück. »Was meinst du, warum ich schon zweimal geschieden ...?«

Da flog die Tür auf und ein junges Paar trat hindurch. Der Mantel der Frau bedeckte mit Mühe ihren prallen Bauch. Der Mann hielt links ihre Hand, rechts eine kleine Reisetasche. Beide lächelten den Krankenschwestern zu.

»Guten Tag, wir sind Carina und Andreas Schmidt«, stellte die Frau sich vor, »und wir werden heute Nacht zum ersten Mal

Eltern. Das behauptete zumindest die Frauenärztin vorhin. Wo krieg ich denn hier meine PDA?« Sogleich verzog sich Carinas Gesicht, sie stützte sich auf ihren Mann und begann, schwer zu atmen. Eineinhalb Minuten später strahlte sie wieder: »Puh, immer diese Wehen. Aber das Schlimmste hab ich ja gleich hinter mir.«

Während Jana die Schmidts ins Wehenzimmer geleitete, rief Heidelinde den Arzt und die Hebamme auf die Station.

Auf dem Weg hörten sie Gekeife aus einem der Mütterzimmer. »Du bist sogar zum Wickeln zu blöd!« Eine reife Frauenstimme. Die Dame im Pelz, ahnten die Krankenschwestern.

Thordis hatte den Weihnachtsdienst nur unwillig übernommen. Es sollte das erste Fest mit ihrem Freund werden. Romantisch und verschmust. Doch nun lagen gleich zwei Kolleginnen mit Grippe im Bett – da hatte sie ihre Schichten übernehmen müssen, es ging nicht anders. Und natürlich wurde sie angepiepst, als sie gerade mit ihrem Liebsten im Bett lag.

Als Thordis die Entbindungsstation betrat, sah sie Schwester Heidelinde gerade ein älteres Paar aus einem Zimmer bugsieren.

»Ja, es ist gefährlich, wenn Frauen im Wochenbett zu sehr gestresst werden. Noch nie von Wochenbettdepression gehört?«, fragte sie. »Oder von Milchstau? Also. Wollen Sie, dass Ihr Enkel als Halbwaise aufwächst?«

Der Mann lenkte zuerst ein, schob seine bepelzte Gattin in Richtung Ausgang und sie verschwanden.

Andreas hätte sich eher die Zunge abgebissen, als zuzugeben, dass es ihm mulmig war angesichts der großen Aufgabe, die da auf ihn zurollte. Vater werden ... seine Kolleginnen und Kollegen hatten ihm einige Horrorgeschichten aufs Auge gedrückt in den letzten Monaten. »Deine Frau wird auseinander gehen wie Hefeteig und vergessen, sich die Haare zu waschen – für Monate.« – »Während der Entbindung wird sie schreien, fluchen und dir schwören, dass sie dich nie mehr in ihr Bett lässt.« – »Wenn das Kleine erst mal da ist, beginnt ein entbehrungsreiches Leben.«

Ja, danke. Er war sich sicher, dass es bei Carina und ihm ganz anders laufen würde. Aber Garantien gab es keine. Dazu kam, dass er kein Blut sehen konnte. Nun, jetzt war vielleicht der falsche Zeitpunkt, so etwas anzusprechen. Carina war mit Wehen-Veratmen beschäftigt und diskutierte zwischendrin mit der Hebamme, die gerade bei ihr eingetroffen war.

»Ihr Muttermund ist auf dreieinhalb Zentimeter. Noch sechseinhalb, dann passt das Köpfchen hindurch. Ihr Entbindungstermin wäre wann?«

»In einer Woche genau.«

»Wenn alles gut läuft, sind Sie bis zur Silvesterparty wieder fit. Und alle werden Sie loben, weil Sie so toll abgenommen haben.«

Wenn alles gut läuft, sind Sie bis zur Silvesterparty wieder fit.

Die Frauen grinsten sich an. Dann verzog Carina ihr Gesicht – wieder eine Wehe, wusste Andreas und streichelte seiner Frau über den Arm. Sie hatte ihm die Wehen beschrieben wie die Krämpfe bei einer heftigen Lebensmittelvergiftung.

»Bekomme ich jetzt bitte meine PDA?«, fragte Carina, sobald sie wieder sprechen konnte.

»Wir warten, bis der Arzt Sie umfassend untersucht hat. Ich glaube ja, dass Sie das gut ohne schaffen können. Sie haben so viel Kraft ...«

»Aber keine Lust mehr.«

»Was würden Sie denn jetzt machen, wenn Sie nicht gerade ein Kind bekämen? Hätten Sie dazu Lust?«

Wider Erwarten musste Carina lachen. Das Bild ihrer eigenen und ihrer angeheirateten Verwandtschaft zog vor ihrem inneren Auge auf. Sie hatten sich gegenseitig überboten, um Carina und Andreas die Weihnacht zu versau... äh, zu verschönern.

»Vormittags kauft ihr nett mit uns ein und dann kochen wir alle gemeinsam für die Feiertage.« Das war es, was ihre Eltern unter einem gemütlichen Fest verstanden.

»Kannst du mir zwischendrin schnell noch den Computer reparieren, Andi? Sonst kann ich keine Weihnachtsgrüße versenden, dann sind alle meine Freunde sauer.« Das hatte Andreas' kleiner Bruder gefordert.

»Könntet ihr Oma noch eine Tanne kaufen, sie ihr vorbeibringen und dort auch gleich mit ihr schmücken? Sie hat es sich in letzter Minute anders überlegt und es wäre doch traurig, wenn sie keine mehr bekäme.« Das war ihre Schwiegermutter gewesen.

»Sag mal, ich kann am Nachmittag doch die Kleinen zwei Stunden bei dir abladen?« Was für eine super Idee ihrer Schwester! »Da kannst du gleich mal üben!«

»Und abends dann zum veganen Eintopf zu uns, die Kinder machen Hausmusik«, hatte ihre älteste Schwägerin sie eingeladen.

Wobei Carinas Eltern sie eigentlich zur Gans erwarteten. Und Andreas' Eltern hofften, sie würden mit ihnen zur Kirche gehen.

Carina hatte sich nicht getraut, allen zu sagen, dass sie eigentlich nur vom Herumhängen träumte. Mit niemandem außer Andreas.

»Eigentlich«, meinte sie nun zu Thordis, die sie sofort gemocht hatte, »habe ich ja jetzt genau das Fest, das ich wollte. Ich liege herum, mein Mann ist bei mir. Keine Verwandtschaft da, keine Termine. Jetzt noch die PDA und alles ist perfekt.«

»Na, schauen wir mal. Es geht übrigens besser voran, wenn Sie sich bewegen – da drüben steht ein Rhönrad, da vorn ist eine Stange zum Turnen, der Vierfüßlerstand tut auch oft gut«, meinte die Hebamme. Also wuchtete sich Carina vom Bett hoch, wobei sie sich vorkam wie ein gestrandeter Wal.

Als Hagen den Gang zum Wehenzimmer entlanglief, hörte er lautes Geschimpfe. Eine junge Frau im Morgenmantel faltete einen

»Wie kann man nur die Geschenke vergessen?«

Mann zusammen, der an jeder Hand ein Kleinkind hielt. »Wie kann man nur die Geschenke vergessen? Habe ich es dir nicht vor der Narkose gesagt? Du bist doch wirklich ...«

Schön, Single zu sein, dachte der Anästhesist und ging weiter seines Wegs.

Für ihn war sein Feiertagsdienst eine willkommene Gelegenheit, dem Glitzer-Konsum-Zirkus der Außenwelt zu entkommen. Der Anästhesist hielt nicht viel von Religionen und ebenso wenig von den Massenkundgebungen, die diverse Kirchen veranstalteten. »Lassen Sie sich ruhig Zeit«, versicherte er Carina, die im Rhönrad hängend ihre Wehen veratmete. »Ich habe heute Abend nichts Besseres vor, als hier zu sein.«

»Wir auch nicht«, sagten Andreas und seine Frau wie aus einem Munde.

»Also, ich ... ähm, natürlich auch nicht«, log Thordis.

»Die Wehen kommen wie oft?«, fragte der Arzt.

»Alle neunzig Sekunden«, antwortete Carina. »Und ich mache seit zwei Stunden damit rum. Mir reicht's! Ich habe nur noch einen Wunsch zum Fest der Liebe: eine PDA.«

»Na, dann schauen wir doch mal, was wir für Sie tun können. Wenn Ihre Hebamme mir gleich ihr Okay gibt ...«

Thordis versuchte auszublenden, dass es vom Gang her sehr laut wurde. Immer diese Festtagshysterie, dachte sie. Gegen die sollte es auch eine Art Betäubung geben. Sie bat Carina, die Beine zu spreizen, damit sie prüfen konnte, wie weit der Muttermund bereits geöffnet war.

»Oh! Das ist ja himmlisch! Ich werde pünktlich nach Hause kommen«, jubelte die Hebamme und strahlte Carina an. »Kommen Sie, rauf aufs Bett und dann schnell mit mir rüber in den Kreißsaal. Sie dürfen gleich lospressen!«

»Und meine PDA?«, japste Carina.

Hagen lachte: »Da müssen Sie bis zur nächsten Entbindung warten, sorry. Ich hätte Ihnen gern eine gegeben, aber bis die wirkt, ist Ihr Kind dreimal draußen.«

»Was? Aber ich bin Erstgebärende, die Frauenärztin hat gesagt, das dauert locker bis morgen früh!«

»Hellsehen kann die auch nicht«, meinte Hagen entspannt und schlurfte in Richtung Ausgang.

»Verstehst du nicht?«, meldete sich Andreas zu Wort. »Unser Kleines will raus, Schatz! Jetzt sofort!«

»Erste Presswehe gut überstanden. Habe das Köpfchen gesehen. Ganz viele dunkle Haare!«, rief Thordis, als die Gynäkologin um die Ecke gejoggt kam.

»Was mach ich jetzt?«, keuchte Carina.

»Alles weiter wie gehabt: Wenn es richtig fies zieht, dann pressen. Sie machen es Ihrem Baby ganz leicht«, lobte Thordis.

»Ich bin in Position«, sagte die Gynäkologin, »sieht alles gut aus.«

Andreas drückte die Hand seiner Frau und flüsterte: »Ich liebe dich.«

Eine neue Wehe flutete Carinas Körper und dann fehlten allen erst mal die Worte.

»Uäääh! Uäääh!«

Für Andreas war es das schönste Geräusch der Welt. Adrenalin schoss durch seinen Kör- per. War da Blut? Wenn, sah er keins – nicht in diesem roten Schum- merlicht des Kreißsaals. Alles, was er sah, war das kleine Wesen, das da  auf Carinas Bauch lag und seine ersten Schreie absonderte. Wie filigran die Händchen und Füßchen waren! Diese Stupsnase, das runde Gesicht, drum herum der dichte, dunkle Schopf! Unbeschreiblich zauberhaft.

Andreas wusste gleich, dass sein Kind ihm ähnlich sah – er hatte genug Babyfotos gesehen. Nur war er natürlich nicht so perfekt gewesen. Die vollen Lippen, die hatte das Baby ja auch von seiner Mutter. Von Carina, die ihr Kind zärtlich streichelte.

Das Baby wurde ruhig und öffnete seine Augen. Wunderschöne, dunkel glänzende Augen. Carina drehte den Kopf, strahlte ihn an – und er lächelte zurück. Seine Familie! Ihm wurde ganz schwindelig vor Liebe.

»Ich werde Ihr Baby jetzt wiegen und kurz untersuchen«, meldete sich Thordis sanft zu Wort. »Ach ja, interessiert Sie eigentlich, was es ist? Sie haben eine Tochter.«

»Eine Tochter!«, hauchte Carina. »Besser geht es nicht.«

»Gestern hast du dir doch noch einen Jungen gewünscht«, meinte Andreas.

»Tja. Gestern wog ich auch noch neunzig Kilo und dachte, wir würden heute Abend veganen Eintopf schlürfen.«

Womit sie recht hatte. Da fiel Andreas ein, dass ein wichtiges Detail noch nicht geklärt war. »Ehrlich gesagt, hatten wir uns nur auf einen Jungennamen geeinigt«, wandte er sich an die Geburtshelferinnen. »Es gibt zu viele schöne Mädchennamen. Wie heißen Sie beide eigentlich?«

»Thordis.«

»Gertraud.«

Andreas schluckte. »Ähm. Ja. Das passt nicht so … zu unserem Nachnamen. Carina, was meinst du?«

Carina zuckte mit den Schultern. »Kein Name ist so schön wie sie«, meinte sie schließlich.

»Wie wäre es mit Natalie oder Noelle?«, schlug Thordis vor. »Das heißt: an Weihnachten geboren. Und passt zu süßen Mädchen und tollen Frauen.«

»Was sagst du dazu, Baby?«, fragte Carina sanft. »Natalie Schmidt? Magst du so heißen?« Die Augen der Kleinen glänzten. Spielte da nicht ein Lächeln um ihren Mund?

Die Untersuchungen bestätigten: Mutter und Kind waren wohlauf. Carina fühlte sich, als könne sie die ganze Welt umarmen. All meine Wünsche sind wahr geworden, dachte sie. Ich liege gemütlich herum und an meiner Brust trinkt das niedlichste Kind aller Zeiten. Ich habe keine Schmerzen mehr. Und Andreas schaut mich an, als sei ich Superwoman und er bereit, Tausende von Windeln zu wechseln. Halleluja!

Sie wusste, sie beide würden von nun an stark genug sein, Entscheidungen zu treffen. Für so wichtige Dinge wie Kindesnamen und halbwichtige wie die, wie man Weihnachten entspannt feiert. Was Verwandte, Freunde und Chefs forderten, war ab jetzt zweitrangig. Eine neue Geschichte wurde geschrieben: die der Familie Andreas, Carina und Natalie Schmidt. Wie himmlisch einfach alles war!

Kaum hatte sie auf ihrem fahrbaren Bett den Kreißsaal verlassen, das schlafende Baby im Arm, wurde Carina in die Wirklichkeit zurückkatapultiert. Auf Station war es laut. Sehr laut. Schräge **Schräge Blasmusiktöne. Streitende Stimmen. Schreie aus dem Wehenzimmer.**

Blasmusiktöne. Streitende Stimmen. Schreie aus dem Wehen-zimmer.

»Der ganz normale Weihnachtswahnsinn«, versicherte ihr Schwester Heidelinde und lächelte ihr ermutigend zu. »Morgen wird's besser. Wir können Sie leider noch nicht in Ihr Zimmer schieben, denn auf dem Weg dorthin gibt die Kapelle ihr Weihnachtskonzert. Und bevor Sie fragen: Wir haben wirklich keine bessere Kapelle finden können. Das gibt der Etat nicht her. Aber wer eine Geburt ohne Schmerzmittel übersteht, überlebt auch etwas Katzenmusik.«

»Komm, wir singen mit«, meinte Andreas, »falsche Töne können wir doch auch.«

Und dann stimmten sie ein. *Stille Nacht – O du fröhliche – Großer Gott, wir loben dich.* Immer wieder fielen ihre Blicke auf ihr Neugeborenes. Und anders als sonst war es den beiden beim Singen kein bisschen ironisch zumute.

Wunderliche Weihnachtswunder

Der Vanille-Duftbaum an meinem Rückspiegel wackelte unmotiviert zu Chris Reas *Driving Home for Christmas*, während ich mich in meinem Auto durch bleigraue Landschaften nach Norden quälte. Gott sei Dank war der Song bald zu Ende und Mariah Carey tirilierte ihr *All I Want for Christmas Is You*. Die macht sich's schön einfach, dachte ich und war mir nicht sicher, was ich mir für Weihnachten wünschen sollte. Moment mal, doch, eigentlich wusste ich es: einen friedlichen Heiligen Abend mit der Familie. Oma, Vater, Mutter und mein Bruder Michi mit mir an einem Tisch, guter Laune, miteinander Spaß habend. Das gab's bei uns so noch nie. Zusammen an einem Tisch sitzen schon, aber miteinander Spaß haben, ganz friedlich? Mir hatte wohl das optimistische Weihnachtsgedudel im Radio zusammen mit dem Vanillemief des Duftbaumes mein Hirn vernebelt ... Weihnachtswunder gab es nicht! Und wenn, dann nur in Hollywood. Aber nicht in meinem Elternhaus.

Denn so sicher, wie gleich *Last Christmas* gespielt würde, so sicher würde sich auch dieses Jahr meine Familie spätestens beim Weihnachtsessen an den Kragen gehen. Das war schon immer so und würde immer so bleiben.

Warum? Dafür gab es zwei gute Gründe. Und meine Familienmitglieder waren so stur, wie sie alt waren. Keinen Zentimeter würden die heute aufeinander zugehen – das war so sicher wie das Amen in der Kirche.

Warum hatte ich mich auch von meinem Bruder dazu überreden lassen, dieses Jahr wieder mal mit der Familie zu feiern? Statt einfach einen entspannten Abend mit Freunden in Augsburg zu verbringen. Aber Michi meinte, wir müssten als Familie zusammenhalten. Und dürften auf keinen Fall unsere Mutter mit ihrer Frau Mama und unserem Dad allein lassen. Blablabla. Michi hatte doch nur keine Lust, ohne moralische Unterstützung zwischen den familiären Fronten draufzugehen. Deshalb sollte ich Teil des Gemetzels zwischen Lametta und Geschenkpapier werden.

»Bin ich denn bescheuert?«, schoss es in mein Hirn. Panisch beschloss ich, bei der nächsten Ausfahrt die Autobahn zu verlassen und nach Augsburg  **Deshalb sollte ich Teil des Gemetzels zwischen Lametta und Geschenkpapier werden.** zurückfahren, um dem Christmas-Terror doch noch zu entkommen.

Doch so verlässlich, wie mein Vater und seine Schwiegermutter über saftigen Knödeln und knuspriger Gans später jedem *O du fröhliche* den Todesstoß versetzen würden, so sicher gab es an jedem Heiligen Abend einen Stau. Plötzlich saß ich fest zwischen einer Million anderen Autos. Hektisch kurbelte ich das Fenster runter, damit die frische Winterluft dem Vanillegestank den Garaus machen konnte. Mit der Kälte zog auch wieder etwas Ruhe in mein Gemüt. Als dann auch noch im Radio *The Power of Love* von Frankie Goes to Hollywood gedudelt wurde, musste ich schmunzeln. Der Song war das Lieblingsweihnachtslied von

Michi und mir. Egal, wie unterschiedlich mein großer Bruder und ich in vielem waren, in Sachen Musik schlugen unsere Herzen im Gleichtakt. Und auch sonst war er ein Teil von mir. Auch wenn der Teil manchmal ganz schön nerven konnte. Sollte ich ihn und unsere Mutter wirklich dem Hauen und Stechen von Oma und Vater überlassen?

Ein Feuerwerk von Aufblendlichtern fetter SUVs hinter mir riss mich aus meinen Gedanken und scheuchte mich auf die rechte Spur. Der Stau hatte sein Ende gefunden. Und was war mit mir? Wo sollte ich heute enden? Entspannt in Augsburg oder verspannt im Elternhaus? Im Radio plärrte ein Sänger »Shake up Christmas, shake up the happiness!«. Es klang zwar blechern, war aber trotzdem überzeugend. Das hatte ich fast vergessen – an Weihnachten geht's ums Glücklichsein! Ich ließ die nächste Ausfahrt rechts liegen und schoss weiter Richtung Norden – fest entschlossen, dass dieses Weihnachtsfest weniger ätzend und umso schöner werden sollte.

»Du trinkst doch nicht etwa während der Fahrt? Wie soll *das* denn bitte klappen?«, fragte Michi am anderen Ende der Leitung skeptisch, nachdem ich ihm mein Vorhaben via Freisprechanlange zugebrüllt hatte.

»Keine Ahnung! Wir müssen Oma und Papa irgendwie bei Laune halten, bis das Essen auf dem Tisch steht! Wenn sie bis dahin keinen Streit miteinander vom Zaun gebrochen haben, bringen wir die Bescherung auch noch über die Bühne, ohne dass es Tote gibt!«, machte ich Michi und mir Hoffnung.

»Sie haben Ihr Ziel erreicht«, verkündete die abgeklärte Stimme meines Navis eine halbe Stunde später.

»Hallo Schatz, da bist du ja ... Michi ist vor fünf Minuten gekommen und schon in der Küche am Werkeln!«, flötete meine Mutter, als ich ins Haus trat – hinein in einen Schwall alter Gefühle und Düfte von schwerem Holz und fruchtigen Kerzen. »Er hat mir schon von deinem Plan erzählt. Klasse Idee!«, flüsterte sie in einer Mischung aus Hoffnung und Nervosität, als sie Richtung Esszimmer deutete. »Dort sitzen die zwei und schweigen sich an. Wie immer ...«

Wahrscheinlich nur die Ruhe vor dem Sturm, dachte ich. Da schob mich meine Mutter schon in die offene Esszimmertür. Leise ermutigte sie mich, den beiden Hallo zu sagen, bevor sie sich flink wie ein Wiesel in Richtung Küche absetzte.

Tatsächlich lag die gefühlte Temperatur im Esszimmer weit unter dem Nullpunkt. Weder die heiter glitzernde Weihnachtsdeko noch der Duft von Orangenschalen und Tannenzweigen auf der glühenden Heizung konnte hier für warme Stimmung sorgen. Meine kleine, graue Großmutter und mein großer, nicht minder grauer Vater saßen an den entgegengesetzten Enden der Tafel, jeweils einen Teil der Zeitung lesend. Dabei waren sie sehr darauf bedacht, so zu tun, als wäre der beziehungsweise die andere nicht da. Wie anstrengend das sein musste!

Weder die heiter glitzernde Weihnachtsdeko noch der Duft von Orangenschalen und Tannenzweigen auf der glühenden Heizung konnte hier für warme Stimmung sorgen.

Warum die beiden sich nicht ausstehen konnten, wussten sie wahrscheinlich selbst nicht mehr. Laut meiner Mutter war es schlicht und ergreifend der übliche Schwiegersohn-Schwiegermutter-Zoff. Mein Vater wollte sich von seiner Schwiegermutter nie in seine Ehe quatschen lassen. Und meine Oma tat natürlich nichts lieber als das. Und beide versuchten, unsere Mutter oder uns auf ihre Seite zu ziehen. Was für ein Kampf, was für ein Krampf! Jedenfalls hatten diese Trotzköpfe mittlerweile nie mehr als ein geknurrtes »Guten Tag«, »Ja«, »Nein« und »Tschüss« füreinander übrig. Übereinander reden taten sie dafür umso lieber. Und das durchweg schlecht. Mein Vater ließ zum Beispiel bei keinem Weihnachtsessen in Omas Anwesenheit einen Zweifel daran, ihr »dummes Gerede« nicht mehr hören zu können. Meiner Mutter, Michi und mir blieb in solchen Situationen der sprichwörtliche Kloß im Hals stecken. Vordergründig ließ sich Oma nie anmerken, dass sie die Worte ihres Schwiegersohnes trafen. Vielmehr erwähnte sie gern mit Nachdruck, was für erfolgreiche Ärzte die Ehemänner ihrer Nichten waren. Mein Vater war glücklich als Beamter. Aber dass meine Oma seinen Job notorisch kleinredete, nahm er ihr verdammt übel.

»Hallo, Oma, hallo, Papa!«, sagte ich jetzt bemüht locker, als ich zu ihnen trat.

»Hallo«, strahlte mich mein Vater genauso herzlich und offen an wie meine Oma. War ja klar, sobald die zwei einen Blitzableiter zwischen sich hatten, gaben sie sich durchweg entspannt. Um ein unverfängliches Gespräch zu dritt zu führen, hangelte ich mich also geübt von einer Small-Talk-Liane zur nächsten: Ja, das Wetter war gut gewesen auf der Fahrt; nein, der Stau war nicht schlimm; ja, Hunger hatte ich schon ... Doch den übergroßen Egos der beiden reichte es nicht, wenn ich mit ihnen gleichzeitig über Alltägliches plauderte. Jeder von ihnen wollte die volle und absolute Aufmerksamkeit. Allein um den anderen auszugrenzen. Bevor ich es also verhindern konnte, schwadronierte mein Vater über sein Lieblingsthema, mit dem Oma definitiv so gar nix am Hut hatte: den Pfälzer Riesling.

»Ein Gedicht ... Möchtest du mal ein Gläschen von diesem Tropfen probieren?«, bot er mir freudig an und deutete auf die nur noch halb gefüllte Flasche vor sich.

»Ach ja, warum nicht«, murmelte ich und war mir sicher, dass Alkohol zwar nie eine Lösung war, aber an Heiligabend auch nicht schaden könnte. Während mein Vater

Ich war mir sicher, dass Alkohol zwar nie eine Lösung war, aber an Heiligabend auch nicht schaden könnte.

weiter heiter von dem niedrigen Säuregehalt dieses Weines schwärmte, war Oma außen vor und er obenauf. So dachte er zumindest.

Denn just als er zufrieden einen Schluck nahm, warf Oma trocken ein, dass die Zahl der Alkoholiker wieder gestiegen sei. »Prost, Anton«, meinte sie scheinheilig zu meinem Vater.

Autsch, das hatte gesessen. Mein Vater kämpfte nicht nur mit seiner Empörung, sondern auch mit dem feinen Riesling, an dem er sich verschluckt hatte. Bevor er seine Sprache wiederfand, hatte meine Oma das Gespräch an sich gerissen. Thema war die feine Verwandtschaft – natürlich die von ihrer Seite. Nun war mein Vater außen vor und starrte still brodelnd auf sein Kreuzworträtsel, um seinen Ärger zu überspielen. Ich hatte keinen Zweifel: Mein Plan lief aus dem Ruder, denn der heutige Kampf zwischen den beiden war soeben eröffnet worden. Und das, obwohl ich anwesend war, um sie bei Laune zu halten. Was tun?

»Wenn das zwischen denen so weitergeht, endet der Abend wieder in einem Christmas-Gemetzel«, flüsterte ich Michi und meiner Mutter zu, sobald ich die Küchentür hinter mir geschlossen hatte. »Diesmal lassen wir uns aber nicht mit reinziehen!«

»Genau!«, stimmte Michi grimmig zu. »Am besten gehst du gleich wieder raus und bringst die greisen Raubtiere unter Kontrolle!«

Ich dachte, ich hör nicht richtig! Wieso sollte ich mich nun wieder hinaus in die Höhle der Löwen wagen, um als Dompteur bei lebendigem Leib gefressen zu werden?

»Ich finde, wir sollten uns abwechseln«, schlug ich vor und schaute Michi dabei genauso erwartungsvoll an wie unsere Mutter.

Die winkte alarmiert ab. »Ich sitz das ganze Jahr allein mit den beiden Sturköpfen da. Ich will heute nicht wieder zwischen die Fronten geraten!«

Das verstand ich. Michi auch. Aber ich verstand nicht, dass Michi sich hinter den Kochtöpfen verstecken wollte, während ich allein das Kanonenfutter spielen sollte. »Da bin ich ja bis zum Abendessen reif für die Klapse!«, machte ich gereizt klar und kippte mir ein Glas vom Kochwein rein. Doch je mehr ich auch versuchte, Michi in die Pflicht zu nehmen, desto kreativer wurden seine Ausreden.

»Und überhaupt muss ich Mama beim Kochen helfen!«, schloss er seine Argumentation und rührte demonstrativ Mehl in heiße Butter.

»So schwer kann das ja wohl nicht sein! Dann helfe ich Mama halt mit dem ... Zeugs da!«

Michi grinste genüsslich und hatte mich mit wenigen, gezielten Nachfragen als Küchenniete enttarnt. Ein Hochgefühl für ihn. Ein Dämpfer für mich.

»Ich würde mir von dir ein bisschen mehr Flexibilität und Einsatz für *unser Ziel* wünschen!«, hätte ich zu Michi sagen sollen. Solche »Ich-Botschaften« hatte ich für viel Geld von einem

»Ich-Botschaften« hatte ich für viel Geld von einem Therapeuten gelernt.

Therapeuten gelernt. Theoretisch. Praktisch blökte ich Michi an, wie *er* mich nervte und dass *er* mich auflaufen ließ!

Das Gesicht meines Bruders wurde nun so rot wie das Rote-Beete-Carpaccio, das Mama zuvor angerichtet hatte.

»Jetzt mach mal nicht so ein Fass auf!« und »Du hast es als der Kleinere von uns doch eh immer viel leichter gehabt!«, warf er mir entgegen.

Volltreffer, kleiner Bruder versenkt, dachte ich mir und spürte, wie in mir der Ärger nach oben galoppierte. Und der ließ sich auch nicht mehr von unserer Mutter einfangen, die alarmiert zwischen uns trat. Über sie und alle Kochtöpfe hinweg schoss ich eine Batterie von »*Du* machst es dir wie immer schön einfach!« und »*Du* denkst wieder nur an dich!« ab. Und dass ich, ich, ich ihn voll ätzend fand. Das war mal eine »Ich-Botschaft«, die es in sich hatte!

Ab da wärmten Michi und ich jeden noch so kleinen Streit von früher auf. Und wie Sandkastenförmchen in unseren

Kindertagen warfen wir uns nun alle Ärgernisse an den Kopf, wo sie kleben blieben wie olle Kamellen.

»Weihnachten ist doch das Fest der Liebe«, erinnerte uns unsere Mutter hilflos. Doch Michi und ich hörten längst nicht mehr hin, sondern stritten nach dem Prinzip, dass der Lauteste recht hatte. Ein von unserer Mutter verzweifelt geschmettertes »Schluss jetzt!« ließ uns erschrocken verstummen. »Wir wollten doch zusammenhalten! Und die zwei Streithähne ablenken, um ein friedliches Weihnachtsfest zu feiern!«, seufzte sie matt.

Was sollte ich sagen, das war komplett schiefgegangen. Zerknittert wie das Spritzgebäck, das in einer nahen Etagere auf seinen Verzehr wartete, schauten mein Bruder und ich uns an.

»Sorry!«, brummten wir uns zu und meinten es auch so. Nur was wir jetzt tun sollten, wussten wir so gar nicht.

»Machen wir uns nix vor. Egal, was wir tun, Oma und Papa werden später ihre Giftpfeile aufeinander schießen. Das war schon immer so und das wird auch immer so bleiben!«, seufzte Michi.

»So sicher wie das Amen in der Kirche!«, meinte Mutter und sprach uns beiden aus der Seele. An ein Weihnachtswunder glaubte von uns keiner mehr. Also stießen wir mit dem sauren Kochwein an, der uns einen kalten Schauer über den Rücken jagte. Als kleiner Vorgeschmack dessen, was draußen im Esszimmer auf uns wartete.

»Auch diesen Heiligen Abend kriegen wir wieder rum, egal, wie schlimm es wird!«

»Kommt, wir gehen raus zu den beiden!«, schlug ich

fatalistisch vor. »Auch diesen Heiligen Abend kriegen wir wieder rum, egal, wie schlimm es wird!«

Wir holten tief Luft und traten hinaus ins Esszimmer, wo wir das traditionell beklemmende Schweigen zwischen Oma und Papa erwarteten.

»Nordische Gottheit mit vier Buchstaben?«, hörten wir da meinen Vater ganz selbstverständlich fragen.

Wie bitte???

Der Satz mit den vielen Fragezeichen echote durch meine Gedanken. Aber nicht lange, denn da sahen wir ein Bild, das *so* einfach nicht wahr sein konnte: Da saßen Vater und Oma friedlich nebeneinander und grübelten über dem Kreuzworträtsel.

»Thor und Odin passen nicht!«, resümierte Oma konzentriert. »Aber was ist es dann?«

»Loki«, murmelte ich und konnte immer noch nicht glauben, was ich da sah. Wie konnte es sein, dass ich diese zwei Menschen tatsächlich in dieser Eintracht zusammensitzen sah?

»Loki ... natürlich!«, brummte mein Vater, während er die vier Buchstaben eintrug. »Da wären Oma und ich auch selbst draufgekommen, wenn ihr nicht so laut gestritten hättet! Da konnte man ja keinen klaren Gedanken fassen!«

»Da hat euer Vater recht!«, stimmte Oma zu und blickte streng zu Michi und mir. »Müsst ihr denn auch immer so böse miteinander sein?«

»Ähm ... Entschuldigung!«, war das Einzige, was wir rausbrachten.

»Das ist nämlich für andere sehr unangenehm!«, meinte Oma.

»Da hat eure Oma recht«, pflichtete mein Vater ihr bei, während unsere Mutter, Michi und ich hilflose Blicke wechselten.

Spätestens jetzt war ich mir nicht mehr sicher, ob ich das alles nicht doch träumte. So ein Kochwein konnte es ja in sich haben. Sollte ich mich zwicken und das Risiko eingehen, in einer Realität aufzuwachen, die nicht so entspannt war? Oder einfach akzeptieren, dass ich unrecht gehabt hatte und gar nichts für immer sicher war. Weder das Amen in der Kirche noch unser traditioneller Familienknatsch an Heiligabend? Offenbar konnten sich Dinge verändern, ohne dass man selbst so viel dafür tun musste. Selbst olle Familienstreitereien waren nicht in Stein gemeißelt. Man musste anscheinend nur etwas Geduld haben, abwarten und hoffen – hoffen auf wunderliche Weihnachtswunder.

Weihnachtssongs im Radio – die glorreichen Sieben!

Jahr für Jahr werden bei den deutschen Sendern auf den Spitzenplätzen die immer gleichen Songs gespielt. Im englischsprachig dominierten Radio haben traditionelle deutsche Weihnachtslieder sowieso keine Chance und kurioserweise kommen deutsche Popstars wie Grönemeyer anders als Engländer oder Amerikaner eher selten auf die Idee, weihnachtliche Songs zu produzieren. Anders die Schlagerwelt. Fast alle Sängerinnen und Sänger seit Peter Alexander haben ein Weihnachtsalbum und die weniger werdenden Schlagersender senden diese besinnlichen Weisen gern neben traditionellen Liedern wie *Süßer die Glocken nie klingen* oder amerikanischen Klassikern wie *Have Yourself a Merry Little Christmas*. Doch selbst die älteren Musikformate spielen an Weihnachten gern immer wieder als Ergänzung ihres Repertoires die »Glorreichen Sieben« der angloamerikanischen Popsongs.

1. *Last Christmas*

Wie ein Paukenschlag hat dieser am 3. Dezember 1984 veröffentlichte Titel der Band Wham! Weihnachtssongs im Radio für immer verändert. Sound und Text sind völlig neu. Weihnachtssongs zuvor waren entweder traditionelle Lieder wie *Stille Nacht, heilige Nacht* (gern auch in Englisch) oder Hollywoodschnulzen wie *White Christmas* gewesen. Und jetzt dieser Song von George Michael, der eine völlig neue Message verkündet. »Last Christmas I gave you my heart, but the very next day you gave it away« mischte die heile Weihnachtswelt im Radio zum ersten Mal auf. Nicht so sehr die Musik (Achtzigerjahre-Pop mit plumpem Drumcomputer, wenn auch aufgehübscht mit »weihnachtlichen« Glöckchen) – die eigentliche Revolution ist der Text. Er greift das sich verändernde Weihnachtsfeeling der Popgeneration auf. Nicht mehr retrofixierte pseudochristliche Botschaften, sondern eine gelebte moderne Wirklichkeit, in der sich Paare nun einmal trennen. *Last Christmas* hat sich längst als Nr. 1 der weihnachtlichen Radiosongs in vielen Ländern Europas etabliert. Regelmäßig steigt der Song im Dezember in die Hitparaden ein und hat inzwischen viele Millionen an Tantiemen eingespielt. Covers gibt es international, zum Beispiel von den Backstreet Boys und in Deutschland von Laith Al-Deen bis Helene Fischer.

2. Driving Home for Christmas

Zwei Jahre nach George Michaels Geniestreich bricht ein weiterer britischer Musiker mit der bisherigen kitschseligen Tradition weihnachtlicher Popsongs. Chris Rea, ein Sänger mit Reibeisenstimme, veröffentlicht 1986 die Geschichte eines Mannes, der am Weihnachtsabend nach Hause fährt. Der Text war ihm eingefallen, als er im Weihnachtstrubel einst selbst im Londoner Verkehr steckte. Wieder eine moderne Story jenseits der bisherigen adventlichen Poesie und mitten im aktuellen Lifestyle. Gesungen von einer coolen, bluesigen Stimme und getragen von einem sanft treibenden Beat, der weihnachtlich über den unaufgeregten Harmonien schwebt. Ideales Radiofutter also.

Seine Popularität erarbeitet sich der Song langsam, aber stetig, im Laufe der Neunziger- und Zweitausenderjahre. Viele andere Künstler haben sich an dem Lied versucht, doch Chris Reas Original konnten sie nicht toppen.

3. Do They Know It's Christmas

Ebenso wie *Last Christmas* kommt auch dieser Song 1984 in die Radios. Der Rockmusiker Bob Geldof ist schockiert von einer Reportage, die er im englischen Fernsehen über die Hungersnot in Äthiopien gesehen hat. Gemeinsam mit Midge Ure schreibt er quasi über Nacht diesen Song mit der Botschaft: »Wissen die Menschen denn nicht, dass Weihnachten ist?« Rasch trommelt er zahlreiche befreundete Musiker zusammen, darunter Weltstars wie Sting, Paul McCartney, David Bowie oder Bono, die alle innerhalb kürzester Zeit ihren Part für den Song abliefern. Oft ist es nur eine Zeile in Strophe oder Refrain, doch darum ging es ja. Geldof will zeigen, dass die Popwelt helfen kann. Man nennt sich »Band Aid«, ein Wortspiel aus »Wundpflaster« und »Eine Band hilft«. In England kommt der Song im Erscheinungsjahr auf Nr. 1 der Charts und auch im sonstigen Europa auf Spitzenplätze. Das Video zeigt ergreifende Filmszenen der Hungernden in Afrika. Bob Geldofs Song spielt damals rasch zweistellige Millionenbeträge ein.

4. All I Want for Christmas Is You

Zehn Jahre nach den ersten drei Klassikern unserer weihnachtlichen Hitliste, die allesamt aus Großbritannien kamen, komponiert die amerikanische Sängerin Mariah Carey zusammen mit einem befreundeten Musiker für ein Weihnachtsalbum diese musikalische Liebeserklärung. Die Aussage »Alles, was ich an Weihnachten will, bist du!« ist wieder ein Bruch mit den alten Klischees von Weihnachtsmann und Schnee an Heiligabend. Mit viel Soul in der Stimme und unterlegt mit weihnachtlichen Glocken arbeitet sich die singende Schönheit durch einen Song mit wohligem Beat. Im Video posiert sie im roten Kostüm als weiblicher Santa Claus mal im Schnee, mal unterm Tannenbaum oder mit einem Rentier knutschend. In den Charts ist der Erfolg zu Beginn eher mäßig. Heute gilt der Song im weihnachtlichen Radio als unverzichtbar.

5. Thank God It's Christmas

Zurück nach England und wieder ins Jahr 1984. Die Band Queen veröffentlicht ebenfalls ihren Weihnachtssong. Freddy Mercury eröffnet mit einem wohligen »Oh my love«, wenig später folgt ein souliges »Thank God it's Christmas« und dieses wird schließlich getoppt von dem sehnsüchtig schmachtenden »Weihnachten möge es doch jeden Tag geben«. Anders als bei den drei Toptiteln dieser Hitliste heißt die Botschaft hier schlicht: »Danke schön, Weihnachten.« Der Song lebt vom Sound dieser Starcombo und letztendlich auch vor allem von der charismatischen Stimme ihres Sängers. Das Video ist leider wenig ideenreich bis peinlich, vor allem dort, wo Freddys Babyfoto – bäuchlings nackt auf einem weißen Fell liegend – eingeblendet wird. Da versöhnt es doch fast, als nach tennisballgroßen Studioschneeflocken am Ende bunte Raketenknaller am Himmel verglühen.

6. Happy X-Mas (War Is Over)

Schon einige Jahre vor George Michael und Co. präsentiert das Jahrhundertgenie John Lennon bereits 1971, also kurz nach der Trennung der Beatles, einen Weihnachtspopsong. Lennon knüpft an eine Plakatkampagne gegen den Vietnamkrieg an, die er zusammen mit Yoko Ono bereits 1969 gestartet hatte. Die Poster hingen in New York, Los Angeles, Tokio, Rom und Berlin: »War is over if you want it – Happy Christmas from John and Yoko«. Gesang und Melodie sind typisch Lennon, wie man ihn kennt – lakonisch, hypnotisch. Die eindringliche Botschaft des Textes: ein friedliches Weihnachten für alle auf der Welt. Im Hintergrund der ergreifende Gesang eines Gospelchors aus Harlem, der immer wieder »War is over if you want it!« wiederholt. Songwriting eines John Lennon nach der epochalen Zusammenarbeit mit Paul McCartney at it's best!

7. Wonderful Christmastime

Und auch Paul McCartney reiht sich ein in die erste Reihe der popmusikalischen Weihnachtsbarden. Diesen Song veröffentlicht er im November 1976. Aufgenommen hat ihn der Ex-Beatle im heimischen Studio und so klingt es auch. Aber gutes Songwriting, die Prominenz des Sängers und die Tatsache, dass die meisten Popkünstler offenbar nichts von Weihnachtssongs halten, machen auch dieses Stück zum Hit. Eröffnet wird der Song von einem furchtbar klingenden Synthesizer, unterlegt von den unvermeidlichen Glöckchen. McCartneys Gesang versöhnt anschließend und gipfelt in einem superben Refrain. Der Ausnahmekomponist Sir Paul schlug mal wieder zu. Amy Grant und Kylie Minogue haben neben vielen anderen zwei der unzähligen Covers von *Wonderful Christmastime* eingesungen.

KAPITEL 2

Beziehungsgeschichten

Weihnachten – das Fest der Liebe

Zu keiner Zeit im Jahr flammt in uns diese unstillbare Sehnsucht nach Vollkommenheit, nach Geborgenheit und nach Liebe auf wie zu Weihnachten.

Liegt es an den vielen Lichtern, die die Stadt erhellen, oder an den melancholischen Liedern, die aus dem Radio ertönen?

Niemand weiß es.

Wir erwischen uns dabei, dass wir den einen oder anderen Fehltritt verzeihen. Strömen durch die Geschäfte, um liebevoll Geschenke für unsere Liebsten auszuwählen. Um sie dann in glitzerndes Papier und Schleifen zu wickeln für diesen einen Augenblick.

Wir blicken verliebt in die Welt und versuchen alles, um unsere Mitmenschen glücklich zu machen.

Ja, das nennt man dann den Zauber der Weihnacht.

Umtausch ausgeschlossen

Der Berg Geschenkpapier, der sich unter dem Baum auftürmte, schien mich auszulachen. Was hatte ich mich auf dieses Weihnachtsfest in unserer ersten gemeinsamen Wohnung gefreut. Die ganze Adventszeit hindurch hatte ich dem Tag entgegengefiebert: Ich hatte die letzten Umzugskartons ausgepackt, die Kiste mit dem Weihnachtsschmuck aus dem Keller geholt, liebevoll die Wohnung dekoriert, unser Festmenü gemeinsam mit ihm geplant, Geschenke ausgesucht …

Geschenke.

Ich seufzte innerlich. Seine Überraschungen hatten mich bisher immer vom Hocker gehauen. Und auch dieses Jahr war ich gespannt wie ein Flitzebogen gewesen, was er sich Liebevolles hatte einfallen lassen. Und nun so etwas!

Ich bemühte mich, mir meine Enttäuschung nicht allzu sehr anmerken zu lassen. Meine Gedanken rasten. Sollte das ein Scherz sein? Eine versteckte Botschaft? Oder war es der erste Hinweis, dass auch bei uns jetzt allmählich der Alltag einzog und die Zeit der romantischen Geschenke vorbei war? Ausgerechnet dieser sonst so kreative Mann, der es immer wieder schaffte, mich neu zu überraschen, schien sich überhaupt keine Gedanken gemacht zu haben.

Mühsam raffte ich erst das Geschenkpapier und dann meine entgleisten Gesichtszüge zusammen, setzte ein leicht verkniffenes Lächeln auf und hauchte: »Oh, wie prakti…, äh, wie schön. Danke.« Ich schloss den Karton wieder.

Eine Küchenmaschine!

Also ehrlich …

Zugegeben, wir kochten leidenschaftlich gern zusammen, verbrachten viel Zeit miteinander in der Küche und beim Renovieren unserer Traumwohnung hatten wir diesem Raum besondere Aufmerksamkeit gewidmet. Eine richtig tolle Wohnküche war das geworden: chic, funktional, aber vor allem gemütlich. In der Mitte eine Kochinsel, eine riesige Arbeitsplatte mit genug Platz für zwei Hobbyköche, eine alte Eckbank am Fenster und ein großer Tisch, an den locker eine Großfamilie passte. In den drei Monaten, die wir hier wohnten, hatten wir schon einige leckere Menüs gezaubert, Freunde und Familie bekocht und nächtelang am Küchentisch gehockt. Und jetzt sollte ein solches Funktionsmonster in diesen gemütlichen Raum einziehen? Ich wusste, dass ich unfair war. Das Ding war bestimmt praktisch und ich hatte selbst schon darüber nachgedacht, ein solches Gerät anzuschaffen. Aber doch nicht als Weihnachtsgeschenk!

Um mich herum ging das Fest weiter. Keiner der Gäste schien

Aber doch nicht als Weihnachtsgeschenk!

meine gedrückte Stimmung zu bemerken. Alle lachten, redeten durcheinander und verteilten fröhlich Kekskrümel im Raum. Meine Weihnachtspartys waren legendär. Schon seit Jahren versammelten sich unter meinem Baum Verwandte und Freunde, Jung und Alt. Meine Tür steht immer allen offen und da ich glücklicherweise einen Mann gefunden habe, der nichts gegen Feiern und ein bisschen Chaos hat, tummelte sich auch in der neuen Bleibe eine bunte Besucherschar.

Der Rest des Heiligen Abends ging seinen gewohnten Lauf: Weihnachtslieder, alberne Spiele, Fünf-Gänge-Festmahl (das wir auch ohne die brandneue Küchenmaschine hinbekommen hatten, ha!), tolle Gespräche, nachdenkliche und lustige Momente, ein Mitternachtsspaziergang durch den Schnee und ein letzter Whisky vor dem Kamin. Als ich in den frühen Morgenstunden neben ihm ins Bett fiel, hatte ich die Küchenmaschine und meine Enttäuschung darüber schon wieder vergessen.

In der viel zu kurzen Nacht schlief ich unruhig und träumte wirres Zeug. Ich stand in unserer neuen Küche und wollte beherzt zum Messerblock greifen, um Gemüse zu schnippeln. Der Inhalt wehrte sich jedoch – immer wenn ich die Hand nach einem Messer ausstreckte, rutschte der ganze Block von mir weg. Die Schneidbretter klapperten nervös, der Mixer wimmerte und kreischte in einer Rührschüssel, die Schranktüren öffneten und schlossen sich von allein ... Und dann immer wieder dieses unheimliche Gekicher. Schweißgebadet wachte ich auf. Was um alles in der Welt hatte der Traum zu bedeuten? Wollte mir mein Unterbewusstsein etwas mitteilen?

Hatte er das gemeinsame Kochen satt? Wenn ich so recht darüber nachdachte, war mir in den letzten Wochen schon mehrfach aufgefallen, dass er lieber schnell etwas auf dem Teller gehabt hätte, als stundenlang den Kochlöffel zu schwingen. Ich hingegen genoss jede Sekunde zusammen mit ihm in der Kochstube. Offenbar tickten wir doch unterschiedlicher, als ich angenommen hatte. Vielleicht hatte er auch nicht nur das Kochen satt, sondern mich. Ja, wenn ich ganz ehrlich war, dann war das mit dem Zusammenziehen vielleicht etwas vorschnell gewesen. Sicher wollte er gar nicht mit mir zusammenleben!

Frustriert schlich ich ins Badezimmer, um die Nacht mit einer heißen Dusche wegzuspülen. Als ich eine Stunde später die Küche betrat, warteten der Mann meiner Träume und ein heißer Kaffee auf mich.

»Gut geschlafen?«, begrüßte er mich mit einem zweifelnden Blick. »Du hast dich ganz schön herumgewälzt letzte Nacht.«

»Ach, einfach nur zu viel gegessen, das lag mir im Magen, alles gut«, wiegelte ich ab. »Pfannkuchen zum Frühstück?«

Die nächsten Tage hatten wir beide frei und machten es uns gemütlich. Wir wanderten durch den Schnee, verbrachten etliche Stunden vor dem Kamin, lasen, hörten Musik oder lauschten einfach nur dem Knistern des Feuers. In die Küche gingen wir nur, um Tee oder Kaffee zu kochen oder eine schnelle Pasta in den Topf zu werfen. Fast war es, als würden wir beide diesen Raum meiden.

Wir wanderten durch den Schnee, verbrachten etliche Stunden vor dem Kamin, lasen, hörten Musik oder lauschten einfach nur dem Knistern des Feuers.

Das Wohnzimmer hatte sich glücklicherweise fast in seinen ursprünglichen Zustand zurückverwandelt. Unsere Geschenke lagen auf kleinen Stapeln, zogen aber eins nach dem anderen in den Haushalt ein.

Was für tolle Sachen dabei waren: Buchstabenmagnete für den Kühlschrank von meiner Nichte, ein Kinogutschein von unserem Nachbarn, ein Kochbuch von meinem Vater – so viele kleine Aufmerksamkeiten. Den Karton mit der Küchenmaschine ignorierte ich geflissentlich. Ich hatte ihn mit einem sanften Schubs unter den Couchtisch verbannt, zusammen mit meiner Enttäuschung und den quälenden Gedanken.

Der Urlaub neigte sich dem Ende entgegen und der Jahreswechsel rückte näher. Zu Silvester waren wir bei Freunden eingeladen. Da jeder etwas zum Büfett beisteuern wollte, war es an der Zeit, die Küchenblockade langsam wieder aufzuheben.

Am Morgen des 30. Dezembers tranken wir zusammen Kaffee, als er mich anschaute und meinte: »Du, wir müssen heute aber wirklich mal einkaufen gehen für die Party. Was bringen wir denn mit? Vielleicht einen Hefezopf?«

»Mh.«

»Ein leckeres Brot?«

»Mhmh.«

»Komm schon, du hast doch sonst so gute Ideen.«

»Okay, wie wäre es mit einer Suppe?«

Geflissentlich ignorierte ich seinen Blick in Richtung Couchtisch, unter dem die neue Küchenmaschine immer noch eingepackt lag.

Ich brauchte sie nicht, ich wollte sie nicht.

Dummes Ding.

Nach ein paar weiteren halbherzigen Gegenvorschlägen gab ich schließlich nach und wir einigten uns auf einen Hefezopf. Was konnte das Funktionsmonster schon dafür, dass ich lieber ein romantisches Geschenk gehabt hätte?

Ich trug den Karton in die Küche, seufzte und stellte ihn auf die Arbeitsfläche. Mit einem gequälten Lächeln öffnete ich ihn und starrte das Wunderwerk der Technik an. Da stand es, das Allroundtalent. Breiter Fuß, schlanker Hals mit einem herunterhängenden Haken, ein paar Knöpfe und eine große silberne Schüssel.

Nun gut, dann sollte das Ding jetzt also beweisen, wie gut es kneten konnte. Von mir aus.

»Kannst du schon einmal die Maschine auspacken und die Schüssel durchwaschen, während ich den Teig vorbereite?«, rief ich über meine Schulter.

»Ich glaube, ich kümmere mich lieber um den Teig und du übernimmst das Spülen«, erwiderte er.

Alles klar, ich hatte verstanden. Jetzt traute er mir nicht mal mehr einen Hefeteig zu und ich war für die niederen Arbeiten abgestellt.

Ich griff in den Karton, zog die Maschine heraus, packte die silberne Schüssel und warf sie vielleicht mit ein bisschen mehr Schwung als nötig ins Becken.

»Haaalt!«

Was war denn nun schon wieder? Irgendetwas hatte geklappert. Das dumme Ding konnte doch nicht schon vor dem ersten Einsatz kaputtgegangen sein.

Und dann sah ich etwas blitzen. Ich rieb mir verwundert die Augen. In der Schüssel kullerte der schönste Diamantring, der mir je begegnet war!

In der Schüssel kullerte der schönste Diamantring, der mir je begegnet war!

Ich starrte ihn an.

Mit einem verschmitzten Lächeln fragte er: »Willst du für den Rest deines Lebens zusammen mit mir Gemüse schnippeln, Kuchen backen und Pfannkuchen werfen?«

Ich starrte immer noch. Erst auf ihn, dann auf die Küchenmaschine und dann auf den Ring.

»Umtausch ausgeschlossen«, feixte er.

Elvira und Gisela

Im Schuhladen. Während draußen die Passanten auf der Jagd nach den letzten Weihnachtsgeschenken durch den Schnee hetzten, probierte Elvira neue Schuhe an. Sie waren mittlerweile in fünf Geschäften gewesen, aber Elvira hatte noch nicht das gefunden, wonach sie suchte, und war entsprechend mies gelaunt. Gisela, ihre älteste und mittlerweile einzige Freundin, war ebenfalls genervt. Die Schuhe waren Elvira entweder zu groß, zu klein, zu eng, zu weit, zu hoch, zu grell oder zu teuer. Auch die eben anprobierten Modelle fanden nicht ihren uneingeschränkten Zuspruch.

»Findest du nicht, dass ich darin einen Watschelgang habe?«, überlegte sie.

Gisela atmete hörbar ein.

»Du hast in jedem Schuh einen Watschelgang«, meinte sie griesgrämig und rollte mit den Augen.

»Wirklich?« Elvira schaute auf ihre Füße und betrachtete sie mit neuem Interesse. »Warum hast du mir das nie gesagt?«

»Ich dachte, du wüsstest das.«

»Wie sollte ich denn? Ich kann mich ja beim Laufen schlecht sehen.«

Gisela versuchte zu beschwichtigen. »Na, ist ja nicht so schlimm. Irgendwie passt es auch zu dir.«

Elvira runzelte die Stirn und stemmte fragend die Hände in ihre Hüfte.

»Was soll das denn jetzt wieder heißen? Bin ich eine Ente oder was?«

»Nein«, beruhigte Gisela sie, »aber dieser Gang gehört eben zu dir. So wie deine Haare oder deine Füße.«

»Meine Füße? Was stimmt mit denen nicht?«

»Sie sind ein wenig krumm. Oder warum, meinst du, findest du keine Schuhe?«

»Und warum sagst du mir das erst jetzt?«

»Du bist immer so schnell beleidigt.«

»Bin ich nicht. Und meine Füße sind nicht krumm. Aber deine Nase ist krumm.«

Gisela nahm die Brille ab und wischte unschlüssig darauf herum, so wie sie es immer tat, wenn eine Situation sie überforderte.

»Meine Nase ist nicht krumm.«

 »Meine Füße sind nicht krumm. Aber deine Nase ist krumm.«

»Und ob – krumm und dick. Wie beim Weihnachtsmann.«

Gisela setzte die Brille wieder auf. »Vielleicht sollte ich mir dann ein Schild umhängen: Frau Weihnachtsmann.«

»Gute Idee. Den Bart dafür hast du ja schon!«

»Also, das muss ich mir nicht anhören!«, sagte Gisela.

Eine Verkäuferin schlängelte sich heran.

»Gefallen Ihnen die Schuhe? Wir hätten sie auch noch in anderen Größen.«

»Wir brauchen sie aber in *krumm*«, schnappte Elvira.

Die Verkäuferin trollte sich irritiert.

»Das ist nun der Dank, dass ich den ganzen Tag mit dir durch alle Schuhgeschäfte gerannt bin?«, rief Gisela. »Du bist mir eine schöne Freundin!«

Elvira konterte: »Und was bist du für eine Freundin? Was hast du mir über die Jahre denn noch alles vorenthalten? Meinen Buckel?«

»Dass du keinerlei Kritik verträgst«, feuerte Gisela zurück.

»Das sagt die Richtige! Dir kann man es doch nie recht machen. Immer nörgelst du an allem herum. Kein Wunder, dass dein Mann damals weggerannt ist.«

»Er ist nicht weggerannt!«

»Ach, nein? Da habe ich aber etwas anderes gehört?«

Gisela riss den Mund auf, es kam aber kein Ton heraus. Elvira merkte zu spät, dass sie zu weit gegangen war. Gisela sprang auf und lief zur Tür. Dort angekommen, drehte sie sich noch einmal um und plärrte quer durch den Laden, über die Köpfe der anderen Kunden hinweg: »Mit dir kaufe ich nie wieder Schuhe!«

Dann war sie raus, verschwunden in der Masse der gut gelaunten Weihnachtsshopper. Elvira blieb allein zurück und starrte auf die Schuhe zu ihren Füßen.

Von der Seite robbte die Verkäuferin heran.

»Wollen Sie das Modell nun nehmen?«

Elvira kickte die Schuhe von ihren vermeintlich krummen Füßen und murmelte: »Ja, packen Sie sie ein.«

Das versprach, ein blödes Weihnachten zu werden.

Am Abend versuchte Elvira, bei Gisela anzurufen, doch es ging niemand ran. Sie goss sich ein Glas Wein ein und überlegte, was sie nun machen sollte. Vor ihrem Fenster tanzten die Schneeflocken und machten Lust auf Weihnachten. In drei Tagen war es so weit. Elvira hatte sich für diesen Tag fest mit ihrer Freundin verabredet. So wie seit zwanzig Jahren.

Damals war ihr Mann Paul gestorben, Gisela hatte ihrem Konstantin schon drei Jahre zuvor den Laufpass gegeben. Wusste der Himmel, wo der Typ inzwischen steckte. Die beiden Männer hatten die Frauen vor über fünfzig Jahren zusammengebracht. Und sie waren bis heute Freundinnen. Ganz genau sogar bis zum heutigen Tag, wenn Elvira die momentane Entwicklung richtig deutete. Was sollte jetzt werden? Weihnachten allein war wie Winter ohne Schnee. Ein trauriges Ereignis. Elviras einziger Sohn lebte in Amerika, ihr Bruder mit der Familie war ebenfalls zu weit weg. Gisela hatte nie Kinder gehabt.

Elvira goss sich ein weiteres Glas ein und probierte es erneut bei Gisela. Wieder nahm niemand ab. Als sich **Weihnachten allein war wie Winter ohne Schnee.** der Anrufbeantworter einschaltete, legte sie auf und starrte abwechselnd auf die Wand und ihre Füße.

Gisela war immer schon recht stur gewesen. Und rechthaberisch. Sie dachte immer zuerst an sich, alles andere – auch Elvira – kam danach. Wie oft hatte Elvira zurückgesteckt, nur damit ihre Freundin zufrieden war. Wenn sie zusammen in den Urlaub fahren wollten, wurde immer dahin gefahren, wohin Gisela wollte. Ganz schön egoistisch war das. Aber Elvira hatte sich nie beschwert. Und das war nun der Dank. Diese blöde Kuh!

Elvira leerte ihr Glas und füllte nach.

Was sollte sie denn jetzt mit dem ganzen Zeug machen, das sie für Weihnachten eingekauft hatte? Entenbrust wartete im Kühlschrank. Das Fleisch war schon zu viel für sie beide, allein würde sie es nie im Leben schaffen. Der Sekt, das Mango-Sorbet. Elvira trank das Glas leer und griff ein letztes Mal zum Hörer.

Als der Anrufbeantworter erneut losging, legte sie nicht auf.

»Jetzt hör mir mal zu, du alte Spinatwachtel«, begann sie mit schwerer Zunge, »ich finde es reichlich feige von dir, mich jetzt so hängenzulassen. Aber so warst du ja immer – wenn es drauf ankam, hast du gekniffen.« Damit wollte sie auflegen, als ihr noch etwas einfiel: »Ich wünsche dir noch ein schönes Leben! Und frohe Weihnachten! Ohne Ente.«

Damit knallte sie den Hörer auf die Gabel. Sie war zufrieden mit sich. Für einen Moment. Dann fiel ihr wieder ein, dass sie Weihnachten allein sein würde, und ihr wurde flau im Magen. Taumelnd erhob sie sich und holte eine neue Flasche Wein aus dem Regal. Als diese leer war, machte sie sich über den Eierlikör im Wohnzimmerschrank her. Und als auch diese Flasche nichts mehr hergab, wollte sie den Nussschnaps, der seit Jahren in der hintersten Ecke des Küchenschranks ein Schattendasein fristete, öffnen. Doch sie hatte jetzt schon zu viel intus – und plötzlich fiel sie einfach um.

Gisela lag im Bett und lauschte dem Spruch auf dem Anrufbeantworter. Sie konnte nicht glauben, was ihre ehemalige Freundin – und als solche betrachtete sie Elvira

Und besoffen war sie auch noch – diese alte Schnapsdrossel!

jetzt – da von sich gab. Und besoffen war sie auch noch – diese alte Schnapsdrossel! So war sie schon immer gewesen:

Gab es was zu trinken, kannte Elvira keine Grenzen. Bereits damals, als ihr Mann noch lebte, war sie so gewesen. *Gesellig* nannte man das, wenn man nett sein wollte. Eine Partymaus, die keine Fete ausließ, wenn man es auf den Punkt bringen wollte. Keine Feier ohne Meier? Keine Feier ohne Elvira traf es wohl eher. Sie hatte sich noch nie im Griff gehabt. Und wäre Gisela damals nicht zur Stelle gewesen, als ihr Mann – Gott hab ihn selig, bis seine Frau da oben aufkreuzte – starb, wer weiß, wohin es mit Elvira geführt hätte. Sie war sprung- und flatterhaft, in der Theorie wie in der Praxis. Nie konnte sie sich für etwas entscheiden, heute hü, morgen hott. Wenn Gisela nur an ihre gemeinsamen Urlaube dachte, bekam sie jetzt noch schlechte Laune. Mindestens zehnmal änderte Elvira ihre Meinung, wo sie hinwollte, bis Gisela dann ein Machtwort sprach und eine Entscheidung traf.

Dass Elvira aber bis heute glaubte, ihr Konstantin wäre davongelaufen, weil das Leben mit Gisela unerträglich war, war schlimm. Und verletzend. Dabei hatte sie doch hautnah mitbekommen, wie untreu er Gisela während all der Jahre ihrer Ehe gewesen war. Nie hatte sie gewusst, wer die Frauen waren, mit denen er sie betrogen hatte. Nicht mal, als sie ihn nach fast dreißig Ehejahren aus dem Haus warf, hatte er ihre Namen verraten. Wer weiß, ob nicht Elvira selbst dazugehört hatte. Selbst jetzt im Dunkeln schüttelte Gisela ungläubig den Kopf. Sie hatte keine Ahnung, wo der Schuft inzwischen steckte. Aber es würde sie interessieren, was er, wenn zwischen ihm und Elvira tatsächlich etwas gelaufen war, heute zu seiner damaligen Flamme sagen würde. Elvira war in den letzten Jahren mächtig aus dem Leim gegangen. Und natürlich war sie alt geworden. Sie alle waren alt geworden. Aber Elvira besonders. Sie war eine richtig alte Schabracke. Eine Backpflaume in billigen Galoschen.

Am nächsten Morgen wäre Elvira eigentlich mit der Reinigung des Treppenhauses an der Reihe gewesen. Bis zum Mittag hatte sich aber noch nichts getan. Was Gisela ein wenig wunderte, denn ihre ehemalige Freundin war da immer sehr pedantisch. Doch sie weigerte sich, darüber nachzudenken. Zumindest bis zum frühen Nachmittag. Langsam wurde sie unruhig. Wer weiß, vielleicht ging es Elvira wirklich schlecht. Womöglich hatte sie sich verletzt. Gisela hatte schon von Leuten gehört, die in ihren eigenen vier Wänden einen Herzinfarkt erlitten hatten, ohne dass es jemand gemerkt hatte.

Zaghaft klopfte sie gegen Elviras Wohnungstür. Niemand antwortete. Kinder tobten an ihr vorbei und hinterließen Schneespuren auf der Treppe.

Kinder tobten an ihr vorbei und hinterließen Schneespuren auf der Treppe.

Gisela klopfte noch einmal, diesmal lauter.

Keine Antwort.

Irgendwann holte sie den Schlüssel aus ihrer Wohnung, den Elvira ihr einst gegeben hatte. Für den Notfall. So wie jetzt. Doch auf der Innenseite steckte ebenfalls ein Schlüssel. Na, super!

Ein Nachbar kam vorbei und schielte neugierig zu Gisela.

»Was ist denn los?«

Sie erklärte ihm die Situation. Inzwischen stand für sie fest, dass irgendetwas nicht stimmte.

»Vielleicht sollten wir die Polizei rufen.«

Gisela zögerte. Das Ganze war ja doch irgendwie peinlich.

»Meinen Sie wirklich?«

»Sie könnte immerhin tot sein.«

Das wäre blöd, dachte Gisela. Dann wäre der letzte Satz, den sie an ihre beste Freundin gerichtet hätte, der, dass sie nie wieder mit ihr Schuhe kaufen würde.

Zwölf Minuten später standen zwei Polizeibeamte vor Elviras Tür, zusammmen mit Gisela und dem hilfsbereiten Nachbarn.

»Möglicherweise sollten Sie die Tür aufbrechen.«

Die Beamten versuchten es zuerst mit Klingeln und Klopfen und Rufen. Als das nichts half, warf sich einer von ihnen mit seinem massigen Körper gegen die Tür und drückte sie auf. Abgestandener Geruch kam ihnen entgegen und Gisela fragte sich, ob so wohl der Tod riechen möge.

Im Wohnzimmer entdecken sie Elvira. Sie lag auf dem Sofa und schnarchte wie ein Postkutscher. Auf dem Boden lagen zwei leere Flaschen Wein und eine Flasche Eierlikör. Außerdem eine ungeöffnete Flasche Nusslikör.

»Das darf nicht wahr sein«, entfuhr es Gisela.

Elvira kam langsam zu sich.

»Was ist denn hier los?«, fragte sie, als sie die vielen Leute in ihrer Wohnung stehen sah. Verschlafen hielt sie sich den Kopf.

»Und um so eine mache ich mir auch noch Sorgen!«, rief Gisela und rauschte hinaus.

Eine Stunde später klingelte es an Giselas Tür. Elvira stand davor. Sie machte einen beschämten Eindruck.

»Was mache ich denn nun mit meiner kaputten Wohnungstür?«, fragte sie zerknirscht.

Darauf hatte Gisela keine Antwort.

»Tut mir leid«, murmelte sie ratlos und fühlte sich etwas schuldig.

»Mir auch«, gab Elvira zurück. »Auch wegen gestern im Schuhgeschäft. Dass ich gesagt habe, du siehst aus wie Frau Weihnachtsmann.«

»Ich hätte das mit den krummen Füßen nicht sagen sollen.«

Elvira schaute runter auf ihre Pantoffeln und wackelte drunter ein wenig mit den Zehen. »Ein bisschen krumm sind sie ja wirklich.«

»Hattest du damals was mit meinem Mann?«, platzte es aus Gisela heraus.

Elvira schaute verwirrt auf. »Hast du den Verstand verloren?«

Gisela wurde unsicher. »Aber du hast doch gestern so komische Andeutungen gemacht. Da dachte ich, dass er bei dir war.«

»War er ja auch.«

»Ich wusste es«, triumphierte Gisela.

»Aber nicht, was du denkst«, unterbrach Elvira.

»Was habt ihr dann gemacht?«

»Nichts.«

»Wie, nichts?«

»Er wollte, aber ich nicht.«

»Du wolltest nicht?«

»Nein, bist du schwerhörig? Er war doch *dein* Mann.«

»Ist das dein Ernst?«

»Ja, sicher. Wie könnte ich? Du warst doch meine beste Freundin.«

Gisela schaute Elvira unschlüssig an, als wüsste sie nicht, was sie sagen sollte. Dann öffnete sie die Arme und sagte: »Es tut mir leid!«

 Dann öffnete sie die Arme und sagte: »Es tut mir leid!«

Elvira fiel ihr um den Hals und es schien, als wollten beide ein Leben lang nicht mehr loslassen.

»Ich hab dich so vermisst«, rief Elvira.

»Und ich dich erst«, übertrumpfte Gisela sie.

Der Weihnachtstag kam und beide Frauen gingen am Nachmittag gemeinsam in die Kirche. Am Abend aßen sie die Ente und tranken den Sekt aus Elviras Kühlschrank. Danach stöberten sie in alten Fotoalben und schwelgten in Erinnerungen. Es war ein wunderbares Weihnachten und beide waren sich einig, dass keine Frau je eine bessere Freundin gehabt hatte als die jeweils andere.

Driving Home for Christmas

Endlich saß die Hochsteckfrisur so, wie sie sich das vorstellte, und sie konnte los. Gut, dass sie früh genug mit ihrem Schönheitsprogramm begonnen hatte. So würde sie trotz der winterlichen Fahrverhältnisse rechtzeitig bei ihren Eltern eintreffen. Mit ein bisschen Glück war sie sogar vor ihren Geschwistern und deren Familien da und konnte mit ihrem Vater noch in aller Ruhe ein Glas Punsch unter dem Baum trinken.

Voller Vorfreude warf sie sich den Mantel über, schnappte sich den Karton mit den Geschenken und verließ ihre Wohnung.

Als sie ins Freie trat, hielt sie unter dem Vordach des Wohnhauses inne. Natürlich hatte sie mitbekommen, dass es schon den ganzen Tag schneite, aber die gewaltigen Schneemassen, die sich auf den Parkplätzen vor dem Haus türmten, hatte sie nicht erwartet. Da würde es nicht reichen, den Motor zu starten und zu warten, bis die Heizung die Scheiben freitaute.

Vorsichtig setzte sie den Karton geschützt neben der Eingangstür ab, zog die Kapuze ihrer Daunenjacke über den Kopf und stapfte los. Schnee rieselte von oben in ihre Stiefeletten und der eisige Wind kühlte ihre Beine in den dünnen Glitzerstrümpfen im Nu aus.

Gerade als sie mit dem Arm die Schneehaube vom Kofferraum schob, um an den Besen zu kommen, fiel die Haustür für die Stille des Wohngebietes viel zu laut ins Schloss. Neugierig, welcher Nachbar sich so rücksichtslos verhielt, wandte sie sich um. Eine große, in einen dunklen Mantel gehüllte Gestalt war herausgetreten, verharrte nun so wie sie eben unter dem Vordach und starrte entgeistert auf die Schneeberge.

»Schöne Scheiße«, hörte sie den Mann murmeln. »Was für ein beschissenes Wetter!«

Na, da wird mir ja gleich ganz weihnachtlich zumute, dachte sie, als sie erkannte, dass es sich um den Neuen **Na, da wird mir ja gleich ganz weihnachtlich zumute.** aus dem fünften Stock handelte. Bisher war er ihr mit seinem protzigen Sportwagen, der lauten Musik und seinen Damenbesuchen, die nachts im Treppenhaus kicherten, nur negativ aufgefallen.

Tatsächlich bemühte er sich auch am Heiligen Abend nicht um Zurückhaltung, denn er fluchte hemmungslos, als er zu seinem Auto ging.

»Hey, kann ich Ihren Besen leihen?«, rief er zu ihr herüber. »Meine Standheizung funktioniert offenbar nicht und ich habe es verdammt eilig.«

Sie registrierte, dass er nicht einmal ein »Bitte« für nötig hielt, und antwortete: »Ich bin in fünf Minuten fertig, dann können Sie ihn benutzen.« Am liebsten hätte sie ihn abblitzen lassen, aber immerhin war Weihnachten und da wollte sie ein bisschen nachsichtig mit unhöflichen, von sich selbst überzeugten Junggesellen sein.

Er war den halben Weg zu ihr herübergekommen: »Nein, Sie verstehen nicht. Ich sollte längst unterwegs sein. Es dauert auch bestimmt nur kurz. Ich wische nur einmal über die Scheiben und den Rest verbläst es dann beim Fahren schon.«

Als wüsste nicht jeder, wie gefährlich es ist, mit Schneebrettern auf dem Dach und der Motorhaube loszufahren, dachte sie genervt. Sie fand ihn so unverschämt, dass es ihr schwerfiel, freundlich zu bleiben.

»Zufällig sind Sie nicht der Einzige, der heute Termine hat. Sie werden sich einen Augenblick gedulden müssen«, presste sie hervor und machte keine Anstalten, mit dem Kehren aufzuhören. Durch die Ablenkung stellte sie sich ein wenig ungeschickt an und schaufelte sich eine Ladung Schnee direkt auf die Beine. Die Kälte ließ sie leise aufjaulen.

Der Mann wandte sich ab, ohne ihr noch einmal zu antworten. Er murmelte etwas, das sich für ihre Ohren wie »Ziege« anhörte. Verstohlen beobachtete sie, wie er mit der bloßen Hand Sehschlitze auf den Scheiben seines Autos freischob, dann die Tür öffnete und sich in seinen Wagen fallen ließ. Daraufhin vernahm man mehrmals hintereinander das schnarrende Geräusch des Anlassers. Nichts tat sich. Er versuchte es ein weiteres Mal, doch der Motor blieb aus.

Amüsiert lachte sie in sich hinein. Das geschah dem ungehobelten Kerl wirklich recht. Wer nicht einmal zu Weihnachten ein paar nette Worte für seine Mitmenschen erübrigen konnte, hatte es verdient, vom Schicksal mit einer leeren Autobatterie bestraft zu werden.

Noch schlimmer fluchend als zuvor sprang er wieder aus seinem Wagen und schlug ärgerlich die Tür zu. Der Schnee flog durch den Luftzug in einer weißen Wolke auf und hüllte ihn für einen Moment ein. Hektisch zog er sein Handy hervor und wählte. »Hallo«, schnauzte er. »Ich brauche ein Taxi! ... Was soll das heißen? ... Nein! Sechzig Minuten Wartezeit sind nicht okay für mich! ... Ich muss in den Westen der Stadt und zwar so schnell wie möglich ... Ja, ich sehe, dass es ein Schneechaos gibt ... Dann lassen Sie eben jemanden warten, der es nicht eilig hat! Wo werden die Leute schon großartig hinmüssen? Ist doch völlig egal, ob die eine halbe Stunde früher oder später bei irgendeinem bescheuerten Truthahnessen sind! ... Ach, vergessen Sie es einfach!« Wütend legte er auf.

Kopfschüttelnd über den Kerl, der sich offensichtlich für die wichtigste Person des Universums hielt, trippelte sie mit vorsichtig gesetzten Schritten zum Haus zurück. Ihr Auto **»Ja, ich sehe, dass es ein Schneechaos gibt …«** war jetzt startklar, also holte sie die Geschenkekiste. Sie zitterte vor Kälte und freute sich mehr denn je auf das gemütliche Wohnzimmer ihrer Eltern. Kekse, Tee mit Rum und die Dave-Brubeck-Weihnachts-CD würden sie im Nu von innen und außen wärmen.

»Hey, Sie fahren doch sicher stadteinwärts«, rief der Typ mit dem Sportwagen zu ihr herüber. »Setzen Sie mich an der U-Bahn ab?« Während sie zum Hauseingang gestiefelt war, hatte er ihr Auto erreicht, wo er jetzt auf sie wartete.

Welcher erwachsene Mann beginnt jeden seiner Sätze mit »Hey«, fragte sie sich. Und wer nahm an, er bräuchte nur mit dem Finger zu schnippen und alle würden springen, obwohl er nicht mal höflich war. Wortlos stellte sie die Geschenke für ihre Nichten und Neffen auf der Rückbank ab und spielte mit dem Gedanken, ihn einfach stehen zu lassen.

»Wohin fahren Sie denn?«, sprach er mit schmeichelnder Stimme weiter. »Ich wette, zu jemandem, der einen besonderen

Platz in Ihrem Leben hat – so hübsch, wie Sie sich gemacht haben.«

Verwundert über das unerwartete Kompliment musterte sie ihn. Sie sah ihn zum ersten Mal lächeln. Eigentlich war er sehr attraktiv, wenn er mal für einen Moment nicht fluchte.

»Ich will zu meinen Eltern südlich der Stadt«, antwortete sie. Und da sie es nicht übers Herz brachte, ihm hier bei diesen unwirtlichen Witterungsverhältnissen eine Abfuhr zu erteilen, ergänzte sie: »Also gut, steigen Sie ein.«

Er strahlte sie an. »Ich wusste, dass eine schöne Frau wie Sie auch einen guten Charakter hat.« Er schüttelte den Schnee von seinen Haaren und putzte ihn vom Mantel, bevor er sich auf dem Beifahrersitz niederließ.

Sie startete den Motor und fuhr los.

»Das ist ein wunderbares, schickes Auto«, sagte er und klopfte auf die Innenverkleidung.

»Ich dachte, Sie stehen auf Angeberwagen«, gab sie zurück und sah ihn angriffslustig an.

Er rieb seine Hände aneinander und hauchte warme Atemluft dazwischen. »So ein kleiner Daihatsu passt doch gut zu einer modernen, smarten Frau«, überging er ihre Gehässigkeit.

Sie schwieg, denn die Kehrtwende in seinem Verhalten irritierte sie. Zuerst pöbelte er herum und nun überhäufte er sie mit Komplimenten? Da musste sie sich wirklich fragen, ob dieser Kerl eine bipolare Störung hatte.

Wie unvernünftig, ihn in meinen Wagen zu lassen!, schoss es ihr durch den Kopf.

Als er dann auch noch eine Bemerkung darüber losließ, wie gut sie roch, wurde es ihr zu viel. »Okay. Hören Sie sofort auf damit, sonst bringe ich Sie nicht bis zur U-Bahnstation, sondern lasse Sie gleich hier aussteigen!«

»Aufhören womit?«, fragte er scheinheilig. »Ich unterhalte mich doch nur nett. Stopp, nicht geradeaus weiter! Da ist die Straßenführung wegen des Weihnachtsmarktes geändert. Nehmen Sie die Nächste links!«

»Aufhören mit dem Geschleime! Die Nächste links? Aber das wäre doch der totale Umweg«, entgegnete sie.

»Nein! Ich schwöre, da sind jetzt Einbahnen. Da rein, da rein!«, blökte er sie ungeduldig an.

Erschrocken trat sie auf die Bremse, was sie lieber nicht hätte tun sollen, denn die Reifen griffen auf der Schneefahrbahn nicht. Der Wagen schlitterte geradeaus weiter und immer näher auf ein Auto zu, das vor ihnen im Schneckentempo fuhr.

»O nein!«, kreischte sie. Obwohl sie sah, dass der Abstand zum Vordermann schrumpfte, war sie nicht fähig, angemessen zu reagieren.

Kaltschnäuzig fasste er ins Lenkrad und zog es nach rechts.

Kurz vor dem Zusammenstoß fanden die Reifen den nötigen Halt, der Wagen wurde herumgerissen und landete in einem Schneehaufen, den ein Räumfahrzeug auf den Seitenstreifen geschoben hatte.

Zum Glück war ihre Geschwindigkeit nur mehr gering gewesen und der Schnee war nicht vereist, sodass der Aufprall einigermaßen sanft ausfiel.

Trotzdem war ihr das Entsetzen bis in die Knochen gefahren. »Jetzt wäre ich wegen eines Idioten wie Ihnen beinahe in einem Verkehrsunfall ums Leben gekommen«, flüsterte sie.

»Alles okay! Nichts passiert!«, stellte er total gefasst fest. »Nur ein kleiner Schreck.«

Sie sah ihn entgeistert an. »Nichts passiert? Haben Sie einen an der Waffel? Es hätte  **»Nur ein kleiner Schreck.«** fast einen richtig bösen Zusammenstoß gegeben!«

»Wie Sie schon sagen: fast. De facto haben wir nur einen Schneehaufen touchiert. Kein Grund zur Aufregung.« Er sah über seine Schulter. »Es ist gerade frei. Sie können zurücksetzen.«

Der leichte Schock bewirkte, dass sie zu zittern begann. »Bei Ihnen tickt es wohl nicht richtig. Ich kann doch jetzt nicht weiterfahren. Ich muss mich erst mal erholen.«

Er sah auf die Uhr. »Wovon denn erholen? Ihre Eltern warten. Los, fahren Sie!« Sie fragte sich, ob der Vorfall ihn eventuell mehr mitnahm, als er zugeben wollte, denn er wirkte extrem nervös.

Sie schaltete den Motor ab. »Das Auto steht gut hier. Sehen Sie die Bar da drüben? Dort trinke ich jetzt einen Kaffee. Völlig egal, ob ich etwas früher oder später zu meinen Eltern komme.«

»Ach, auf einmal? Ich dachte, Sie haben es so eilig, dass Sie mir nicht Ihren Schneebesen leihen konnten?«

»Das war nur, weil Sie so widerlich waren. Sie haben mich eine Ziege genannt!«

»Hören Sie, ich muss wirklich weiter. Bitte! Wenn Sie sich nicht in der Lage dazu fühlen, kann ich ja fahren. Aber ich flehe Sie an, lassen Sie mich jetzt nicht im Stich!« Er sah verzweifelt aus.

Sie lachte humorlos. »Wer immer die Frau auch ist, zu der Sie so dringend wollen – sie wird definitiv noch ein wenig auf Ihre überwältigende Gesellschaft verzichten müssen. Wer weiß, vielleicht tun wir ihr damit ja auch einen Gefallen, weil sie Zeit hat, zu sich zu kommen und zu erkennen, dass Sie Spielchen mit ihr spielen. Lassen Sie mich raten, Sie haben ihr einen Haufen Komplimente gemacht, von denen kein einziges wirklich ernst gemeint war.« Sie hatte sich richtig in Rage geredet.

Seufzend strich er sich mit beiden Händen durch die feuchten Haare. Dann sah er zum Seitenfenster hinaus, ohne etwas zu sagen.

Sie hatte damit gerechnet, dass er ihr mit irgendwelchen arroganten Sprüchen kommen würde, deshalb verblüffte sie sein Schweigen. »Und? Habe ich den Nagel etwa auf den Kopf getroffen?«

Er stemmte sich ein wenig aus seinem Sitz und zog ein Portemonnaie aus seiner Hosentasche. Wortlos holte er ein Bild hervor und hielt es ihr hin.

Sie griff danach und sah es sich an. Darauf zu sehen war ein sommersprossiges Mädchen mit brünetten Zöpfen und einer Zahnlücke.

Fragend schaute sie ihn an.

»Das ist meine Tochter Lucie. Ihre Mutter und ich sind seit vier Monaten getrennt. Und offensichtlich wird ihr eingeredet, sie könne auf ihren Vater nicht mehr zählen. Wenn ich nicht rechtzeitig zu ihrem Krippenspiel komme, hat sie jeden Grund, das auch wirklich zu glauben.« Er schloss die Augen und atmete tief durch.

Sprachlos starrte sie ihn weiter an. Nie im Leben hätte sie mit so einer Geschichte gerechnet. Jegliche Art von echten Emotionen hatte sie ihm abgesprochen, seit sie ihn das erste Mal mit seinem Sportwagen über den Parkplatz hatte fahren sehen. »Wann beginnt das Krippenspiel?«, fragte sie nach einer kleinen Weile.

Er sah auf das Display seines Handys. »In 27 Minuten ... ist also sowieso nicht mehr zu schaffen ... die U-Bahn braucht weit länger und dann ist es auch noch ein Stück zu Fuß.« Resigniert dreinblickend nahm er ihr das Foto aus der Hand und packte es weg. »Bevor wir das Auto in diesen Schneehaufen gefahren haben, war ich gerade dabei, Sie zu überreden, mich hinzufahren, damit zumindest noch eine geringe Chance besteht, pünktlich da zu sein.«

Jetzt wurde ihr auch klar, was er mit seinen Schmeicheleien zu bezwecken versucht hatte. »Mann, Mann, Mann!«, seufzte sie und beobachtete die Schneeflocken, die ohne Unterlass auf die Windschutzscheibe rieselten.

»In Ordnung. Danke fürs Mitnehmen«, sagte er schließlich und öffnete den Sicherheitsgurt. »Das war sehr nett von Ihnen.«

»Wo genau ist dieses Krippenspiel?«

Er nannte ihr die Adresse.

»Haben Sie ein Geschenk für Lucie?«

Er schüttelte entmutigt den Kopf. »Ich bin seit der Trennung ziemlich verplant und habe das völlig verbockt. Eigentlich wollte ich unterwegs was besorgen.«

»Haben Sie ein Geschenk für Lucie?«

Sie öffnete die Autotür. »Sie fahren! Etwa einen Kilometer die Straße runter ist ein Spielwarengeschäft, das vielleicht noch geöffnet hat. Dort halten wir. Und dann nehmen wir die Umgehungsautobahn.« Sie sprang ins Freie und rannte so schnell um das Fahrzeug, dass sie auf seiner Seite ankam, bevor er sich überhaupt gefasst hatte. »Na los, rutschen Sie schon rüber! Worauf warten Sie noch?«

Sichtlich verdattert schob er seine langen Beine auf die andere Seite und wechselte den Platz.

»Ich warne Sie, wenn Sie ihn so hochtourig fahren wie Ihren eigenen Wagen, ist die Expedition umgehend vorbei!«

Er lachte, ließ den Scheibenwischer den Schnee von der Scheibe schieben, setzte zurück und fädelte sich in den Verkehr ein. »Ich kann Ihnen gar nicht genug danken!«, meinte er. »Mir ist bewusst, dass ich mich unmöglich benommen habe.«

»Dafür ist jetzt keine Zeit. Worauf steht Ihre Lucie? Monster-High-Puppen? Nintendo?«

»Sie sammelt diese kleinen Plastiktiere, aber da weiß ich nicht genau, welche sie schon hat ... Ach ja, und sie mag alles, was mit Elfen zu tun hat ... und Glitzerzeug!«

Kurz darauf hatten sie den Laden erreicht. Noch bevor er den Wagen parken konnte, rief sie: »Ich springe raus«, und riss die Autotür auf.

»Hier!« Er hielt ihr seine Geldbörse hin. Dabei sah er ihr voller Dankbarkeit und Zuneigung in die Augen. »Ich hole Sie am Eingang ab.«

»Zeit?«

»Noch 22 Minuten.«

Sie sprintete los.

Die Angestellten des Geschäfts trugen Weihnachtsmannmützen und waren gerade dabei, die Aufsteller vor der Tür nach drinnen zu räumen. »Wir schließen gleich«, maulte eine von ihnen.

»Wo ist das Lego?«, rief sie im Vorbeirennen. »Elfen-Lego?«

»Hinten rechts, zweites Regal, ganz unten.«

Während sie quer durch den Laden lief, warf sie einen Blick in seine Brieftasche und entdeckte 150 Euro.

Damit ließ sich etwas anfangen.

Ihre nassen Stiefel quietschten auf dem Linoleum, als sie vor den gesuchten Waren zum Stehen kam. Blitzschnell sondierte sie das Angebot und griff dann, ohne lang zu zögern, nach dem Himmelsschloss. Sie fand, dass sie ruhig das Teuerste nehmen konnte. Immerhin fuhr er einen Sportwagen.

Wenig später sprang sie wieder zu ihm in den Wagen. »Geben Sie Gas!«, rief sie ihm schon zu, bevor ihr Hinterteil den Autositz berührte. »Noch 18 Minuten!«

Als er die Autobahn ansteuerte, öffnete sie die Tüte, holte das Geschenk, einen Bogen Einwickelpapier, Klebestreifen und eine Bastelschere hervor.

»Haben Sie das alles gekauft?«, erkundigte er sich schmunzelnd.

»Klar. Augen auf die Straße!«

Der Verkehr auf der Umgehung war dicht, aber sie kamen einigermaßen gut voran. Während sie das Elfenschloss auf ihrem Schoß verpackte, stellte sie fest, dass er wider Erwarten ein rücksichtsvoller und vorausschauender Autofahrer war, in dessen Obhut sie sich auch bei den schlechten Straßenverhältnissen sicher fühlte. Trotz der Eile fuhr er in gemäßigtem Tempo.

»Werden Ihre Eltern sauer sein, weil Sie zu spät kommen?«, fragte er, kurz bevor sie das Gemeindezentrum erreichten.

»Nein, ich werde alles auf den unmöglichen Nachbarn schieben. Wie lang noch bis zum Beginn?«

»Vier Minuten.«

»Gut. Bleiben Sie gleich auf der Straße stehen und springen Sie raus, ich rutsche dann rüber und fahre weiter.«

»Danke für alles«, sagte er, griff, ohne die Augen von der Fahrbahn zu nehmen, nach ihrer Hand und drückte einen Kuss darauf.

»Seien Sie einfach in Zukunft ein bisschen netter.«

»Okay.«

Er hielt an, nahm das Paket und seine Brieftasche entgegen und stieg aus.

»Seien Sie einfach in Zukunft ein bisschen netter.«

Während sie beobachtete, wie er durch den dichten Schnee auf den Eingang zulief, wechselte sie auf den Fahrersitz. Dort atmete sie erleichtert auf. Sie hatten es tatsächlich in letzter Minute geschafft!

Gerade als sie losfahren wollte, klopfte es auf dem Autodach.

Er war zurückgekommen und lächelte sie durch die Scheibe an.

Sie öffnete das Glas einen Spalt. »Was vergessen?«

Er nickte. »Ich weiß deinen Namen nicht!«

»Ich heiße Anna.«

Vor Theas Tür

Thea öffnet das letzte Türchen. Keine Schokolade. Kein Schnaps. Nicht einmal Tee. Seit Jahren öffnet sie am 24. Dezember das 24. Türchen ihres alten Kalenders aus Holz und findet dahinter nur dieses verblichene Bild: die Zeichnung von Kochwürsten. Thea schüttelt den Kopf.

Wer freut sich an Heiligabend bitte über ein Bild von Würsten?

Wer freut sich an Heiligabend bitte über ein *Bild* von Würsten? Thea will echte Weihnachtswürstchen, die duften und dampfen, die knacken, wenn man draufbeißt. Sie dreht sich um und geht ins Wohnzimmer. In der Ecke steht ein Schaukelstuhl, davor ein Fernseher. Er läuft. Gerade singt ein Mann mit wackelndem Kopf und blondem Haar. Thea geht ein wenig näher ran, kneift die Augen zusammen. Darunter steht »Florian Silbereisen«. Thea muss lachen.

Die Wohnung könnte genauso gut einer alten Frau gehören. Einer Frau, die seit Monaten nicht mehr auf der Straße war, die von Fremden gewaschen wird und ohne Zähne schläft. Wieso ist Thea nur eingezogen, wieso lebt sie hier allein? Sie legt den Kopf schief, schließt die Augen, doch eine Antwort findet sie nicht.

Sie sollte mal wieder ausgehen. Mittlerweile ist es schon ein paar Wochen her, dass sie unterwegs war: Sie hat ihren 28.

Geburtstag in einer Eckkneipe gefeiert. Mit Kolleginnen aus der Firma, mit Freundinnen vom Turnverein und mit ein paar Verehrern. Keinen von ihnen hat sie geküsst. Dabei haben sie gelauert. Doch Thea stieß nur mit ihnen an, mit viel Wein, sie verschütteten viel Wein auf die blauen Bundfaltenhosen der Männer, auf die gemusterten Minikleider der Frauen. Sie lachten laut.

Später in dieser Nacht ging Thea allein nach Hause. Sie setzte sich ins Treppenhaus, lehnte den Kopf an die Wand und schloss die Augen. Sie stellte sich Johann vor. Johann, wie er in ihrer Stadt war, irgendwo ganz in der Nähe, wie er einen Verlobungsring in der Sakkotasche verbarg. Er könnte doch den ganzen Abend vor der Eckkneipe gestanden haben, unter dem großen Ahornbaum, dort, wo kein Licht hingefallen war. Er könnte dort gewartet haben, die Hand in der Sakkotasche, den Ring in der Hand. Er könnte ihn zwischen seinen Fingern hin- und hergedreht haben, während er Thea beobachtete. Hinter dem großen Fenster hatte er vielleicht gesehen, wie sie lachte, wie sie die nackten Beine unter ihrem Minirock überschlug. Vielleicht hatte er sich nicht getraut, aus dem Schatten zu treten und zu Thea in die Kneipe zu kommen. Wegen allem, was vorgefallen war, wegen allem, was er falsch gemacht hatte.

Wegen Hanne.

Vielleicht war er Thea nun gefolgt, vielleicht stand er genau jetzt vor ihrer Haustür. Sein Finger schwebte vielleicht noch über ihrer Klingel. Zwei Sekunden, drei Sekunden, es blieb still. Mit einem Mal sprang Thea zur Tür, riss sie auf und starrte hinaus. Draußen, auf der Treppe, mit dem Finger in der Luft, wenige

Zentimeter über Theas Klingel, stand Hanne. Und in der Luft, wenige Zentimeter über Theas Klingel, glitzerte an Hannes Finger Johanns Verlobungsring.

»Du?«, fragte Thea.

»Ich«, sagte Hanne. Sie sprach sehr leise und ihr Finger verschwand mitsamt Ring in der Manteltasche.

»Was willst du hier?« Thea verschränkte die Arme.

»Ich vermisse dich.«

Thea schwieg.

»Ich vermisse dich so sehr, dass ich nachts nicht schlafen kann.«

»Ich vermisse dich so sehr, dass ich nachts nicht schlafen kann.«

Thea schloss die Augen.

»Ich vermisse dich so sehr, dass ich ständig Bauchschmerzen habe.«

Thea nickte langsam.

»Ich vermisse dich so sehr, dass ich noch nicht einmal Geburtstagskuchen essen kann!«

Jetzt musste Thea lächeln, obwohl sie es nicht wollte.

»Alles Liebe zum Geburtstag, kleine Schwester«, sagte Hanne.

»Alles Liebe zum Geburtstag, große Schwester«, flüsterte Thea.

»Kommst du zurück?« Hanne strahlte sie an, Thea zuckte mit den Schultern. »Ich will dich unbedingt dabeihaben.«

»Dabei?«

»Ich kann nicht ohne dich heiraten.«

Noch einmal nickte Thea, ganz langsam, dann drehte sie sich um und schloss hinter sich die Tür.

Wie lange ist das jetzt her? Zwei Wochen? Vielleicht drei? Hanne hat noch ein paarmal angerufen, Thea hat es klingeln lassen. Seit einigen Tagen ist es in der Wohnung nun still.

Thea sieht hinaus in die Nacht. Helle Schatten wandern vor ihrem Fenster entlang. Das könnte Schnee sein, überlegt Thea und dann überlegt sie, seit wann sie so schlecht sieht. Sie legt den Kopf schief, schließt die Augen, doch sie kann sich nicht erinnern.

Sie erinnert sich an das 24. Türchen, an das Bild. Heute ist Heiligabend, doch Thea hat kein einziges Geschenk verpackt.

Sie sollte nicht hier sein. Allein an Heiligabend – in dieser Wohnung, in dieser Stadt. Thea sollte nach Hause fahren. Also greift sie nach ihrem Mantel, dem Schal, dem Gehstock und öffnet ihre Haustür.

Draußen wird Thea von den hellen Schatten empfangen, sie landen feucht und kalt auf ihrer Stirn. Überall blinken Lichterketten in fremden Fenstern.

»Taxi!«, ruft sie in die Nacht hinaus, reißt den Arm hoch und kneift die Augen zusammen. Dieses Licht dort vorn, am Ende der Straße – wird es immer größer? Tatsächlich: Ein Wagen hält genau vor ihren Füßen.

»Nach Holzhafen bitte«, sagt sie und lässt sich auf den Beifahrersitz fallen.

»Holzhafen?«, fragt der Fahrer und Thea seufzt.

»Ich weiß, das ist nicht gerade um die Ecke.«

»Ich hab keine Ahnung, wo das ist.«

»Hinter Bad Dietberg.«

»Bad was?«

»Bringen Sie mich hin ...«

Thea sieht ihn an. Er trägt ein gelbes Cordsakko. Eines, wie es auch Johann heute Abend tragen könnte. Doch seine Brauen sind viel dunkler, seine Augen viel größer. Er sagt: »Das wird teuer.«

»Ich zahle. Auch die Rückfahrt.«

Dann lehnt sie sich zurück und er fährt los. Die Lichter vermischen sich miteinander, bilden Schlieren und Schleier. Es dauert, bis sich das Taxi aus allen Straßen der Stadt herausgewunden, bis es auch den Glanz der letzten Straßenlaterne und des letzten Weihnachtssterns abgeschüttelt hat. Auf der Autobahn ist es endlich dunkel, es geht nur noch geradeaus.

»Mögen Sie keine Weihnachtswürstchen?«, fragt Thea in die Stille hinein.

»Bitte?«

»Sie arbeiten an Heiligabend.«

»Ich mag Weihnachten nicht. Sie?«

»Ich mag Weihnachten nicht. Sie?«

»Wahrscheinlich nicht. Sonst hätte ich nicht vergessen, nach Hause zu fahren.«

Das Lachen des Taxifahrers klingt breit und warm. »Sie haben es vergessen?«

Kurz sieht er sie an und in der Dunkelheit der Autobahn hat er Johanns Haarfarbe. Thea denkt nicht nach, sie fragt einfach: »Könnten Sie sich in zwei Schwestern gleichzeitig verlieben?«

Wieder lacht er. »Sie sind witzig.«

»Angenommen, es wären Zwillinge. Gleich alt, gleich groß, gleich hübsch. Könnten Sie sich gleichzeitig in beide verlieben?«

»Könnte mir passieren, ja.«

»Was würden Sie tun, wenn Sie sich entscheiden müssten?«

»Dann würde ich mich entscheiden.«

»Haben Sie einen Bruder?«

»Keinen Zwillingsbruder, nein«, sagt er, lacht. Dann sieht er sie an. »Wie lange haben Sie Ihre Schwester nicht gesehen?«

»Ein paar Wochen.«

»Wochen? Wenn meine Freundin sich für meinen Bruder entscheiden würde, hätte ich ein paar Wochen später noch keine Lust, für ihn nach Holzhafen zu fahren.«

»Wie schnell wird aus einem Weihnachten noch ein Weihnachten und noch ein Weihnachten und schon sind Sie alt?«

»Vermutlich schnell.«

»Sehr schnell.«

Beide schweigen und Theas Blick folgt den Scheibenwischern. Hin. Her. Hin. Her.

Sie muss eingeschlafen sein, denn plötzlich sieht sie im Licht der Scheinwerfer die Wälder ohne Namen. Die Hügel ohne Namen. Die Felder, die niemandem gehören. Die Autobahn haben sie bereits verlassen, der Weg ist nur noch breit genug für eine Fahrbahn. Für eine Richtung.

Thea ist bisher wohl die Einzige gewesen, die Holzhafen wirklich verlassen hat. Die diesen Weg benutzt hat, ohne vor der Dämmerung mit Vorräten zurückkehren zu wollen. Es war ein später Abend, es schneite. Thea rief ein Taxiunternehmen an und überredete den Fahrer, nach Holzhafen zu kommen. Er kam, Thea stieg ein und mit ihrem Taxi füllte sie die gesamte Breite des Weges aus.

»Sind wir hier richtig?«, fragt der Taxifahrer jetzt und steuert den Wagen in einen der namenlosen Wälder hinein.

»Wir sind bald da«, sagt Thea.

Der Fahrer nimmt Kurve um Kurve, bis die Bäume weniger werden und schließlich ganz ausbleiben. Sie fahren ein Stück bergauf und können dann auf ein Dorf hinabsehen. Es ist klein, nur in wenigen Häusern brennt Licht. Die Straße schlängelt sich hinunter bis zum hölzernen Dorfschild. Im letzten Jahr ist es fast zugewuchert. Zwischen trockenen, toten Ästen kann Thea noch »Willkommen in Holzhafen« erraten. Die erste Straßenlaterne brennt nicht mehr, die zweite flackert.

»Wo genau möchten Sie hin?«, fragt der Fahrer.

Thea sieht auf die Uhr. Es ist spät.

Thea sieht auf die Uhr. Es ist spät.

»Sicher sind sie alle in der Kirche.« Sie deutet die holperige Straße hinunter. Am anderen Ende, hinter krummen Fachwerkhäusern und klapperigen Hütten, kann sie den niedrigen Turm einer Kirche erahnen.

»Sind Sie sicher, dass Ihre Familie hier ist?«, fragt er, als sie das Ende des Weges erreicht haben.

»Meine Familie ist hier«, sagt sie, drückt ihm Geld in die Hand und steigt aus. Langsam zwar, doch dann steht sie da, im Mondlicht vor der Holzhafener Kirche. Über der Tür befindet sich ein kleines Fenster und dahinter flackert etwas. Irgendjemand singt, doch sie kann die Worte nicht verstehen. Sie geht auf die Tür zu, zieht sie auf und tritt ein.

Kerzen leuchten in den Händen der Kirchgänger, drei sieht Thea, nein, vier. Sie sitzen einzeln in verschiedenen Reihen. Auch der Pfarrer hält eine Kerze in der Hand, doch es ist zu dunkel, als dass Thea sein Gesicht erkennen könnte. Niemanden kann sie erkennen. Also setzt sie sich auf eine Bank und schließt die Augen. Ihre Schwester müsste doch hier sein, ihr Vater, ihre Mutter, Johann. Kann es sein, dass keiner von ihnen gekommen ist? Wo sind die vielen Familien, die Kinder, die Alten? Noch vor einem Jahr ist die Kirche an Heiligabend voll gewesen!

Thea sieht sich um. Neben ihr sitzt eine Frau, sie müsste mindestens siebzig Jahre alt sein. Vielleicht 75. Sie wird Theas Fragen beantworten können.

»Entschuldigen Sie«, flüstert Thea. Die Alte wendet den Kopf – und Thea weicht zurück. Sie starrt die Frau an und versteht sofort, dass ihre Eltern nicht mehr hier sein können, dass auch Johann längst fort ist. Dass sie ihn nie wiedersehen, niemals eine Erklärung bekommen wird. Dass alles, was sie bekommt, dieser Moment ist. Diese alte Dame, die jetzt neben ihr sitzt und fast genauso aussieht wie sie selbst.

»Du?«, fragt Hanne.

»Ich«, sagt Thea.

»Du bist hier?« Hanne reißt die matten Augen auf.

»Ich habe dich vermisst.« Thea kann nur flüstern. Hanne überlegt kurz, sieht Thea an und Thea sieht Hanne an.

»Du bist ziemlich spät dran«, flüstert Hanne.

Thea nickt, dann muss sie kichern. »Hab ich viel verpasst?«

»Wir sind schon fast beim Segen!« Hanne grinst, dann greift sie nach Theas Schulter, nach ihrem Rücken und zieht sie fest an sich heran.

Nach dem Segen verlassen Thea und Hanne die Kirche gemeinsam. Beide stützen sich auf ihre Stöcke, Thea auf der rechten, Hanne auf der linken Seite. Das Dorf ist dunkel, die meisten Fenster sind mit Holzbrettern vernagelt. Nur in wenigen brennt ein Weihnachtsstern. Die anderen Gäste sind schnell an den Schwestern vorbeigezogen. »Fröhliche Weihnachten«, rufen sie ihnen noch im Vorbeigehen zu. »Fröhliche Weihnachten«, antworten Thea und Hanne. Im Chor klingen ihre Stimmen fast so laut und klar wie früher. Thea muss lächeln und Hanne auch, das sieht Thea aus den Augenwinkeln.

»Nicht mehr viel los in Holzhafen«, sagt sie.

»War hier jemals viel los?«, fragt Hanne.

Thea zuckt mit den Schultern. Sie könnte nach der Hochzeit fragen, danach, wie lange das Dorf damals, in den Sechzigerjahren, gefeiert hat. Doch eigentlich interessiert es sie nicht mehr – es ist viel zu lang her.

Stattdessen fragt sie: »Gibt es bei dir Weihnachtswürstchen?«

Und Hanne lacht. »Mehr, als du essen kannst.«

Die Fenster offen

Am zweiten Weihnachtsmorgen war er aufgewacht mit der Idee, ein etwas freundlicherer Mensch zu werden. Etwas positiver kann's wohl sein, das hatte Jan sich überlegt. Das musste ja auch nicht gleich Heilerziehungspflegerinnenfröhlichkeit bedeuten, die er gut von den Kollegen kannte, die, wenn noch so dummes Pack in Straßenbahnen »Fick dich!« rief, mit großen  **Dümmlich und naiv, so viel stand fest, das musste man jetzt auch nicht werden.** Augen ihm erklärten, dass das Leben für die Jugendlichen heutzutage auch kein Zuckerschlecken wäre. Dümmlich und naiv, so viel stand fest, das musste man jetzt auch nicht werden.

Jetzt war Dienstagmorgen und er stand mit der Idee, ein wenig freundlicher zu sein, in der U12, genau vor einem Linienplan der KVB, auf dem er seine Position erkannte. Eine Weile hatte er sich suchen müssen, aber dann die Lohsestraße doch gefunden. Irgendwo auf dieser gelben Linie war er jetzt tatsächlich da. Wie ein Gefangenen- und Viehtransporter, dachte er, der durch ein Labyrinth von bunten Linien führt und ganz egal, auf welcher Linie man mit Hunderten von andren Menschen gerade ist, der Ausweg ist am Ende immer eine Endstation. Selbstverständlich fiel ihm auf, dass dieser Linienplan auch nur eine Metapher war und dass er selbst kein Vor und kein Zurück besaß und keinen Ausweg kannte. Außer dass er sich für heute eben vorgenommen hatte, freundlicher auf diese Welt zu schauen. Das war dann vielleicht doch ein Ausweg aus der ganzen Scheiße, dachte er. Und lächelte.

Ob er wohl schwul sei und warum er hier so grinse, wollte einer aus der Herde von ihm wissen. Das ging so nicht, das mit der Freundlichkeit, und schon beim nächsten Halt quoll er mit vielen andren aus der Bahn – nur raus hier, hatte er gedacht. Sie machen es dir alle schwerer als gedacht. Das war nicht auszuhalten. Besser noch ein wenig durch den Park zur Arbeit gehen. Kam er halt zu spät – das tat er oft, das würde sicher nicht einmal bemerkt. Der Park war friedlich weiß, es glitzerte und strahlte, weil die Sonne heute schien. Und als er durch den Schnee ging neben asphaltierten Wegen, war es schon viel besser auszuhalten. Sonnenschein und Winterluft beruhigen, dachte er und setzte sich auf eine Bank. Pause machen war auf Dauer keine Lösung, das verstand er, viel zu kalt war es für lange Pausen, doch für den Moment war es hier gut. Und gerade als er, weil man das so macht, die Augen schließen und die Nase in die Sonne halten wollte, merkte er, dass neben ihm auf seiner Bank (das war für den Moment mal seine Bank) ein Handy lag und blinkte. Er schaute weg und schaute wieder hin. Dann wieder weg und dann schon wieder hin. Es half nichts, seine Neugier siegte und er nahm das Handy auf. Er fühlte sich ein wenig voyeuristisch, als er nun den Ordner »Nachrichten« – mit einer Nachricht ungelesen – öffnete.

»ESTHER: Ach, egal, Frank. Verpiss dich halt.«

Er wischte etwas den Verlauf nach oben, um zu sehen, warum Esther jetzt mit Frank nichts mehr zu schaffen haben wollte.

»ICH: dass mit uns klappt nich :-(«

»ESTHER: Und das konntest du mir heute Morgen nicht sagen oder was? :-o«

»ICH: wusste ich da noch nich so genau«

»ESTHER: Oh Mann, per SMS ... Bald werden wir in diesem Land etwas viel Schlimmeres haben als die Herrschaft der Bauern und Arbeiter ...«

»ICH: hööö?«

»ESTHER: Ach, egal, Frank. Verpiss dich halt.«

Jetzt waren da Begeisterung und aufgeregtes Glück. Zur gleichen Zeit. Ja gut, und auch ein bisschen Scham darüber, dass er sich das Ende der Beziehung dieser beiden auf dem fremden Handy angesehen hatte. Aber es war doch  **Jetzt waren da Begeisterung und aufgeregtes Glück.** ein großes Rätsel, das schon erste Hypothesen bot: Ein Vollidiot war Frank, so viel stand fest. Doch Esther stellte er sich viel gescheiter vor, denn sie zitierte Philip Roth. Wer machte das denn schon? Dann schob er den Verlauf nach oben und noch weiter, bis er bei der ersten Nachricht angekommen war, geschrieben vor drei Wochen: »ESTHER: Guck, ich schreib dir wohl! O:-) Das war schön gestern Abend – Lust auf Kaffee? Ich kenne einen Laden, die machen da die besten Waffeln der Welt. Liebe Grüße, Esther.« Eine ganze, wenn auch eher kurze Liebe war da nachzulesen. Aber nicht mehr lange, denn die Akkustandanzeige kündigte bereits die Löschung dieses ganzen schönen Einblicks in die Welt von Frank und Esther an.

Als Jan verzweifelt auf das Handy schaute und bemerkte, dass er auch genau das gleiche hatte, war der Plan für diesen Morgen schon gemacht. Er würde nicht zur Arbeit gehen. Schnell nach Hause, dann das Handy an den Strom gesteckt und die Geschichte retten. Das war jetzt der Plan und Jan war, wenn er ehrlich zu sich wär, bereits ein kleines bisschen schlimm verliebt in Esther. Was, wenn er es nicht nach Hause schaffen würde? Diese sicher wunderbare Esther wäre auch für ihn Geschichte. Also rannte er und keuchte, so als ginge es darum, den eignen Selbstmord zu verhindern. Kurz vor seiner Wohnungstür gab es nun schon zum dritten Mal ein Warnsignal, das den besorgten User informierte, dass es wirklich an der Zeit wär, dieses Handy aufzuladen. Und mit allerletzter Kraft war Franks Mobilfunkendgerät an seine Steckdose gekoppelt. Furchtbar elend fühle er sich heute und er könne nicht zur Arbeit kommen, keuchte er verschwitzt ins Telefon – nichts andres hatten sie von ihm erwartet.

Es war in seinem Leben so, es fiel ihm schwer, nicht täglich wutentbrannt wie eine Supernova durch die Stadt zu brüllen. Jeden miesen Tag, an dem die Menschen mitten auf dem Mittelmeer ersaufen. Beinahe 170 Menschen kamen bei dem Unglück um ihr Leben, 17 Deutsche waren auch dabei. Der Schaden wird auf acht Millionen Euro oder mehr geschätzt – die schlechte Nachricht, die kommt immer erst zum Schluss. Ökonomisch war das alles durchaus zu verkraften, die Verachtung aller Menschen, die auch keine Pause machte, wenn mal Weihnachtsabend war. Ökonomisch war hier sowieso noch jeder Wahnsinn zu vertreten. Jahre war das her, dass einer, wenn er »Öko« sagte, einen zotteligen Langhans mit dem Wunsch nach Bäumen meinte. Überall war diese ganze Scheiße, dass er sich dann vorgenommen hatte, so wie alle andren auch, den Rückzug ins Private anzutreten. Supernova, das war keine Lösung. Wenn er nicht ein kleines bisschen seine Augen schließen würde, käme es am Ende aber ganz bestimmt dazu. Und dann müsste er in 15 oder zwanzig Jahren rotzbesoffen Plastiktüten durch die U-Bahn tragen und die ganze Welt verfluchen. Daran kann man auch zugrunde gehen.

Als er sich aber gestern nach der Arbeit, sieben Stunden Pflege und drei Weihnachtslieder, auf das Sofa setzte und die Wohnung, die sich um ihn dekorierte, sah, da war das so, das musste er schon eingestehen: Sein Privates wäre kaum der Rede wert gewesen. Bücher, Küchenmöbel, Bett und Dekoscheiß, ein Frettchen, das jetzt auch nicht deutlich besser aussah als der Ficus benjamini, der im Küchenfenster stand. Die Weihnachtsdeko auf dem Sideboard, kleine rote Männchen und ein Räucherhäuschen aus dem Erzgebirge, einige Erinnerungen an die letzte Freundin, das muss vor drei Jahren oder vier gewesen sein. Das war's. Dann hatte er auf seinem Sofa, vor ihm das TV und Dickens' Weihnachtsfühligkeit, aus Langeweile nur gegessen, bis er dann so satt war, dass er nur noch schlafen konnte. Ja, das war sein angepriesenes und viel gelobtes ganz Privates. Das war gestern so und auch den Tag davor und den davor – so konnte das nicht weitergehen.

Doch nun lag vor ihm dieses Handy, das die Rettung bringen könnte. Er begann damit, sich unter »Bilder« umzusehen, ob er nicht vielleicht ein Bild von Esther finden könnte. Eines fand er und sie sah genauso aus, wie ihm **Das war gestern so und auch den Tag davor und den davor – so konnte das nicht weitergehen.** das schon seit Kilometern klar gewesen war. Nur vielleicht noch dreimal schöner. Liebe, dachte er, das war genau das Wunder, das er brauchte, um aus diesem U-Bahnlinien-Labyrinth in seinem Leben einen Ausweg ohne Endstation zu finden. Zwar war das auch wieder nur der viel gelobte Rückzug ins Private, doch wenn sein Privates sich ein wenig optimieren ließe ... also ... vielleicht lag ja dort der Hund begraben. »Esther!«, träumte er ins Telefon. Und Dickens, alter Zausel, dachte er, vielleicht kommt jetzt das Wunder auch zu mir.

Doch wie war das jetzt möglich, Esthers Liebe zu gewinnen? Sollte es ein Anruf sein, bei dem er ihr erklärte, dass er grad das Handy ihres Exfreunds auf dem Weg gefunden hatte? Ihr wär das wohl sehr egal. Sie würde ihm doch nur empfehlen, sich direkt bei ihm zu melden. Damit wäre nichts gewonnen, dachte er. Er könnte auch an den drei Orten, die sie in den Nachrichten erwähnte, jeden Tag die Zeit verbringen, bis sie irgendwann erscheinen würde. Doch dann würde er sie einfach ganz normal, wie jede andre Frau der Erde, kennenlernen müssen. Das wär zu beliebig. Magisch sollte das doch sein, wenn schon der Zufall, Handy und das Weihnachtswunder sie zusammenbringen würden. Also nahm er sich das Handy und er schrieb, dass er vor der KULTUR der Bauern und der Arbeiter genauso Sorge habe wie auch sie, und unterschrieb mit: »Liebe Grüße, Frank«. Die Antwort kam nach fünf Minuten: »ESTHER: Ach was, der Bauer kann schon googeln!« Es war Zeit, fand Jan, dass Frank sich jetzt für seine Idiotie einmal entschuldigte. Also schrieb er, dass er um Verzeihung bete und dass er die Dummheit dieses Morgens sehr bereue. Ob sie wohl heute Abend mit ihm essen gehen wolle, damit er sie dann im echten Leben um Verzeihung bitten könne. »ESTHER: Acht Uhr bei Mangia e Bevi. Und diesmal bezahlst du, damit das klar ist.«

Wer hätte das gedacht, dass aus dem Tag von Elend und missglückten Glücksversprechen doch noch eine große Sache werden konnte. Hier war Jubeln, hier war Springen und es war, als hätte weder gestern stattgefunden, noch der Tag davor, noch der davor. »Selbstverständlich zahle ich«, schrieb Jan und dass er sich auf diesen Abend wie ein Kleinkind freue. Er verbrachte nun den Rest des Tages mit den Träumereien, unterbrochen nur von einem Gang zum Blumenladen, denn er wollte nicht allein das Handy in den Händen halten, wenn er ihr begegnete. Eine Rose wäre zu banal, denn Rosen schenkten alle, eine Sonnenblume nur die Hippiestandardlösung für die Leute, die mal keine Rosen schenken wollten – leicht fiel ihm die rechte Wahl der Blume nicht. Gut eine halbe Stunde später saß er

Leicht fiel ihm die rechte Wahl der Blume nicht.

wieder in der Wohnung, eine rote Gerbera in seiner Hand. Sie hieß zwar doof, doch sie war schön, so hatte er gedacht, und auch das Rot der Gerbera war fast so schön wie Esthers wildes Morgenhaar, das er auf diesem einen Bild beträumte. Eine Tasse hielt sie in der Hand und lächelte verschlafen mit den strahlend grünen Augen nur für ihn, so wünschte er. Was für ein Lebensglück es wäre, wenn sie bald mit ebendiesem Blick, mit ebendiesem Haar, mit ebendem Pyjama ebenso am Morgen hier in seiner Küche sitzen würde, träumte er. Das linke Bein war aufgestellt und ihren zarten, nackten Fuß, den könnte er kaum merklich streifen, wenn er dann an ihr vorbeiging und sie fragen würde, ob sie heute auch den Tag mit ihm verbringen mochte. So verging ein traumhaft schöner Tag, bis Jan sich fertig machen musste, um zur rechten Zeit am rechten Ort zu sein.

Seit zehn vor acht saß Jan jetzt schon an seinem Tisch und knetete nervös die Hände. Ängstlich wartete er auf die Wende, die sein Leben jetzt womöglich nehmen würde. Eine schöne

Überraschung würde es doch sicher auch für Esther sein, wenn er bald vor ihr stand, nicht Frank, der dumm geboren erst und dann verblödet ihre Lebenszeit und ihre Liebe schwer verschwendet hatte. Sicher war er sich der Sache aber nicht so ganz, als er so saß mit einem Handy, einer Blume, einem Tag voll Träumen in der Hand. So knetete er weiter mühsam seine Hände und er schaute alle zehn Sekunden nochmals auf die Uhr. Nein, das musste funktionieren, seine Zweifel waren die von gestern, die vom Tag davor und dem davor gewesen. Heute hatten sie in seiner Welt kein neues Unheil anzurichten. Esther würde auch verzaubert sein von diesem großen Zufall, den man Schicksal nennen musste, wenn man ehrlich war, so dachte er.

Sie kam herein und setzte sich an einen Tisch am Fenster, weit entfernt von ihm. Jetzt oder nie. Das Handy in der Hand, ging er zu ihr herüber und er sagte mutig: »Ich bin nicht Frank, doch das hier ist sein Handy. Hab ich heut gefunden ... draußen ... auf 'ner Bank«, und lächelte sie an. Das war der magische Moment, das spürte er genau.

Und Esther überlegte eine Weile, schaute ihn mit großen Augen an, bis sie verstand: »Und damit hast du dich heute als Frank ausgegeben oder was? Bist du irre? Nicht gut durchgelüftet oben rum? Ach, Scheiße, gib das her! Kranker Spinner!« Sie nahm das Handy und verschwand.

Und Jan, der fuhr den Rest des Abends mit der U-Bahn durch die Stadt, kein Ziel und keine Wünsche mehr. Ganz leise murmelte er Flüche auf die Welt.

Esther würde auch verzaubert sein von diesem großen Zufall.

Paare im Rückspiegel

Früher – in den Achtzigern und zu Beginn der Neunziger – habe ich Chris Rea gemocht. Inzwischen ist mir diese Musik zu belanglos, zu geradeaus, zu langweilig. Und trotzdem muss ich lächeln, als ich jetzt die ersten Takte von *Driving Home for Christmas* höre, nicht eben unerwartet, denn der Song gehört zum vorweihnachtlichen Repertoire der Mainstream-Radiosender wie das nervtötende *Last Christmas* oder diese unerträgliche Benefiz-Ballade *Do They Know It's Christmas*. Ich würde lieber andere Musik hören, etwas von Arcade Fire, The National, Death Cab For Cutie, The Foals oder wenigstens den frühen Editors, aber mein iPod ist offenbar kaputt und das Smartphone schafft gerade mal eine wackelige »Edge«-Datenverbindung – zu wenig für Streaming. Denn ich stehe im Stau, auf der A9, irgendwo zwischen Bayreuth und Hof. Außer Bayern 3 findet mein Radio nur ähnlichen Belanglosigkeitenfunk. Also Bayern 3, weil ich es so gern mag, die Verkehrsfunkmelodie von denen zu hören. Die hat sich seit meiner Kindheit nicht geändert und seinerzeit war es mein persönliches Zeichen dafür, dass wir uns dem Ferienziel näherten, wenn erstmals »Dada-dada-dadaaahdatt« erklang.

Das tat es kurz vor Chris Rea. Der Stau hat eine Länge von zwölf Kilometern und der »Stauzeitrechner« von Bayern 3 hat vorhin ermittelt, dass ich dreißig Minuten brauchen werde, um die Stelle zu passieren. Ist das eigentlich ein *Mensch,* dieser Stauzeitrechner? Und wenn ja – was macht der sonst im Sender? Die

Länge von Werbejingles ausmessen? Und die Luftqualität in den Studios bestimmen?

Ich will nicht rauchen, aber ich habe Lust auf eine Zigarette. In meinem Jackett steckt eine Schachtel, das Jackett liegt auf der Rückbank. Natalie hasst es, wenn ich rauche, weshalb ich die Zigarettenschachtel im Kofferraum verstecken werde, bevor ich zu Hause ankomme. In 14 Tagen, nach der Woche zwischen Weihnachten und Silvester, kann ich mit diesen Kinkerlitzchen aufhören. Dann werden wir Simon erklären, dass wir uns trennen, dass ich ausziehe, in eine kleine Wohnung in Wilmersdorf, nicht weit weg vom Bahnhof Zoo. Simon ist 16. Er wird es verstehen, aber trotzdem wollen wir ihm die Weihnachtstage nicht versauen. Das ist sein Fest, seine Lieblingszeit im Jahr. Simon glaubt immer noch an den Weihnachtsmann, ganz beharrlich und völlig unironisch. An diesen Tagen kehrt jener Ausdruck in sein Gesicht zurück, diese naive, unschuldige Freude, dieses fundamentale Erleben. Auch mit 16 noch.

Simon glaubt immer noch an den Weihnachtsmann, ganz beharrlich und völlig unironisch.

Scheiße, ist das eine Träne?

Als ich mich nach der Jacke umdrehe, sehe ich das Paar im Auto hinter meinem. Die Frau sieht aus wie Judith Rakers, die schöne *Tagesschau*-Sprecherin mit den etwas übertrieben goldblonden Haaren, die den Mund immer noch für einen kurzen Moment offen lässt, nachdem sie einen Satz beendet hat. Ich schaue mir die *Tagesschau* oft nur ihretwegen an. Und die Frau in diesem Skoda ähnelt ihr frappierend. Würde Judith Rakers Skoda fahren? Das tun nach meinem Eindruck viele. Links vor meinem Auto fährt ein weiterer, ein Octavia. Nein, er fährt nicht, er steht. Alles steht. Es müssten Hunderte Skodas unter diesen stehenden Autos sein.

Der Mann neben der blonden Schönheit sieht auch wie ein Prominenter aus, aber nicht wie ein bestimmter, eher wie irgendeiner dieser Nebendarsteller, die in jeder zweiten *Tatort*-Folge auftauchen, ohne dass man es bemerkt. Attraktiv, aber unauffällig. Er schaut stumm geradeaus, die Frau neben ihm redet und gestikuliert dabei. Gleichzeitig lächelt sie. Nein, verdammt, sie spricht nicht, sie *singt:* Sie singt *Driving Home for Christmas* mit. Fast bin ich ein bisschen traurig, als das Stück jetzt endet und sie ebenfalls. Ihr Partner reagiert nicht, konzentriert sich auf mein Heck, liest vielleicht den Schriftzug: »Clemens Biehrtisch, Consulting für die Gastronomie«. Ich bin auf dem Heimweg von einem Job, habe während der vergangenen Tage einem Münchner Erlebnisgastronomen dabei geholfen, seine Gaststätte vor der Schließung zu bewahren, obwohl die hygienischen Zustände in der Küche das unbedingt erfordert hätten. Das mag ich nicht an meiner Arbeit, die ich sonst liebe – diese Taktiererei, diese Täuschungsmanöver, im aktuellen Fall sogar Beihilfe zur Bestechung. Allerdings hat mir der Auftrag ein ordentliches Weihnachtsgeld verschafft, wovon ich unter anderem das Riesenpaket im Kofferraum bezahlt habe: den *Star-Wars*-Todesstern als Lego-Bausatz, fast fünfhundert Euro, aber Simon wird vor Freude weinen, das weiß ich jetzt schon. Und immerhin ist die Küche im Erlebnisrestaurant inzwischen wirklich sauber. Gut, *sauberer.*

Nach einer Moderation ist das Intro zu hören, das ich schon seit einer Weile erwarte. Drumcomputer, ein lahmer Synthie, George

Michaels Gesumme. Judith Rakers grinst, der Mann beugt sich vor. Das Grinsen erfriert, er hat das Radio ausgeschaltet. Sie dreht sich zu ihm, er schaut geradeaus. Beide bleiben stumm, für mich sowieso, und ich sehe nach vorn. Da hat sich eine Lücke aufgetan, es geht langsam voran. Ich schließe auf, von der linken Spur zieht ein Wohnmobil zwischen meinen Wagen und das Auto des attraktiven Pärchens.

Wer ist zu dieser Jahreszeit in einem Wohnmobil unterwegs – und dann auch noch in Richtung Nordosten? Ich verstelle den Rückspiegel so, dass ich mehr erkennen

Wer ist zu dieser Jahreszeit in einem Wohnmobil unterwegs – und dann auch noch in Richtung Nordosten?

kann. Auch ein Paar, vielleicht in den späten Sechzigern. Sie tragen orangefarbene Wollwesten, im Partnerlook, wie man früher gesagt hat, als ich noch mit meinen Eltern auf dieser Autobahn unterwegs war. Der Mann hat eine Glatze und ein sehr rundes, leicht gerötetes Gesicht. Sie ist ein bisschen überschminkt, hat schmale Züge und schütteres, lockiges Haar. Auf dem Armaturenbrett liegt eine Tupperbox, aus der der Mann jetzt eine Frikadelle nimmt. Die Frau zündet sich eine Zigarette an. Ich glaube, ihre Hände zittern dabei. Der Mann sagt etwas, mit vollem Mund, die Frau sagt nichts und kurbelt ihr Fenster herunter. In beiden Gesichtern ist ein nur leicht angedeutetes Lächeln zu erkennen, eine entspannte Selbstzufriedenheit, die mich sofort neidisch macht. Nein, nicht neidisch: Es ist Melancholie. An den Rand der Windschutzscheibe haben sie Kunstschnee gesprayt. Neben dem Wunderbaum hängt eine kleine, rot-goldene Weihnachtskugel am Rückspiegel.

Wieder geht es ein paar Meter voran, ich habe die Zigarette vergessen und möchte nun auch standhaft bleiben. Wenigstens für die letzten paar Tage. 19 Jahre haben wir zusammen verbracht und dann lief ihr dieser Typ über den Weg. Bis dahin war alles fein, *wirklich* fein, nicht nur in meiner subjektiven Wahrnehmung. Wir hatten zweimal im Monat guten Sex, wir hatten wöchentlich gute Gespräche, wir haben uns über dieselben Sachen gefreut und geärgert. Wir haben uns geliebt.

Jetzt nicht mehr.

»Du hörst die Flöhe husten«, hat Natalie geantwortet, als ich sie vor zwei Monaten gefragt habe, ob etwas nicht stimmt. Wenn Flöhe husten, *sind sie erkältet.* Das hätte ich erwidern sollen, aber stattdessen habe ich geschwiegen und mir eingeredet, dass die kleinen Anzeichen doch nichts zu bedeuten haben. Ich habe mich weiterhin darauf verlassen, dass sie die Wahrheit sagt, wenn sie auf mein »Ich liebe dich« mit »Ich dich auch« reagiert. Dass es leichter ist, den anderen anzulügen, weiß ich natürlich auch, aber man glaubt das nie, wenn es um die eigene Welt geht. Solche Sachen passieren nur den anderen.

Das Wohnmobil fährt nun links neben mir, aber der Skoda ist verschwunden, dafür schließt ein Sportwagen auf. Nein, kein Porsche wie der vor zwei oder drei Stunden, der mich mit halsbrecherischer Geschwindigkeit überholt hat, während sich das Pärchen auf den Vordersitzen küsste – bei mindestens 250 Sachen. Wahnsinn, dachte ich nur, aber der Gedanke war so schnell vorbei wie das rasende blaue Auto. Dieses, hinter mir, ist weiß – es könnte ein Mazda sein. Auch in diesem Wagen sitzt ein junges Paar, die Frau am Steuer. Sie tippt mit den Zeigefingern im Takt auf das Lenkrad, der Mann ist kaum zu erkennen, denn er hat eine Landkarte auseinandergefaltet und versucht, sie so zu halten, dass er etwas ablesen kann. Ich muss darüber nachdenken, ob sich irgendwo in meinem Wagen noch solches Material befindet, und es ist sicher mehrere Jahre her, dass ich zuletzt einen Stadtplan bemüht habe.

Schließlich zerknüllt er den Plan und sieht die Fahrerin an. Nichts weiter, er schaut sie einfach an, während sie noch immer auf dem Lenkrad herumtippt, hin und wieder in den Rückspiegel blickt oder zu mir aufschließt, wenn ich ein paar Meter vorgefahren bin. Der Mann strahlt, während er seine Partnerin betrachtet. Jetzt dreht sie den Kopf zu ihm, sieht seinen Blick, beugt sich rasch hinüber und küsst ihn. Kurz, aber keineswegs flüchtig. Beide lächeln.

Und ich könnte kotzen.

Ich bin auf dem Weg ins Nichts. Wir werden feiern und so tun, als wäre alles in Ordnung, Simon und ich werden uns durch die Bau-  **Wir werden feiern und so tun, als wäre alles in Ordnung.** anleitungen wühlen, während Natalie den Braten vorbereitet und ihre Eltern mit Glühwein abfüllt. Wir werden singen und fernsehen, durch den grauen Großstadtschnee in die Mitternachtsmesse stapfen, am ersten Weihnachtstag meinen Vater besuchen und am zweiten vielleicht Natalies Schwester. Dann werden die Vorbereitungen beginnen. Für den zweiten Januar ist der Umzugswagen bestellt, das war nicht einfach. Irgendwann zwischendrin werden wir es Simon sagen müssen. Er wird bei meiner Frau bleiben, die in ungefähr einem Jahr meine

Exfrau sein wird, und dann werde ich nicht einmal mehr in eine Kulisse heimkehren, sondern in diese trübsinnige Buchte in Wilmersdorf. Klar, ich werde möglicherweise eine neue Frau kennenlernen oder eine andere Möglichkeit finden, mein Leben abseits der Arbeit mit Sinn zu füllen, aber es wird nie mehr dasselbe sein.

Ich kann die Blinklichter jetzt sehen, die hoch aufragenden, orangegelb beleuchteten Wegweiser, die anzeigen, dass sich die Autobahn auf eine Fahrspur verengt, dazu das Blaulicht der Einsatzwagen. Noch ein paar Dutzend Meter und ich werde die Engstelle passiert haben. Ich möchte eigentlich nicht hinsehen, aber der Unfallort liegt direkt vor mir. Da liegen blaue Metallteile, Reifengummi ist überall verteilt, Polizisten verstreuen weißes Pulver auf der ölverschmutzten Fahrbahn, dann kommt das Wrack in Sicht, bereits am Haken eines Abschleppwagens: ein blauer Porsche, kaum mehr als solcher erkennbar. Zerknüllt wie vorhin der Stadtplan im Auto, das sich auch jetzt noch hinter mir befindet. Nicht weit entfernt steht ein Notarztwagen, mit ausgeschalteten Rundumlichtern, die umso deutlicher formulieren, dass hier nichts mehr zu retten war. Sehr wahrscheinlich, dass eine weitere Zärtlichkeit bei hoher Geschwindigkeit zu dem geführt hat, was ich – inzwischen zur Seite schauend – betrachten muss, während sich der Stau direkt vor mir jetzt auseinanderzieht und die Fahrer auf die Gaspedale treten, ihre Autos auf die drei Spuren verteilen und ihren Zielen entgegeneilen. Ich muss blinzeln, schalte in rascher Folge durch die Gänge und habe schon Sekunden später nur noch ein blau-gelbes Flackern im Rückspiegel.

Es wird definitiv nichts mehr ändern, aber in diesem Augenblick nehme ich mir vor, aus den kommenden Feiertagen das schönstmögliche Weihnachtsfest für meine Familie zu machen. Simon weiß natürlich, dass es den Weihnachtsmann nicht gibt, aber vielleicht liegt das Geheimnis dieses Fests genau *darin*: die Realität für ein paar Tage auszusperren und sich ganz dem Zauber der Illusion hinzugeben.

Ich tippe ein bisschen an meinem Radio herum, aber es dauert nicht lange, bis ich den nächsten Sender gefunden habe, der Chris Reas Weihnachtslied spielt.

So kommt man in Weihnachtsstimmung

Endlich ist es so weit. Ich schmecke schon förmlich Zimt und Zucker auf meiner Zunge, rieche den Tannennadelduft und höre friedvolle Melodien. Nein, nicht dieses eine Weihnachtslied von Wham!, sondern die echten. Die von früher, die wir als Kinder gesungen haben. Aber wie versetze ich einen *Homo Christbaumiensis negativus,* einen echten Weihnachtsmuffel, in die richtige Stimmung? Sicher nicht mit sündhaft teuren Geschenken. Nein, die gibt es ja sowieso erst am Schluss. Um unsere Muffel schon vor dem Finale in Stimmung zu bringen, muss man ganz anders vorgehen ...

1. Mit dem richtigen Weihnachtsfilm

Frauen schwärmen für romantische Weihnachtsmärchen wie *Drei Haselnüsse für Aschenbrödel,* das nicht oft genug ausgestrahlt werden kann. Die ersten Töne der Titelmelodie dieses Streifens genügen ihnen meist, um in eine Art spontane Weihnachtsstimmung zu verfallen. Die Kleinen dagegen kriegt man eher mit heiteren Animationsfilmen wie dem *Stockmann* und Konsorten – gerade für Mädchen ist da eine bestimmte Puppe mit starker Rosa-Glitzer-Orientierung ein Muss. Glücklicherweise gibt es eine ganze Reihe von Weihnachtsgeschichten rund um die dauerlächelnde Barbie. Für Väter ist es schon schwerer. Da braucht es schon derbe Komödien à la *Bad Santa.* Doch was machen wir mit den Problemkindern in puncto Laune, unseren Teens? Gemäß der jeweiligen Stimmungsschwankung parkt man sie idealerweise bei der jeweiligen Zielgruppe mit auf der Couch, abhängig davon, ob der Teen gerade Kind oder Erwachsener spielt.

2. Mit der richtigen Musik

Ja, die Weihnachtsmusik. Die sorgt im gemütlichen Heim für die richtige Harmonie. Für die Kleinen gibt es eben die traditionellen Liedchen, bei denen auch die Erwachsenen noch gern mitträllern. Bei den Teenies versucht man es am besten erst gar nicht. Der Geschmack wechselt so spontan wie das Aprilwetter und konzentriert sich mitunter auf Bands, deren Namen man ohne Zungenpiercing nicht einmal aussprechen kann und deren Musik so atonal klingt wie eine ersterbende Motorsäge.

3. Mit dem richtigen Weihnachtslächeln

Auch wenn es in Büchern und Filmen mal kitschig rüberkommt, bei Weihnachten geht es um das, was von Mensch zu Mensch passiert. Und das kann man tatsächlich beeinflussen. Mit der eigenen Haltung. Egal, wie sehr die Vorweihnachtszeit Sie auch aufreiben mag, lächeln Sie es einfach weg. Gehen Sie einfach einen Schritt weiter. Auch wenn es schwerfällt, wünschen Sie dem Nachbarn, der seit Jahren lautstark sein Laub in Ihren Garten bläst, einfach ein frohes Fest. Oder Sie machen ein Treffen mit der nervigen Bekannten aus, die Sie niemals zu Wort kommen lässt. Sie werden sehen, dass auch dies einen positiven Beitrag zu Ihrer Weihnachtsstimmung leisten wird.

4. Mit einem Adventskalender

Nichts symbolisiert unsere Vorweihnachtsstimmung so sehr wie der Adventskalender. Wie, Sie haben keinen? Dann aber husch, husch! Bei Müttern ist es einfach, da zieht meist einer für die Nerven – also Schokolade oder für die Gesundheitsbewussten ein Tee-Kalender. Die Herren der Schöpfung freuen sich nicht selten über eine passend dekorierte Getränkekiste von 0,33-Liter-Bierflaschen. Bei Kindern und Teens reicht das Angebot von Kalendern mit Spielsachen, selbst befüllten Säckchen mit Kosmetikartikeln oder Buchkalendern bis hin zu interaktiven Smartphone-Apps. Alternativ-Tipp für Singles und figurbewusste Erwachsene: Warum nicht an jedem Tag einen von 24 Freunden anrufen, die man seit längerer Zeit nicht gesprochen hat? Seien Sie kreativ! Eine Freundin von mir bastelt sich ihren eigenen Kalender jedes Jahr selbst. Da spart sie sich auch die Enttäuschung ...

5. Mit einem weihnachtlichen Zuhause

Traditionell herrscht beim Thema Dekoration ja meist die klassische Rollenverteilung. Frauen kümmern sich um die Innendekoration, die Männer zieht es nach draußen. Drehen Sie doch einfach mal den Spieß um. Überlassen Sie den Männern mal Adventskranz und Glitzer, das gibt der Wohnung dann einen echt maskulinen Touch. Im Gegenzug mögen sich dann die Frauen um Lichterketten, Verlängerungskabel und Zeitschaltuhren kümmern. Und wenn das alles nicht funktioniert, kann man diese Aufgaben doch wenigstens mal gemeinsam erledigen ...

6. Mit einer echten Zeitreise

Über dem ganzen Weihnachtsstress, dem wir Erwachsenen leider ausgesetzt sind, vergessen wir oft den echten Zauber dieser Tage. Doch es gab für jeden von uns eine Zeit, da Weihnachten eine völlig andere Bedeutung besaß. In unserer Kindheit. Die mag zwar vorüber sein, vergessen ist sie jedoch nicht. Mit gezielten Erinnerungen kann diese zurückgeholt werden. Suchen Sie sich einen ruhigen Ort, lehnen Sie sich zurück und entspannen Sie sich. Kramen Sie alte Fotos und Filme heraus und tauchen Sie tief ein in die funkelnde Magie der Lichter. Als der Duft nach Zimt und Tannennadeln nicht weniger war als ein Versprechen. Diese Form der Zeitreise funktioniert übrigens auch wunderbar zu zweit.

7. Mit Weihnachtsmarktromantik

Die grob gezimmerten Buden, die alljährlich die Marktplätze belagern, sind aus der Vorweihnachtszeit nicht wegzudenken. Dazu die Dauerbeschallung mit Weihnachtsliedern, romantische Beleuchtung und der Geruch von Glühwein, Mandeln und Bratwürsten. Wer da nicht in Weihnachtsstimmung verfällt, der sucht wahrscheinlich noch nach Ostereiern. Gehen Sie also auf einen Weihnachtsmarkt, besser noch auf mehrere. Lassen Sie sich zwischen den Hütten hindurchschieben und saugen Sie die Atmosphäre voll in sich auf. Treffen Sie sich mit guten Freunden und genießen Sie die Stimmung einfach mal in der Gruppe.

8. Mit liebevollen Geschenken

Ganz egal wie, Geschenke müssen her. Und zwar ganz besondere Präsente, die etwas zu sagen haben über uns und den

Beschenkten. Stimmungsvolle Weihnachtshektik stört da nur. Denn angesichts gelangweilter Kids und nervenraubender Schlangen an Kaufhauskassen kann man kaum einen klaren Gedanken fassen. Auch Selberbasteln führt nicht zwangsläufig zu zufriedenen Gesichtern, sondern meist eher zu verklebten Fingern und Glitzerstreu im ganzen Haus. Bestellen ist besser, sagt da mancher, aber ob das dann rechtzeitig da ist und auch dort landet, wo es hingehört? Schnell sind wir, zumindest gefühlt, wieder bei der Ostereiersuche. Dabei kommt es weniger auf das Geschenk selbst an, sondern auf die Zeit und die Gedanken, die man darauf verwendet. Damit ein Präsent auch wirklich individuell abgestimmt und liebevoll ausgesucht ist.

9. Mit dem richtigen Weihnachtsmenü

Klar, dieses Thema ist bei vielen eher in der weiblichen Spielhälfte angesiedelt. Wenn das nur so einfach wäre. Denn irgendwie scheint ja jeder mittlerweile seine eigenen Vorlieben und Besonderheiten zu haben und das alles am selben Tisch. Egal, ob vegan oder glutenfrei, traditionelle Weihnachtsgans oder Pop-Cakes. Da ist Kreativität gefragt und im Notfall füllt man einfach den Kühlschrank für ein individuelles und variantenreiches Büfett.

10. Mit der gemeinsamen Feier

Endlich ist der Weihnachtstag gekommen. Wer jetzt nicht in der richtigen Stimmung ist, dem ist wohl nicht zu helfen. Ganz egal, ob in der Christmette oder mit Weihnachtsliedern unterm Baum, manche Weihnachtsmuffel kann man einfach nicht überzeugen. Da hilft nur eines – nehmen Sie's mit Humor. Sollen die anderen doch miesepetrig sein, das ist ja auch Ihr Fest. Also genießen Sie es.

In diesem Sinne wünschen wir Ihnen viel Spaß ... und frohe Weihnachten!

Bonustipp: Mit echtem Hüttenzauber

Weihnachten, das ist in unserer Vorstellung untrennbar verbunden mit Winter und Schnee. Nur macht sich Letzterer mittlerweile ziemlich rar. Also steigen Sie spontan ins Auto und machen Sie einen Ausflug in die schneereicheren Berge. Suchen Sie sich dort eine Hütte und tauchen Sie ein in die harmonische Umgebung, die förmlich *Weihnachten* schreit. Oder, wenn das nicht möglich ist, laden Sie sich ein paar gute Freunde ein und feiern Sie Après-Ski mit selbst gekochtem Jagertee und hochprozentigen Kurzen ...

KAPITEL 3
Schlemmergeschichten

Weihnachten – das Fest der Genießer

Zu keiner Zeit im Jahr sind unsere Kühlschränke und -truhen so voll Leckereien wie zu Weihnachten. Die Vorratskammer platzt aus allen Nähten.

Die Einkaufsliste ist so vielseitig und drauf bedacht, jeden im Kreise der Familie glücklich zu machen. Plötzlich ernähren sich die Kinder vegan, Oma bevorzugt glutenfrei und Opa verträgt seit Neustem keine Laktose mehr. An alles muss gedacht werden. Und so nehmen wir es gern in Kauf, uns durch überfüllte Läden zu bewegen, uns um den letzten Karpfen zu prügeln, an meterlangen Schlangen an der Kasse anzustehen und uns mit zehn Tüten, die kaum ins Auto passen, auf den Weg nach Hause zu machen.

Wir wissen, dass die Waage zu Silvester mindestens vier Kilo Übergewicht von den Schlemmereien aufweisen wird.

Und? Es stört uns nicht.

Was tut man nicht alles für seine Familie.

Herr Knicke. Oder doch Herr Knigge?

Rumms, Herr Knicke liegt. Jetzt noch ein genüsslicher Schnaufer und alles ist gut. Zumindest für ihn, den großen, schwarzen Schäferhund mit viel zu langer Zunge und dem einmaligen Knickohr. Herr Knicke wohnt seit vier Jahren bei uns und hat unser Leben – sagen wir mal – grundlegend verändert. Denn Herr Knicke trat in unser Leben wie eine Naturkatastrophe: Eines Tages stand er bei uns vor der Tür und bellte. Und bellen kann es wirklich sehr, sehr laut, dieses schwarze Monster. Miri, unsere Tochter, öffnete und verliebte sich sofort in die etwa fünfzig Zentimeter lange Sabberzunge, die nie ganz im riesigen Maul dieses Hundes verschwindet. Herr Knicke war offensichtlich schon länger unterwegs, denn er war sehr dreckig, hatte kein Halsband an und war über und über mit Flöhen und Zecken bedeckt. Warum er ausgerechnet vor unserer Tür bellte, ist uns bis heute nicht klar. Und wir wissen auch nicht, wo er herkam. Aber nach einem kostspieligen Tierarztbesuch und vielen Hundereinigungsbädern durfte er bei uns einziehen. Samt Sabberzunge und Knickohr.

Seitdem bestimmt er unseren Tagesablauf mit seinen Gassigeh-Wünschen und trägt auch seine sonstigen Ansprüche sehr deutlich vor: So schiebt er zum Beispiel seinen wirklich riesigen Metallnapf scheppernd durch die Küche, wenn er Hunger verspürt. Aus reinem Selbstschutz springt sofort jemand von uns auf und füttert ihn.

Besonders gern schläft Herr Knicke übrigens auf unserem Sofa. Haben Sie sich schon mal einen klassischen Dreisitzer mit einem 54 Kilo schweren, schwarzen, haarigen Ungetüm geteilt? Wir müssen da durch, denn Herr Knicke wohnt nun mal bei uns. Die Esszimmerstühle sind ja durchaus auch ganz bequem. Und wenn man sich ein bisschen verrenkt, kann man sogar drei Viertel des Fernsehers gut erkennen. Hauptsache, Herr Knicke hat's gemütlich!

Das gilt natürlich auch heute, am 24. Dezember: Während Herr Knicke vor sich hindöst, hört Miri **Hauptsache, Herr Knicke hat's gemütlich!**

in ihrem Zimmer Musik, und Stefan und ich besprechen die geplante gemütliche Weihnachtsfeier mit seinen und meinen Eltern. Liebe Menschen, leckeres Essen, edler Rotwein, toller Nachtisch – dazwischen gibt's die Geschenke im warmen Lichtschein des Kamins. Alles ganz entspannt und genau so, wie wir es mögen.

Dank exzellenter Planung ist alles dafür vorbereitet, der Kühlschrank voll, die Geschenke gekauft und schon eingepackt. Wir sind nämlich eigentlich eine Streberfamilie, müssen Sie wissen.

Auch die Zutaten für Bœuf Stroganoff, das wir nach einem alten Rezept von Stefans Großtante Olga zubereiten wollen, haben wir längst besorgt – saure Sahne, frische Champignons und Gewürzgurken. Außerdem waren wir beim Metzger unseres Vertrauens und haben zwei Kilogramm sehr gut abgehangene Rinderfiletspitzen erstanden. Eine echte Köstlichkeit mit fürstlichem Preis!

Bis zum Beginn unserer Kochaktion ist noch viel Zeit, denn dieses Essen ist recht schnell zubereitet. Allerdings auch heikel – schließlich darf die Soße nicht mehr kochen, wenn die angebratenen Filetspitzen hinzugefügt werden, sonst werden sie zäh. Inzwischen hat Stefan für angenehme Hintergrundmusik gesorgt, ein Feuer im Kamin geschürt und sich auf den kleinen Restplatz auf dem Sofa gesetzt. Herr Knicke hat natürlich die Gelegenheit erkannt und seinen riesigen Kopf auf Stefans Schoß gelegt, um sich kraulen zu lassen. Was für ein friedlicher Anblick – die beiden sind ein echtes Dream-Team!

Irgendwann kommt auch unser kleiner Musikjunkie Miri aus ihrem Zimmer gekrochen und beteiligt sich am Familienleben – frisch geduscht und chic angezogen. Auch Stefan und ich hüpfen nun noch schnell unter die Dusche und brezeln uns auf: Stefan im Anzug und ich im kleinen Schwarzen. Mit Stöckelschuhen, aber die werde ich erfahrungsgemäß spätestens nach zwei Stunden in die Ecke schmeißen, weil meine Füße dafür einfach nicht gemacht sind. Pünktlich um 16 Uhr klingelt es: Die Eltern stehen vor der Tür. Wie jedes Jahr in Begleitung einer unfassbar riesigen Menge von Geschenken in verschiedenen Farben und Größen, jeder Menge guter Laune und Vorfreude auf einen tollen Abend.

Kurze Zeit vorher hat Stefan Herrn Knicke vom Sofa geschmissen und unserem haarigen Mitbewohner klargemacht, dass für heute sein Platz im Körbchen in der Küche ist – genau da, wo ein Hund eigentlich hingehört. Mit beleidigtem Gesichtsausdruck hat sich Herr Knicke dann auch dort zusammengerollt und schläft nun wieder. Hund müsste man sein, der ganze Tag besteht aus fressen, Gassi gehen, schlafen und gekrault werden.

Nach kurzem Hallo und einem Gläschen Begrüßungs-Champagner haben es sich nun alle rund um den Kamin und am festlich geschmückten Weihnachtsbaum gemüt-

Hund müsste man sein, der ganze Tag besteht aus Fressen, Gassi gehen, schlafen und gekrault werden.

lich gemacht. Gerade erzählt Stefans Mutter von ihrem letzten Wellnessurlaub mit ihrer besten Freundin – die zwei hatten sich eine Woche Erholung in einem Vier-Sterne-Tempel im Allgäu gegönnt. Überhaupt reisen meine Eltern und Schwiegereltern sehr gern: Seit sie in Rente sind, sind sie dauernd unterwegs und haben manchmal richtig schlimmen Freizeitstress! Ich höre zu und lächele dabei Stefan an – denn ich liebe diese entspannten Nachmittage im Kreis meiner Lieben so sehr, hach.

Als es Zeit wird, zwinkere ich Stefan zu und sage: »So, wir gehen jetzt mal kochen. Freut euch auf Bœuf Stroganoff nach dem alten Rezept von Tante Olga!«

Voller Vorfreude auf den Gaumenschmaus und mit einem schönen Gläschen Merlot in der Hand gehen wir in die Küche und binden uns erst einmal Küchenschürzen um, damit unsere schicken Klamotten auch bloß keine Fettspritzer abkriegen. Meine Schuhe fliegen natürlich sofort in die Ecke, denn meine Füße schreien schon jetzt nach Erholung. Das Fleisch hat der Metzger bereits in mundgerechte Stückchen geschnitten, nur die Zwiebeln, Champignons und Gurken müssen wir noch klein schneiden. Ich setze mich an den Küchentisch, unter dem Herr

Knicke weiterhin tief und fest schläft, und widme mich der Gemüseschnippelei.

Stefan macht das Fenster in der Küche auf und fängt an, das Fleisch zu braten.

Himmel, ist das romantisch: Mit dem Mann, den ich seit 16 Jahren liebe, zaubere ich in harmonischer Zweisamkeit einen Festschmaus, aus dem Wohnzimmer dringt leises Gemurmel und unterm Tisch schnarcht Herr Knicke. Das Leben ist schön!

Genau in diesem Moment ertönt von nebenan ein lautes Scheppern und dann ein verzweifelter Ruf: »Tine, Stefan, Hiiilfeee!«

Wir stürzen natürlich sofort los – Stefan dreht aber nach wenigen Schritten wieder um und macht die Herdplatte aus, der Tolle! Ich komme also als Erste im Wohnzimmer an und sehe ... einen Weihnachtsbaum in bedenklicher Schieflage. Das gute Stück hat sich nach links geneigt und ist nun kurz davor, vollständig abzustürzen. Wenn da nicht die tatkräftigen Omas und Opas wären, die gemeinsam den Baum davon abhalten, in Richtung Kamin zu fallen. Nur Miri sitzt weiterhin vollkommen entspannt auf dem Sofa und betrachtet das Spektakel – Teenager müsste man noch mal sein!

»Könnte bitte jemand von euch den Baumständer wieder festschrauben?«, kommentiert mein Schwiegervater. »Da war wohl ein echter Experte am Werk ...« Sein kurzer, giftiger Blick in Richtung Stefan bleibt uns allen nicht verborgen und so sage ich: »Ich war das – zusammen mit Miri. Wir haben den Baum aufgestellt und auch geschmückt!«

Gemeinsam mit Stefan schraube ich nun den Ständer erneut fest, und in Windeseile ist der Baum wieder in Position. Doch o Schreck – wie sieht der Prachtbaum nun aus? Die ganze Dekoration ist total derangiert, der Baum wirkt wie ein gerupftes Suppenhuhn, und auch ein paar Äste sind abgeknickt!

Meine Mutter zieht auf die für sie so typische Art und Weise eine Augenbraue hoch. »Nun ja, schön ist der Baum nicht mehr. Aber immerhin originell, irgendwie!«

Nach diesem Kommentar kommt nun sogar das Fräulein Tochter in Schwung: »Mama, los, wir machen das fix wieder chic – das dauert auch nicht lang!«

Die nächsten Minuten verbringen Miri und ich damit zu retten, was noch zu retten ist: Wir zuppeln geknickte Äste gerade und packen die Deko aus Sternen, Lichterketten und kleinen Aufhängern mit weihnachtlichen Motiven wieder einigermaßen da hin, wo sie mal war. Natürlich unter den strengen Augen von Eltern, Schwiegereltern und Ehemann, die nicht sparsam sind mit nett gemeinten Tipps wie »Der rote Stern muss mehr nach rechts!« oder »Da ist noch ein Loch, da oben Richtung Spitze, da muss noch mehr Lichterkette hin!«.

»Na ja, nicht mehr so schön wie vorher. Aber immerhin ist nix Schlimmeres passiert!«, meint mein lieber Ehemann mit einem augenrollenden Seitenblick auf mich. Wir betrachten gerade alle noch zufrieden unser Werk, als wir das nächste laute Scheppern aus Richtung Küche hören ...

Dieses Mal rennen alle los: Ich, Stefan, Miri, meine Eltern und natürlich auch die Schwiegerleute – wir drängeln uns aus der Wohnzimmertür raus durch den Flur in die Küche. Dort bietet sich uns folgendes Bild: Auf dem Boden liegt die Pfanne mit unseren köstlichen, zarten, unverschämt teuren Filetspitzen. Gleich zwei schwarze Ungeheuer genießen gerade die leckeren Fleischstückchen: unser bekannter Herr Knicke und Satan, die ebenfalls pechschwarze Katze der Nachbarn, die gern zu uns zu Besuch kommt. In trauter Einigkeit und vollkommen ungestört von ihrer doch mittlerweile großen Zuschauerzahl tun sich die zwei Biester an unserem Abendessen gütig! Satan muss durch das offene Küchenfenster in unsere Küche gelangt sein – angelockt durch den köstlichen Geruch von angebratenem Fleisch. Und für Herrn Knicke ist es ein Leichtes, die schwere Pfanne vom Herd zu holen ...

Nach ein paar Sekunden fassungslosen Staunens fängt Stefan neben mir an zu lachen ... erst ganz leise, dann immer lauter. Auch Miri fängt an zu kichern, **»Pizza? An Heiligabend? Das geht gar nicht, so ein Mist!«** danach dann auch meine Eltern und die Schwiegerleute. Nur mir stehen die Tränen in den Augen, denn ich hatte mich so auf das köstliche Bœuf Stroganoff à la Olga und einen gemütlichen Abend gefreut: »Hey, was sollen wir nun essen? Pizza? An Heiligabend? Das geht gar nicht, so ein Mist!«

Mein Schwiegervater nimmt mich tröstend in den Arm: »Tine, ist doch egal. Nimm es einfach sportlich: Die zwei Viecher genießen gerade das vermutlich teuerste Futter ihres

Lebens – und es schmeckt ihnen offensichtlich sehr gut! Der Baum steht auch wieder. Und wir alle haben für die nächsten Jahre eine gute Geschichte parat, wenn es um Weihnachten geht!«

Auch meine Mutter tröstet mich: »Kommt, lasst uns sehen, was in eurem Kühlschrank ist, dann improvisieren wir. Ich bin mir sicher, dass wir alle sattkriegen.« Und an die zwei Futterdiebe gerichtet: »Herr Knicke und Satan – lasst es euch schmecken, es ist Weihnachten!« Herr Knicke unterbricht seine schmatzende Fressorgie für einen kleinen Schwanzwedler, um sich dann wieder mit Satan dem Festmahl zu widmen.

Stefan lacht währenddessen immer noch: »Was ich den größten Hammer finde: Wie friedlich die zwei sich das Bœuf teilen! Herr Knicke könnte Satan mit einem Happs mitverspeisen – stattdessen teilt er das Fleisch höflich und wohlerzogen mit seiner Katzenfreundin. Wir sollten ihn umbenennen: Herr Knicke heißt ab sofort Herr Knigge!«

Kommt Weihnachten nicht von Wein?

Im Radio lief gerade *Coming Home for Christmas* und ich wechselte eilig den Sender. Als auf dem nächsten Mariah Carey inbrünstig *All I Want for Christmas Is You* schmetterte, stellte ich es ungehalten aus. Weihnachten! Ich könnte kotzen vor Glück! Möglicherweise würde dieses Jahr mein erbärmlichster Heiligabend überhaupt werden. Frisch getrennt und allein in einem alten Corsa unterwegs zum noch einsameren Hausboot meiner verstorbenen Oma. In Begleitung von vier Flaschen Wein, um den Kummer zu ertränken. Frohes Fest!

Nur mühselig schüttelte ich den Anflug von Aggressionen bei diesen bitteren Gedanken wieder ab und fuhr den weißen holprigen Weg hinauf in Richtung Fluss. »Holla, die Waldfee, das ist ja die reinste Eisbahn«, fluchte ich zwischen zusammengebissenen Zähnen, als ich ins Rutschen kam. Meine vier Flaschen auf dem Beifahrersitz schickten ihr Klirren über das Heulen des Motors hinweg. Glücklicherweise blieben sie ganz.

Seit Omas Tod war ich nicht mehr am stillen Fluss und auf dem alten Hausboot gewesen. Wie ein Relikt aus uralten vergangenen Zeiten tauchte es jetzt hinter der letzten Biegung auf und fesselte meinen Blick. Wie wunderschön es aussah und so verträumt. Unglaublich eigentlich, nach all der langen Zeit. An der Seite des Hecks stand mein Name *Aurelie* in weinroten, geschwungenen Buchstaben.

»Sieh es positiv, Aurelie«, flüsterte ich mir selbst zu und ließ den Motor ausgehen. »Du bist nicht allein! Du hast Wein dabei. Und den Geist der Weihnacht.« Meine Hand angelte nach der ersten Flasche und öffnete den Drehverschluss. »Darf ich vorstellen?«, trällerte ich und prostete mir selbst im Rückspiegel zu.

»Du bist nicht allein! Du hast Wein dabei. Und den Geist der Weihnacht.«

»Wein, das ist beschissene Weihnachten. Beschissene Weihnachten, das ist Wein.« Mir fiel auf, dass sich mein Kajal mittlerweile bis zu den Wangenknochen zog, vom ganzen Geheule. »Egal«, tröstete ich mein Spiegelbild. »Ich setze mein Gesicht später zurück auf Werkseinstellung. Wozu gibt es Abschminktücher.« Abschminken konnte sich mein Ex auch eine Versöhnung. Denn ich würde mich definitiv nur einmal betrügen lassen. So viel stand fest.

Nach etwa einer halben Flasche Wein fand ich meinen Anblick gar nicht mehr so schlimm. Und auch der bedächtig fallende Schnee wirkte nicht mehr unattraktiv auf mich. Also beschloss ich, endlich aus dem Auto auszusteigen.

Immerhin konnte ich Heiligabend jetzt beinahe positiv entgegentorkeln. Ich würde diesmal nicht an dem Spiel mit dem Titel *Das verzweifelte Bemühen um Harmonie* teilnehmen, das für so viele an Weihnachten zur saisonalen Hauptbeschäftigung wurde. Jedem sein Drama! Und mir mein eigenes.

Ein eiskalter Strom Winterluft fuhr mir unters Kleid, ließ mich frösteln und ich verfluchte die Tatsache, dass ich eine zu dünne Jacke trug. Aber von Wein oder vom Weinen kann einem ja auch schön warm werden. Nicht wahr?

Umständlich sammelte ich die Weinflaschen zusammen und balancierte sie in einem Arm. Ich schob meinen Trolli vor mir her und befreite damit den Weg zum Steg vom Pulverschnee. Meine Freundin sagte ja immer, Wein knallt besser als die meisten Männer. Und ich würde es heute mal so richtig knallen lassen!

Der Geruch von Schnee und Flusswasser schlug mir entgegen, als ich an Bord kletterte, und ließ Erinnerungen wach werden.

Aurelie, Süße! Jetzt kann Weihnachten kommen. Beinahe war Omas Stimme real in meinem Kopf. Ich wusste noch genau, wie sie mich hier in Empfang genommen hatte. Mit einer dicken Pudelmütze auf dem Kopf und rot gefrorener Nase. Ob es im Inneren des Hausbootes immer noch diesen Zauber gab, den ich als Kind empfunden hatte? Ich stellte ungelenk den Wein vor der kleinen blauen Tür ab. Die Planken knarrten unter meinem Gewicht, als ich den Schlüssel ins Schloss steckte. Plötzlich hielt ich inne. Meine Bewegungen froren ein. Irgendetwas stimmte hier nicht! Ich verengte die Augen, versuchte zu erkennen, was nicht ins Bild passte. Hinter einem Fenster glomm doch Licht, oder nicht? Und, heilige Scheiße, die Tür war ja gar nicht verschlossen. Ehe ich meine Gedanken sortieren konnte, schwang sie auch schon auf. Dann geschah alles gleichzeitig. Ein knurrender Schatten stürmte auf mich zu. Meine Gedanken überschlugen sich, während ich zurückwich und fast über den Trolli stürzte. Zähne blitzten im fahlen Licht, ich rutschte mit den High Heels über glitschige Planken. Mein Tanz wurde von der Reling in meinem Rücken gestoppt. Als der Hund oder was auch immer an mir hochsprang, riss ich panisch die Arme nach oben und verlor das Gleichgewicht. Die Welt kippte.

In meinen Gedanken hörte ich meine Oma warnen: *Aurelie, du musst aufpassen. Die Reling ist nicht sehr hoch und das Wasser ist im Winter gefährlich kalt. Dir kann das Herz stehen bleiben, wenn du hineinfällst.*

Dieser Aufschlag war heftig. Die Kälte ließ meinen Körper krampfen und raubte mir fast das Bewusstsein. Dunkel. Es war scheiße dunkel. Wie wild ruderte ich mit den Armen und konnte nicht erkennen, wo oben und unten war. *Merry X-mas, Aurelie! Kannst du unter Wasser atmen?* Meine Augen brannten von der Kälte und ich stieß einen Schrei aus.

Ich war nicht ganz bei mir, als mich jemand wieder an Bord hievte. Die Luft brannte in meinen Lungen und ich bibberte erbärmlich. Ich hätte mehr Wein trinken sollen, schoss es mir durch den Kopf. Dann wäre mir sicher wärmer.

Ich hätte mehr Wein trinken sollen, schoss es mir durch den Kopf.

Ein derber Fluch wurde ausgestoßen, der nicht von mir kam, und ich blinzelte verwirrt. Als endlich die Sternenpracht vor meinen Augen verschwand und ich klarer sehen konnte, erkannte ich durch meinen weißen Atem hindurch einen klatschnassen Mann, der vor mir kniete. Meine Gedanken lösten sich in einem Namen auf – Mark – und ich fiel in Ohnmacht.

Als ich wieder zu mir kam, summte mein Schädel *La Paloma* und *Jingle Bells* im Einklang und bereitete mir Übelkeit. Viel zu schnell wurde mir klar, dass ich nicht tot war, sondern halbnackt an einem verkackten Heiligabend meinem Jugendfreund Mark im Hausboot gegenübersaß. Verdammt! Augenblicklich fing ich an zu zittern. Ob vor Kälte oder vor plötzlicher Aufregung, wusste ich nicht so genau. Wo war eigentlich der Wein, wenn man ihn brauchte? Er hatte die zauberhafte Wirkung, peinliche Momente in ein ganz anderes Gewand zu hüllen.

»Wieder da?«, fragte mich Mark breit grinsend. Ich zog die alte Wolldecke höher um meine Schultern und sah mich im Inneren des Hausbootes um. Nicht zu fassen! Es sah hier genauso aus wie früher. Ein kleiner Tannenbaum war geschmückt, ich erkannte sogar den eigenhändig gehäkelten Schmuck meiner Oma wieder.

»Hat dir dein Nahtoderlebnis die Sprache verschlagen?«, hakte Mark nach und ich sammelte mich mühsam.

»Sicher nicht«, begann ich und unterdrückte ein Zähneklappern. »Aber die Nahidioterfahrung schon mehr«, zickte ich gekonnt und schämte mich fast ein bisschen. Mark hob vielsagend eine Augenbraue. Wenn er bis hierhin nicht genau wusste, wer ich war, wusste er es jetzt.

»Immer noch dieselbe Supernova, hm?«, stellte Mark fest und holte Luft. »Also versuchen wie es noch mal. Hallo, Aurelie. Schön, dass du Wein mitgebracht hast«, sagte er und lächelte übertrieben.

Mein Mundwinkel zuckte.

»Ein Hallo gibt's heute nicht«, stammelte ich. »Darf ich dir das Tschüss anbieten? Mein Wein hat keine Lust auf Gäste.« Ich wollte doch allein hier vor mich hinvegetieren.

»Wer ist denn hier der Gast?«, fragte Mark unfassbar ruhig.

Moment mal. »Was genau machst du eigentlich auf *meinem* Hausboot?«, stellte ich die Gegenfrage.

Seine Hand berührte meine Wange. Federleicht. *Wie früher.* Ich zuckte zurück und mein Blick blieb an dem großen Hund unter dem Küchentisch hängen. Aha! Mark hatte sogar sein Haustier mitgebracht.

»Und was macht dieses ...« Ich suchte nach Worten. »... gemeingefährliche Viech hier?«

»Sprichst du von dir?«, spöttelte Mark und verschränkte die Arme vor der Brust.

Der Hund, ein brauner Labrador, sah mich ungerührt aus dunklen Augen an.

Der Hund, ein brauner Labrador, sah mich ungerührt aus dunklen Augen an.

»Er hat mich immerhin fast umgebracht«, gab ich zu bedenken.

»Du bist hier eingebrochen. Es ist Rüdigers Job, Alarm zu schlagen«, erklärte Mark mit aufreizender Gelassenheit.

»Rüdiger also«, murrte ich und verlor fast die Decke um meinen Oberkörper.

»Na gut, genau genommen ist es ja dein Recht, hier vorbeizuschauen, wenn du es willst. Aber du hättest dich wenigstens ankündigen können«, fügte Mark an und strich sich sein Haar in dieser ganz bestimmten Art zurück, die mich schon als Teenager fasziniert hatte. Vage kamen die Erinnerungen an die Schulzeit zurück. An die Blicke, die zaghaften Annäherungen und an unseren ersten Kuss. Ich blinzelte.

»Wie recht du hast. Ich kann hier jederzeit herkommen. Und das, ohne mich anzumelden«, flüsterte ich fast schon benommen. Hatte er immer noch diese spezielle Wirkung auf mich?

Mark stand auf und schlenderte zur Küchenzeile. Ich zog meine Beine und die Decke näher an meinen Körper.

»Natürlich. Aber du weißt auch, dass deine Großmutter mich mit der Restauration des Bootes beauftragt hatte, oder?«, fragte er und sah sich in dem Moment zu mir um, als ich versuchte, einen Blick in den gegenüberliegenden Wandspiegel zu werfen. Ich sah sicher furchtbar aus.

»Sie ist nicht mehr da«, erinnerte ich ihn traurig und es folgte eine Weile betretenes Schweigen.

Als ich etwas später in frischen Klamotten aus dem Bad zurückkam, dudelte Omas Plattenspieler meinen Lieblingsweihnachtssong. Mit rauer Stimme schnurrte Eartha Kitt ihr *Santa Baby* und mir wurde beinahe warm ums Herz. *Aurelie, tanzt du mit mir?* Mark war 14 gewesen, als er mich damals dazu aufforderte. Oma hatte ihm vorher die Schritte gezeigt. Ich konnte es in diesem Moment nicht verhindern, sanft mit der Hüfte den Takt zu schwingen, während Mark mit zwei gefüllten Weingläsern auf mich zuschlenderte.

»Da wir jetzt wieder Weihnachten zusammen feiern, dachte ich mir, ein wenig stimmungsvolle Musik kann nicht schaden«, erklärte er verschmitzt.

»Ich feiere kein Weihnachten«, antwortete ich mit viel zu dünner Stimme und beendete meinen zaghaften Tanz.

»Wieso nicht?«, wollte Mark wissen und drückte mir eines der Gläser mit Rotwein in die Hand. Ich drehte es verlegen von einer zur anderen Seite.

»Ich hasse Weihnachten«, log ich und vermied es, ihn anzusehen.  **Wein macht schließlich auch selig. So wie Weihnachten, nur anders.**

»Na, gut dann feiern wir eben unser Wiedersehen mit deinem Wein?«, sagte er süß und ich kaute verlegen auf meiner Unterlippe. Wieso eigentlich nicht, fragte ich mich. Wein macht schließlich auch selig. So wie Weihnachten, nur anders.

Die Stunden vergingen. Draußen heulte der Wind um das Boot und drinnen prasselte ein Feuer im Ofen. Mark und ich saßen mittlerweile in Decken gekuschelt nebeneinander auf dem Schlafsofa, erzählten uns Geschichten aus den letzten Jahren und hatten die zweite Flasche Wein beinahe geleert. Leise Klavierklänge erfüllten den Raum und ließen mich in eine fast schon glückselige Stimmung abtauchen.

Bis Mark sich nahe zu mir herüberlehnte und fragte: »Warum ist aus uns eigentlich nie etwas geworden?«

Dieselben Schmetterlinge wie vor Jahren regten sich in meinem Bauch. Die gefährlichsten Tiere in freier Wildbahn übrigens.

Ich sinnierte kurz über Fehler, Resignation und Liebe. Und trotzdem wollte ich Mark plötzlich küssen. Ganz dringend sogar. Ich nahm einen großen Schluck Wein. Und noch einen. Die Frage, wie groß eigentlich der Sprung von angeheitert bis hin zu betrunken war, kam mir kurz in den Sinn. Egal, ich wollte ja nur einen Kuss. Einen unschuldigen, heißen Kuss. Ich stellte das Glas zur Seite, beugte mich zu Mark und drückte ihm meine Lippen auf den Mund. Als ich merkte, dass er beinahe zur Salzsäule erstarrte, ließ ich genauso abrupt wieder von ihm ab.

»O Gott. Es tut mir leid«, stieß ich entsetzt über mich selbst aus und fragte mich, ob der Abend noch schlimmer werden konnte.

»Nicht doch«, beeilte er sich und lächelte etwas verlegen. Bestimmt hatte er eine Freundin. Und ich besoffene Gans hatte soeben eine Grenze überschritten. Wie peinlich.

»Ich glaube, ich bin heute nicht auf der Höhe«, entschuldigte ich mich. »Und dieses Weihnachten ist eine Katastrophe«, gab ich gleich noch hinterher und vergrub mein überhitztes Gesicht in den Händen. Jesus, ich leuchtete bestimmt wie die Nase von Rudolph und erhellte das ganze Hausboot mit meinem Purpur. »Außerdem bin ich eine Katastrophe«, flüsterte ich.

»Und ich liebe Katastrophen«, hörte ich Mark zu meiner Überraschung sagen, während er nach meinen Handgelenken griff und mich sanft zu sich heranzog. »Du warst immer meine Lieblingskatastrophe«, raunte er.

Sein Gesicht schwebte nur Millimeter vor meinem. Ich konnte seinen Atem auf meinen Lippen spüren. Dann trafen seine unverhofft zart auf meine. Er schmeckte nach Rotwein und Schokolade und es dauerte eine selige Ewigkeit, bis wir uns wieder voneinander lösten. Mir gingen allerlei Dinge

**Die Tatsache,
dass Weihnachten
das Fest der
Liebe ist.**

durch den Kopf, während ich ihn atemlos betrachtete. Fragen über Schicksal und Bestimmung. Die Tatsache, dass Weihnachten das Fest der Liebe ist.

»Frohe Weihnachten«, flüsterte ich benommen.

Mark küsste die Innenseite meines Handgelenkes, wie er es früher gern getan hatte. »Frohe Weihnachten, Aurelie.«

Eine ganze Zeit lagen wir nur da, eng aneinandergekuschelt. Wortlos und still. Weihnachten. Nie waren die Feste schöner gewesen als hier auf dem Hausboot. Ich schloss die Augen und lauschte dem Knistern im Ofen. Alles an diesem Ort war perfekt. Schon immer gewesen. Denn Weihnachten war ein Hausboot. Und Weihnachten kommt nicht etwa von der Weihe, sondern ganz sicher von Wein.

Gans vegan

»Es ist echt verrückt.« Boris schob sich einen Paprikastreifen in den Mund. »Seit ich mich vegan ernähre, altere ich nicht mehr.« Er kaute so genüsslich, als hätte er in seinem ganzen Leben nie etwas Besseres als diesen Salat gegessen. Sein Kollege Ingo schaute von seinem Schnitzelteller mit Pommes frites hoch, der nur mit einem mickrigen Salatblatt garniert war. Aus einem Lautsprecher quäkte leise Weihnachtsmusik, die vom Stimmengewirr der Gäste fast übertönt wurde. In einer Ecke des Restaurants funkelte ein drei Meter hoher Christbaum und die Bedienungen trugen Nikolauszipfelmützen.

Ingos Antwort klang ziemlich skeptisch: »Bist du sicher? Also, die Falten unter deinen Augen sind jedenfalls noch nicht weniger geworden.«

Boris verzog keine Miene. In winzigen Schlucken schlürfte er den kochend heißen Ingwertee, was ein schmatzendes Geräusch produzierte. »Weißt du, ich fühle mich so leicht und beschwingt, fast wie neugeboren. Und endlich habe ich Normalgewicht. Acht Kilo runter in einem halben Jahr. Toll, was?« Er stellte die Tasse mit dem dampfenden Tee zurück auf den Teller. »Seit ich vegan lebe, hatte ich keinen Krankenschein mehr, ich brauche nachts höchstens vier oder fünf Stunden Schlaf, jogge jeden Morgen zehn Kilometer und denke darüber nach, mich für den Marathon im nächsten Jahr anzumelden.«

»Wirklich?« Ingo schob die letzten Pommes auf seinem Teller zur Seite.

Boris nickte. »Meine Haut fühlt sich wie ein junger Pfirsich an. Kathrin ist schon ganz neidisch, weil sie das mit ihren zig Cremes und Lotions nicht hinkriegt.«

»Mit anderen Worten«, fuhr Ingo fort und fasste sich an sein Doppelkinn, »vegane Ernährung macht schlank, attraktiv, reich und sexy. Viel- **»Meine Haut fühlt sich wie ein junger Pfirsich an.«** leicht sollte ich das auch mal ausprobieren.«

Sie lachten.

»Schön und gut.« Ingo nahm eine Pommes von seinem Teller, hielt aber kurz vor dem Mund inne, dann legte er sie wieder zurück. »Und was ist mit Weihnachten?«

»Was soll mit Weihnachten sein? Außer dass in drei Wochen Heiligabend ist?«, fragte Boris zurück.

»Wegen der Weihnachtsgans und so. Kathrin und die Kinder wollen bestimmt nicht auf die alten Familientraditionen verzichten. Auf Gänsebraten mit Rotkohl und Speckklößen, auf Kathrins legendäres Ochsenschwanzsüppchen oder auf ihre Weihnachtsplätzchen. Gibt es denn welche bei euch?«

»Klar, gibt auch leckere Rezepte ohne Ei und anstatt Butter kann man Margarine nehmen. Alles ganz vegan.«

Ingo nickte. »Und deine Schwiegermutter? Kommt die nicht an Heiligabend zu euch?«

»Dann muss sie eben ab jetzt auf ihre heiß geliebte Gans verzichten, denn dieses Weihnachten wird alles anders. Dieses Jahr koche ich!«, versetzte Boris und spießte eine Cocktailtomate so energisch mit der Gabel auf, als wollte er das Gemüse ermorden. »Wenn ich nur daran denke, wie fett so ein Riesenvogel ist.

Und das haben wir Jahr für Jahr in uns reingestopft.« Angeekelt schüttelte er den Kopf.

»Na dann, frohe Weihnachten!« Ingo grinste und winkte der Bedienung, um zu bezahlen.

»Papa, die Plätzchen schmecken nicht«, motzte Florian, als Boris am Abend nach Hause kam. Sein sechsjähriger Sohn schmiss das angebissene Nusshäufchen zurück auf den Plätzchenteller und spie einen undefinierbaren braunen Brei in seine Hand. Mit bitterbösem Blick hielt er Boris die Sauerei entgegen.

»Florian, du altes Ferkel«, schimpfte Boris' Frau Kathrin und zog den Sprössling am Arm in die Küche, wo sie seine Hand unter fließendem Wasser abwusch. »Papas Plätzchen sind doch lecker.«

»Gar nicht«, widersprach jetzt Lea, die zehnjährige Tochter, und zog eine Grimasse. »Nicht mal Freddy mag die und der frisst sonst echt alles.«

»Ihr habt meine schönen Plätzchen an den Kater verfüttert?« Boris stemmte die Hände in die Hüften und schaute zum Katzenkörbchen hi  **»Ihr habt meine schönen Plätzchen an den Kater verfüttert?«**

nüber, wo Kater Freddy mit gespitzten Ohren dem Familienstreit lauschte. Das Tier wusste immer ganz genau, wenn von ihm die Rede war.

»Wenn Freddy die Plätzchen nicht mag, dann sind sie wirklich sch…«, rief Florian.

»Florian!« Boris wollte seinen Sohn festhalten, aber der Junge war schneller und rannte schon die Holztreppe nach oben.

»...eiße«, war das Letzte, was er von ihm hörte, bevor seine Zimmertür ins Schloss krachte. Lea grinste, ließ sich auf die Couch plumpsen und schnappte sich die Fernbedienung.

Nachdenklich betrachtete Boris den Plätzchenteller. Obwohl er es nicht gern zugab, sah sein veganes Weihnachtsgebäck nicht so schön aus wie die herkömmlichen Plätzchen, die Kathrin sonst immer gebacken hatte. Die Plätzchendose, die diese Woche von seiner Schwiegermutter angekommen war, hatten Kathrin und die Kinder in Rekordgeschwindigkeit leer gefuttert. Dabei hatten die aus viel zu viel Ei und noch mehr Butter bestanden. Doch Kathrin wollte partout nicht auf tierisches Eiweiß verzichten. Boris seufzte. Ab diesem Jahr sollte es an Weihnachten anders werden, dachte er. Er wollte sich von den uralten Traditionen seiner Schwiegerfamilie nicht diktieren lassen, was es am Heiligen Abend zu essen gab. Seit fast 15 Jahren aßen sie an jedem 24. Dezember eine Ochsenschwanzsuppe als Vorspeise, eine fetttriefende Gans mit Maronen-Apfel-Füllung samt Rotkohl und Speckklößen als Hauptgang und Vanilleeis mit heißen Himbeeren als Dessert. Für Boris' Schwiegermutter war dieses Menü in Stein gemeißelt und unabänderlich. Rotkohl und Äpfel waren ja in Ordnung, die Himbeeren ebenfalls. Aber auf den Rest wollte Boris ab diesem Jahr verzichten. Traditionen mussten sich den Menschen anpassen und nicht umgekehrt.

»Willst du das wirklich durchziehen mit deiner veganen Gans?«, fragte Kathrin nachdenklich.

Boris nickte. »Lass mich nur machen, Schatz.«

Er begann, die Einkaufsliste für seine »Gans vegan« zu schreiben. Die würden sich wundern an Heiligabend.

Am 24. Dezember lagen morgens sämtliche Zutaten auf dem Küchentisch bereit. Am wichtigsten war der Tofu, davon hatte Boris im Bioladen drei Kilogramm gekauft – das würde in etwa der Gans entsprechen. Daneben lagen Mais- und Vollkornbrot, Nüsse, Sellerie, Zwiebeln und verschiedene Gewürze. Wieder und wieder hatte er die Zutatenliste seiner »Gans vegan« mit den Einkäufen verglichen, aus lauter Angst, etwas Wichtiges vergessen zu haben. Aber nein, es war alles da. Boris lächelte zufrieden. Er hatte lange gebraucht, Kathrin zu dem Experiment zu überreden, dass es in diesem Jahr keine richtige Gans geben würde.

»Weiber!«, murmelte Boris und machte sich an die Arbeit für das Weihnachtsmenü. Den Tofu wickelte er in ein Tuch, damit der in einem Sieb abtropfen konnte, das Brot und das Gemüse für die Füllung mussten klein geschnitten werden. Dazu sollte es Süßkartoffelpüree und frischen Feldsalat geben. Und als Dessert einen Preiselbeer-Birnen-Auflauf mit Vanillesoße.

Ein paar Stunden später war Boris mit den Nerven am Ende. Der Tofu war immer noch viel zu feucht, so konnte er ihn nicht verarbeiten. Und die Füllung war klebrig und schmeckte längst nicht so lecker wie bei seiner Bekannten aus dem veganen Kochklub. Irgendetwas **Ein paar Stunden später war Boris mit den Nerven am Ende.** machte er falsch oder die Bekannte hatte ihm aus Versehen das falsche Rezept geschickt. Mit wachsendem Entsetzen blickte Boris zur Küchenuhr. Keine zwei Stunden und seine Schwiegermutter würde auf der Matte stehen. Bestimmt wieder mit einem Wäschekorb voll unnützer Geschenke für die Kinder und in Erwartung des jährlichen Gänsebratens. Boris wischte seine verschwitzten Hände an der Schürze ab. Jetzt nur nicht die Nerven verlieren! In Zeitlupentempo las er sich das Rezept noch einmal durch, obwohl er es schon auswendig kannte. Nein, er hatte wirklich nichts vergessen. Das Schrillen der Eieruhr riss Boris aus seinen Gedanken. Der Preiselbeer-Birnen-Auflauf war fertig. Wenigstens etwas. Schnell holte er die Auflaufform aus dem Ofen und stellte sie beiseite. Ach ja, die Vanillesoße musste auch noch gekocht werden. Aber jetzt erst mal die »Gans vegan«. Ob er die Bekannte aus dem veganen Kochklub kurz anrufen sollte? Wo hatte er nur die Telefonnummern der Klubmitglieder?

Kater Freddy schlich zur Küchentür herein und blieb vor seinem Fressnapf stehen, der in der Ecke stand. Der Napf war leer, Freddy schaute Boris mit großen Augen an und maunzte.

»Armer schwarzer Kater, sollst an Weihnachten auch nicht leben wie ein Hund.« Boris füllte den Napf mit Katzenfutter und kraulte den Kater hinter den Ohren. Freddy schnurrte zufrieden. Wenigstens einer, der sich freute, ging es Boris durch den Kopf, während er im Wohnzimmerschrank nach der Telefonliste des Kochklubs kramte. Endlich hatte er die Nummer gefunden, aber auch nach gefühlten hundert Klingeltönen ging seine Bekannte nicht ans Telefon. Seufzend legte Boris das Smartphone zur Seite.

Als es an der Tür läutete und die Kinder mit lautem Geschrei ihre Oma begrüßten, stand Boris kurz vor einer Panikattacke. Das hügelartige Gebilde, das sich hinter der Glasscheibe ihres Backofens befand, floss nach allen Seiten auseinander und glich eher einem Komposthaufen. Das Süßkartoffelpüree war voller Klümpchen, die sich auch durch kräftiges Rühren mit dem

Schneebesen nicht beseitigen ließen, und der Feldsalat war nach seinem kurzen Rendezvous mit der veganen Salatsoße zu Matsch zerfallen. Kurz gesagt: Dieser Heiligabend würde eine einzige Katastrophe werden.

»Hier riecht's gar nicht nach Gänsebraten und Rotkohl«, schallte die Stimme seiner Schwiegermutter vom Wohnzimmer in die Küche. »Und die Plätzchen schmecken komisch. Sie sehen auch so grau und unansehnlich aus.«

»Die Plätzchen schmecken total sch... schlecht, Oma«, rief Florian.

»Die frisst nicht mal Freddy«, setzte Lea nach.

»Äh ... weißt du, Mutti«, hörte Boris seine Frau stottern. »Boris möchte uns dieses Weihnachten gern vege-  tarisch ... ähm ... vegan verwöhnen. Also ganz aus- nahmsweise natürlich. Ist aber bestimmt lecker.«

»Boris möchte uns dieses Weihnachten gern vegetarisch ... ähm ... vegan verwöhnen.«

»Soll das heißen, es gibt *keinen* Gänsebraten?« Die Stimme der Schwiegermutter klang ärgerlich und Boris sah ihr sauertöpfisches Gesicht vor sich. »Auch keinen Rotkohl? Am Heiligen Abend?«

»Nein, Mutti, auch kein Ochsenschwanzsüppchen«, erklärte Kathrin hastig. »Aber bestimmt im nächsten Jahr wieder. Versprochen!«

Boris straffte die Schultern, setzte ein Lächeln auf und betrat das Wohnzimmer, wo ihm vier neugierige Augenpaare entgegenschauten. Nein, fünf, die Augen von Kater Freddy hätte er fast vergessen.

»Guten Abend, Elise.« Boris umarmte seine Schwiegermutter kurz. »Fröhliche Weihnachten.«

»Ob der Abend gut wird, wird sich erst noch zeigen«, versetzte Oma Elise. »Einen Heiligabend ohne Gänsebraten hat es in unserer Familie jedenfalls noch nie gegeben.«

»Lasst euch überraschen.« Nur mühsam bewahrte Boris die Fassung. Allein der Gedanke an das unförmige Ding, das sich im Ofen breitmachte, verursachte ihm einen Würgereiz.

Zurück in der Küche, hob Boris mit zitternden Händen das dampfende Etwas aus dem Backofen. Mit einem Messer schnitt er die gräuliche Masse in fingerdicke Scheiben, die er auf einer Servierplatte anrichtete. Doch auch in aufgeschnittenem Zustand wurde der Anblick nicht besser.

Das Herz klopfte ihm bis zum Hals, als er die Platte ins Esszimmer trug, wo die Familie sich bei Weihnachtsklängen aus dem CD-Spieler um die festliche Tafel versammelt hatte. Neugierige Blicke hefteten sich auf das merkwürdige Etwas.

»Iiih, sieht aus wie Freddys Haufen, wenn er Durchfall hat«, kreischte Florian. Die Kinder lachten und Boris rang sich ein gequältes Lächeln ab. Das Gesicht seiner Schwiegermutter wirkte dagegen wie versteinert.

»Was, bitte, soll das denn sein?« Ihre scharfe Stimme zerschnitt die Luft im Esszimmer wie ein japanisches Fischmesser. »Ich will ja nicht behaupten, dass Männer nicht kochen können. Schließlich gibt es Schuhbeck und Lafer und wie sie alle heißen ...«

Das war zu viel! Auf Boris' Wangen blitzten grellrote Flecken und giftige Galle schwappte in seiner Speiseröhre nach oben. Mit Schwung knallte er die Servierplatte samt der »Gans vegan«

in die Mitte des Esstisches. Dabei machte sich ein Stück der Füllung selbstständig, landete zuerst an der Tischkante und plumpste anschließend neben Kater Freddy auf den Parkettboden. Boris ließ sich auf seinen Stuhl fallen.

»Ihr könnt mich alle mal!«, schrie er. »Feiert euer bescheuertes Weihnachten doch einfach allein.«

»Feiert euer bescheuertes Weihnachten doch einfach allein.«

»Papa«, rief Florian aufgeregt, packte Boris am Ärmel und deutete nach unten. »Guck mal, wie Freddy sich die Schnurrhaare leckt. Dem scheint das komische Zeug richtig gut zu schmecken.«

Alle starrten den Kater an, der den Parkettboden absuchte und erwartungsvoll maunzte.

»Er will noch mehr davon, seht ihr.« Florian grinste.

»Wenn es Freddy schmeckt, muss es gut sein«, meinte Lea und griff sich den Servierlöffel.

Kathrin lachte. »Das stimmt, wenn einer in unserer Familie einen exquisiten Geschmack hat, dann unser Kater.«

»Na bitte.« Boris stand auf, nahm Lea den Löffel aus der Hand und füllte einen Teller nach dem anderen mit seiner »Gans vegan«. Auch den der Schwiegermutter.

»Für mich nicht! Danke!«, meinte die mit essigsaurem Gesichtsausdruck.

»Selbst wenn ich nicht Schuhbeck oder Lafer heiße, versuchen kannst du es wenigstens«, beharrte Boris.

»Musst du echt probieren, Oma. Ist total lecker, das Zeug.« Lea war mit vollem Mund kaum zu verstehen.

»Sie hat recht, Mutti, schmeckt wirklich viel besser, als es aussieht.« Kathrin lächelte ihrer Mutter aufmunternd zu.

Boris schob sich nun ebenfalls eine Gabel in den Mund.

»Mhm, das ist ja köstlich«, stieß er mit vollem Mund hervor.

Die ganze Aufregung fiel von ihm ab und nach ein paar Minuten war die halbe Servierplatte leer. Nur seine Schwiegermutter hatte immer noch nichts probiert.

»Komm schon, Mutti«, versuchte Kathrin es noch einmal.

»Wenn ihr meint ...« Oma Elise griff so vorsichtig nach ihrer Gabel, als wäre diese glühend heiß, und schob sich in Zeitlupe einen winzigen Bissen in den Mund. Gespannt warteten Kathrin, Boris und die Kinder auf die Reaktion. Zuerst verzog Oma Elise keine Miene. Erst nach der dritten Gabel lächelte sie zaghaft.

»Gar nicht mal so übel, obwohl es vegan heißt«, gab sie zu und angelte gleich nach dem nächsten Stück. »Schuhbeck und Lafer könnten das wahrscheinlich auch nicht besser.«

Gans oder Falafel?

An Weihnachten braucht man Traditionen. Punkt. Der Christbaumschmuck, der jedes Jahr aufs Neue im Keller gesucht werden muss. Die Wunschzettel meiner Kinder an das Christkind, die ich stets heimlich verschwinden lasse, um die Illusion aufrechtzuerhalten, sie würden tatsächlich von einem körperlosen Geisterwesen mitgenommen. Und das Festessen. Die Tradition, die meine kleine deutsch-ägyptische Familie hier seit Jahren zelebriert, geht, wie überraschend vieles bei uns, auf ein ziemliches Fiasko zurück. Und wie jedes Jahr, wenn ich am 23. Dezember mit vollen Tüten nach Hause komme und meiner Frau stolz präsentiere, was ich zu kochen gedenke, wird sie mir auch in diesem Jahr wieder diesen ganz speziellen Blick zuwerfen, der nichts anderes sagt als: *Du bist ein Chaot. Aber du kannst kochen.* Doch bitte alles der Reihe nach.

Der Ursprung unserer Tradition geht auf die Frage zurück, was um Himmels willen wir am Heiligen Abend kochen sollten. Meine Frau Henriette und ich stellten uns diese Frage vor einigen Jahren, als wir beschlossen, den Heiligen Abend erstmals zusammen zu zelebrieren. Wir waren frisch gebackene Eltern und fanden, dass eine Familie für sich feiern sollte,

Der Ursprung unserer Tradition geht auf die Frage zurück, was um Himmels willen wir am Heiligen Abend kochen sollten.

und sei sie noch so klein. An Besuchen bei Eltern und Schwiegereltern herrscht ja Ende Dezember ohnehin kaum Mangel und wir freuten uns außerdem über die Maßen darauf, unser wenige Wochen altes eigenes Christkind mit Geschenken zu überhäufen. Das Weihnachtsessen unseres Stammhalters stand bereits fest: Meine Frau trug es gewissermaßen in sich. Doch für uns sollte es etwas noch Raffinierteres sein.

In meiner von den ägyptischen Wurzeln geprägten Familie hatte es nie ein klassisches Essen für den 24. Dezember gegeben. Anders dagegen bei Henriette.

»Wie wäre es mit Heringssalat?«, fragte sie und ihre Augen leuchteten bei der Erinnerung an das Traditionsessen ihrer Eltern auf, als hätte sie mir gerade die Karte eines Fünfsternerestaurants vorgelesen.

Nun, ich mag nichts, was im Wasser zwischen Algen oder anderen klammen Dingen umhergeschwommen ist – egal, wie kunstfertig es gesäubert und zubereitet wurde, bevor ich hineinbeiße.

Meinen Gegenvorschlag, wir könnten doch einen Jesus-Burger kreieren, nannte Henriette hingegen blasphemisch. Außerdem empfand sie meinen spirituell angehauchten Fast-Food-Vorschlag als Frontalangriff auf ihre postnatale Figur. Unnötig, wie ich hier betonen will. Nun, ich schätze, da verwirrten noch ein paar Hormone ihre Sinne.

»Ich weiß es«, rief sie in einem Ton aus, der klarmachte, dass ich zustimmen musste. »Wir machen Gans.«

Mal ehrlich, Gans? Wer mag so einen Vogel denn wirklich? Außerdem ist er doch viel zu groß für zwei Erwachsene. Aber reden Sie einer Frau, die ihr erstes Familienweihnachten plant, so etwas mal aus. Sie könnten sich auch mit ausgebreiteten Armen vor eine Nuklearbombe stellen, um die Explosion aufzuhalten. Das hätte mehr Aussicht auf Erfolg.

Also Gans. Na ja, das Tier kam wenigstens nicht aus dem Meer.

Am Morgen des Heiligen Abends verfiel meine Frau in die zu erwartende Hektik, während ich gewohnt ruhig blieb. Den Baum hatte ich planmäßig am Vortag besorgt. Gut, er war ein wenig schief, aber ich fand, er passte zu uns.  **Die Geschenke für Frau und Kind waren gerade noch mit dem Expressservice gekommen und ich fand, die Dinge könnten schlimmer stehen.** Den Schmuck hatten wir uns von meinen und ihren Eltern zusammengeliehen und die Lichterkette war noch jungfräulich und unverheddert, als ich sie aus der Verpackung zog. Die Geschenke für Frau und Kind waren gerade noch mit dem Expressservice gekommen und ich fand, die Dinge könnten schlimmer stehen.

Henriette war da irgendwie anderer Ansicht. Karim, unser Sohn, hatte sich scheinbar einen Magen-Darm-Infekt eingefangen und der Baum wirkte auch nach mehrmaligem Wässern so vertrocknet, dass sie fürchtete, er würde gleich alle Nadeln verlieren. Mein Scherz, erhebliche Teile der Christusgeschichte spielten in wüstennahen Gebieten und damit würde der Baum doch passen, hob nicht die Stimmung meiner Frau. Sie hatte eine bestimmte Vorstellung von Weihnachten im Kopf. Und die Realität schien dieser nicht unbedingt zu entsprechen.

»Pass auf«, meinte sie, offenkundig um Fassung ringend, »du besorgst die Gans. Und ich mache den Rest.« Sie sah mich prüfend an. »Du hast doch eine Gans reserviert?«

Supermanns Röntgenblick war nichts gegen die Art, in der sie mich durchleuchtete. Himmel, wieso musste man denn Gänse reservieren? Das waren doch keine Konzertkarten. Ich dachte, man geht in den Supermarkt und holt sich so ein Tier. Nun, ich merkte, dass ich mich auf einem zugefrorenen See befand. Und ein einziges falsches Wort würde mich direkt zu der dünnsten Stelle führen. »Klar«, antwortete ich und lächelte meine Frau beruhigend an. »Ich bin doch der Cheforganisator.«

Sie drückte mir die Autoschlüssel in die Hand. »Na dann, Cheforganisator. Fahr mal. Wenigstens das Essen muss gelingen. Ich will nicht, dass Karim später erfährt, dass sein erstes Weihnachtsfest eine Katastrophe war.«

»Wir müssen es ihm ja nicht erzählen, wenn etwas schiefgeht«, wandte ich ein.

Meine Frau sah mich an, als hätte ich gerade unser Familienauto beim Glücksspiel verloren. »Ich werde Fotos machen. Und die müssen perfekt werden.«

Beim ersten Supermarkt war ich noch guter Dinge. 15 Minuten an der Fleischtheke Schlange stehen, um dann zu erfahren, dass die geschwätzige ältere Dame vor mir gerade das letzte Tier gekauft hatte. Ich fuhr zum nächsten Geschäft. Hier war die Schlange kürzer. Aber dafür gab es überhaupt keine Gans mehr, die ich noch hätte erwerben können. »Sind schon seit fünf Tagen alle weg«, sprach die Verkäuferin die bittere Wahrheit unpassend gelassen aus.

»Ja, warum gibt es denn keinen Vorrat an Gänsen?«, rief ich leicht genervt.

»Vogelgrippe«, meinte die Dame. »Fast die Hälfte der Tiere ist dieses Jahr elendig verendet. Wie wäre es mit Lachs? Wird heute auch gern gegessen.« Sie deutete auf die Nachbartheke.

Ich sah einem kalten Fisch in die toten Augen und wandte mich schaudernd ab. Vogelgrippe. Meine Güte. Würde meine Frau mir abnehmen, dass sich die von uns reservierte Gans an einer Art Geflügelschnupfen zu Tode geniest hatte? Nun, eher nicht. Und selbst **Und selbst wenn, sie wollte eine Gans. Und ich würde ihr eine bringen!** wenn, sie wollte eine Gans. Und ich würde ihr eine bringen!

Das Bild meiner weinenden Frau, die ein sich erbrechendes Kind unter einem nadelnden Baum hielt, entfachte eine neue Entschlossenheit in mir. »Behalten Sie Ihren Fisch«, meinte ich zu der Thekendame und stürmte zum Auto. Es musste doch noch irgendwo eine Gans geben!

Rückblickend würde ich sagen, dass es wahrscheinlich wirklich die letzte Gans war, die ich schließlich in einem Feinkostladen erspähte. Der Verkäufer sah mich so überheblich an, als sei er Protokollchef des Buckingham Palace und die geköpfte Gans die englische Monarchin. Den Preis, den er für das federlose Ungeheuer aufrief, kommentierte ich mit der Frage, ob ich dafür auch noch die geflügelte Familie dieses Geschöpfes erwerben würde.

Der Verkäufer verstand in dieser Sache offenbar ebenso viel Humor wie Henriette. Ich seufzte, griff in mein Portemonnaie und zahlte. Dazu kaufte ich auch noch die Füllung, die Beilagen und ein Rezept. Eine teure Tradition, die wir da begründeten.

Aber was tut man nicht, um der Frau seines Lebens ihren größten Wunsch zu erfüllen? Noch dazu, wenn sie voll vom Nestbautrieb erfüllt war!

Ich verstaute die Einkaufstüten im Kofferraum. Doch den wertvollen Vogel platzierte ich dort, wo ich ihn nicht aus den Augen verlieren konnte: auf dem Beifahrersitz. Er stand gewissermaßen unter Personenschutz!

Glücksselig machte ich mich auf den Heimweg. Und wurde von einer rot blinkenden Lampe auf dem Display unseres Familienautos jäh gestoppt. Ich hielt an. Ein Blick auf die Uhr sagte mir, dass ich noch genug Zeit hatte, ehe ich zu Hause sein musste. Ich rief die Pannenhilfe herbei. Eine knappe Stunde später bekam ich die ernüchternde Aussage, dass zwar noch nichts Ernsthaftes kaputt sei, ich dieses Fahrzeug aber nicht mehr bewegen dürfte. Nur ein weiterer Meter schon könnte zu einer Art Totalschaden des Motors führen. Angesichts der gerade erlittenen Ausgabe für die verfluchte Gans wollte ich dieses Risiko lieber nicht eingehen. Ich ließ den Pannenmann den Abschleppservice rufen, trank im nahen Café einen Kakao mit Hochprozentigem gegen den Schock und nannte dem Fahrer des

Angesichts der gerade erlittenen Ausgabe für die verfluchte Gans wollte ich dieses Risiko lieber nicht eingehen.

Abschleppwagens, der eine weitere Stunde später auftauchte, die Adresse meiner Werkstatt, zu der er unsere Familienkutsche bringen würde. Alles in allem Glück im Unglück, dachte ich, holte die Einkaufstüten aus dem Kofferraum und sah unserem

Wagen nach, der im kurz darauf einsetzenden Schneeregen verschwand.

Ich musste nun zwar den Bus nehmen, doch es blieb genug Zeit, um die Gans ... Mir fielen vor Schreck die Tüten aus den Händen. Die verfluchte Gans saß noch auf dem Beifahrersitz! Verdammt, sie wurde gerade zu meiner Werkstatt gefahren. Ans andere Ende der Stadt. Und den einzigen Schlüssel hatte der Fahrer des Abschleppwagens. Er würde ihn in den Nachtbriefkasten der Werkstatt werfen, die, verständlicherweise, erst am 27. Dezember wieder öffnen würde.

Und wieder sah ich den vorwurfsvollen Blick meiner Frau, das erbrechende Kind im Arm, der Baum nun völlig nadelfrei. Was sollte ich nur tun? Mittlerweile war es in der Kleinstadt, in der wir damals wohnten, kurz vor Geschäftsschluss. Ich konnte nicht mehr herumlaufen und nach Gänsen fahnden. Hilfesuchend blickte ich mich um, auf ein Weihnachtswunder hoffend. Doch da war nur das Café, in dem ich höchstens noch ein Stück Zitronenkuchen kaufen konnte. Nicht gerade sehr weihnachtlich. Daneben befand sich ein Orientladen. Der schnurrbärtige Verkäufer machte sich gerade daran, die Gemüseauslage reinzuholen, ehe sie völlig zuregnete. Dies tat er im Licht eines blinkenden Weihnachtssterns, der im Rhythmus arabischer Popmusik grell und unverdrossen gegen das schlechte Wetter anleuchtete. Und in diesem Moment glaubte ich, eine Erscheinung zu haben. Ich sah in dem Verkäufer einen der Weisen aus dem Morgenland, beschienen vom Weihnachtsstern. Vielleicht lag es auch nur an einer Mischung aus Stress, Hunger und Niedergeschlagenheit. Jesus. Bethlehem. Der Stern. Was hatte der Heiland selbst wohl gegessen? Gans oder nicht eher ... Falafel?

Kartoffeln oder Fladen? Kastanienfüllung oder Auberginen-
mus?

Ich traf eine verzweifelte Entscheidung. Und begründete
damit die erste Weihnachtstradition meiner kleinen Familie.

Der Orientladen war ausgezeichnet sortiert. Und was ich
kaufte, war kaum halb so teuer wie die verflixte Gans, die sich
gerade spazieren fahren ließ.

Zu Hause schmuggelte
ich meine Einkäufe in die
Wohnung. Meine Frau war,
ermattet von der Kinder-
pflege und dem Dekorieren,
auf dem Sofa eingeschlafen.
Daneben lag unser Christ-
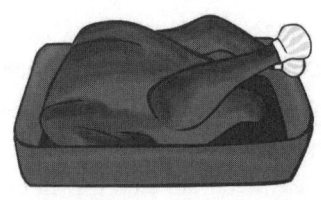
kind. Beide schnarchten im Gleichklang unter dem geschmück-
ten Baum, der im Übrigen keine einzige Nadel verloren hatte.

Ich verdrückte mich in die Küche und begann, arabisch
zu kochen. Es war das erste Mal an diesem Tag, dass ich inneren Frieden fand. Es duftete bald wundervoll. Kichererbsen-
bällchen und mariniertes Hühnchenfleisch, mit Rosenwasser
parfümierter Reis und eine feine Zimtnote über allem. Kein
arabischer Koch hätte mich an diesem Tag übertreffen können. Ich kochte, als wäre ich vom Geist der Weihnacht beseelt.
Irgendwann taperte meine Frau schlaftrunken in die Küche. Für
einen Moment sah sie mich tadelnd an, als ich ihr offenbarte,
dass die Gans gerade auf unser defektes Auto aufpasste und wir
heute mehr oder weniger das essen würden, was auch Jesus einst
gegessen hatte. Doch als ich sie probieren ließ und ihr von meiner Erscheinung vor dem Orientladen berichtete, lachte sie und

küsste mich. »Du bist ein Chaot. Aber du kannst kochen«, sagte sie. Es war der schönste Freispruch meines Lebens.

Karim bekam sein privates Weihnachtsessen, verschlief die Bescherung (um sich dafür gegen 3.20 Uhr nachts lautstark und sehr ausdauernd zu melden) und zeigte keine Spuren einer Virenerkrankung mehr.

Meine Frau genoss das arabische Festmahl, das ich ihr zubereitet hatte. Und was soll ich sagen? Es war einfach ein schönes Weihnachten. Sogar die Fotos waren perfekt. Nur den blinkenden Stern, den ich dem arabischen Verkäufer abgeschwatzt hatte, durfte ich nicht anmachen. Ich habe damals eine andere Verwendung für ihn gefunden.

Was meinen Sie, wie überrascht der Halsabscheider aus dem Feinkostladen wohl aus der Wäsche geguckt hat, als er nach dem Weihnachtsurlaub zu seiner Räuberhöhle kam und eine an die Eingangstür genagelte, nicht mehr taufrische Gans vorfand, aus der ein Weihnachtsstern hervorlugte? Ich weiß es, denn ich habe heimlich Fotos davon gemacht und sehe sie mir seither jedes Jahr an Weihnachten sehr gern an, während ich unser Festessen vorbereite. Spezialitäten aus dem Nahen Osten natürlich. Und damit sicher auch ein paar von den Sachen, die auch der kleine Jesus gern gegessen hat. Hätten ihm bestimmt hervorragend geschmeckt.

Opa muss mit

»Nie wieder!« Christina knallt den Stapel schmutziger Dessertteller zu dem übrigen benutzten Geschirr auf die Küchenablage, dass es nur so scheppert.

»Alles in Ordnung?«, hört sie eine verwunderte Stimme hinter sich. Mit übertriebener Kennermiene riecht Jens an dem Korken, den er gerade aus einer Weinflasche gezerrt hat. »An Weihnachten gibt es den guten«, sagt er immer. Mit Betonung auf der ersten Silbe des letzten Wortes. Und dann erwartet er Staunen und Dankbarkeit von allen Seiten. Dabei mag in diesem Haus außer ihm überhaupt niemand Rotwein.

»Bescherung!«, krakeelt der ungeduldige Chor der übrigen Familienmitglieder aus dem Wohnzimmer. Schwiegerpapa Hubert und die beiden Pubertiere Paul und Hannah verwandeln sich am Heiligabend gegen zwölf Uhr mittags alljährlich in aufgeregte Grundschüler, die eine eventuelle Existenz des Weihnachtsmannes zumindest

Schwiegerpapa Hubert und die beiden Pubertiere Paul und Hannah verwandeln sich am Heiligabend gegen zwölf Uhr mittags alljährlich in aufgeregte Grundschüler.

für möglich halten. Christina genießt diese Verwandlung ihrer Kinder insgeheim. Stellt sie doch so einen angenehm extremen Gegensatz zu ihrer altersbedingten »Mir doch alles egal«-Haltung dar, gegen die sie sonst die meiste Zeit kämpfen muss.

»Kommen!«, ruft Jens mit seiner Heiligabendstimme in Richtung Wohnzimmer. Auch so eine Verwandlung, die Christina jedes Jahr beobachtet: Ihr Mann wird zum dauergrinsenden Honigkuchenpferd und strahlt den ganzen Abend mit dem von ihm illuminierten Weihnachtsbaum um die Wette.

»Ich würde das hier gern vorher noch aufräumen.« Was als Bitte gemeint war, wird vom Gatten als Wunsch interpretiert. Den er nur zu gern erfüllt, indem er die Küche mitsamt seiner Weinflasche verlässt. Wie würde er wohl das große, fettige Tranchiermesser deuten, das gerade nur knapp hinter ihm gegen den Rahmen der Küchentür kracht?, denkt Christina.

Als sie sich sein erschrockenes Gesicht vorstellt, muss sie doch ein bisschen grinsen. Obwohl ihr eher nach schreien zumute ist. Irgendwas läuft hier unrund. Als Dienstmädchen bekäme sie wenigstens Feiertagszuschlag, aber als Ehefrau und Mutter? Bergeweise schmierige Töpfe, abgenagte Gänseknochen und eine verpasste Bescherung. Andererseits ... was verpasst sie schon? Die Kinder stürzen sich wie jedes Jahr auf die Geschenke wie Modeblogger auf die Front-Row-Tickets der Pariser Fashion Week. Opa Hubert überreicht bestimmt wieder seinen Scheck, den er scherzhaft als Schmerzensgeld bezeichnet, ohne zu ahnen, wie recht er damit hat. Und von Jens bekommt sie entweder nichts oder etwas sehr Teures. Das ist schon so, seit sie sich kennen, und ebenso lange grübelt Christina nach einer möglichen Regel hinter diesen immensen Schwankungen im Geschenkewert. Weil ihre Überlegungen stets mit der Vermutung enden, dass ein teures Geschenk eventuell ein durch Ehebruch verursachtes schlechtes Gewissen beruhigen soll, hofft sie immer darauf, leer auszugehen. Die Geschenke der Kinder hingegen sind jedes Mal eine echte Überraschung. Von Paul bekam sie vor Jahren einmal einen *Lengschwengsch*. Dabei handelte es sich um eins seiner Kuscheltiere, das er mithilfe von Filzstiften, Schere und Stücken aus seinem Schlafanzug zu einem Fantasietier umgestaltet hatte. Unvergessen ist auch die selbst entwickelte Lego-Popelmaschine, die er seiner Mutter schenkte, nachdem er sich damit erfolglos für Jugend forscht beworben hatte. Hannahs Geschenke präsentierten sich ähnlich kreativ. Einmal bekam Christina selbst gemachte Pralinen, die Hannah statt mit Zucker mit Salz zusammengerührt hatte. Weil ihre Mutter nicht so gern Süßes isst.

Einmal bekam Christina selbst gemachte Pralinen, die Hannah statt mit Zucker mit Salz zusammengerührt hatte.

Durch diese Erinnerungen neugierig gemacht, lässt Christina die Töpfe Töpfe sein und geht rüber zu den anderen ins Wohnzimmer.

»Können wir?«, rufen die Kinder, als sie ihre Mutter durch die Tür kommen sehen. Und reißen im selben Moment das erste Geschenk von dem Haufen an sich. Die beiden graben sich wie Maulwürfe durch den Berg bunter Päckchen, der in rasantem Tempo kleiner wird. Dafür wächst hinter ihnen ein neuer – aus zerknülltem Geschenkpapier, Schleifen und Verpackungen. Da man bei dem Geknister und den »Ah«-, »Oh«-, »Och«- und »Yes«-Rufen sowieso nichts verstehen würde, überreicht

Christina Hubert wortlos das obligatorische Päckchen Dunhill-Zigarillos, was dieser mit dem obligatorischen »Aber ich darf doch gar nicht rauchen!« kommentiert, während er die Zellophanhülle der Packung abfriemelt und sich mit den bereitgelegten Streichhölzern eine anzündet. Nachdem Christina Jens seine heiß ersehnte Heckenschere geschenkt hat, setzt sie sich neben ihn auf die Couch, um den Kindern bei ihrem Rausch zuzusehen.

»Das Messer habe ich übrigens bemerkt.«

Christina erschrickt. Gerade will sie zu einer Entschuldigung ansetzen, da spricht Jens weiter: »Dieses Jahr habe ich mir besonders Mühe gegeben, damit du es wieder tust.«

»Was? Dich umbringen?«

»Nein!«, lacht der Mann zu ihrer Erleichterung. »Schimpfen, dass es im nächsten Jahr alles anders werden muss!«

»Stimmt. Das hast du geschafft. Aber es haben dir ja auch alle geholfen«, konstatiert Christina düster.

»Nächstes Jahr wird alles anders. Das kann ich dir versprechen.« Mit diesen Worten überreicht er endlich den Umschlag, den er die ganze Zeit in seinen Händen gehalten hat. Christina reißt ihn sofort auf und zerrt aufgeregt Flugzeugtickets heraus. Fünf Stück.

»Nach Rio?« Noch etwas ungläubig schaut sie in die Runde.

»Nächstes Jahr feiern wir bei Anna. Sie freut sich schon!«

Jens kann nicht verbergen, wie stolz er auf seine Idee ist. Christina fällt ihm um den Hals. »Echt?«

»Echt.«

»Wer ist Anna?«, will Hubert misstrauisch wissen.

»Meine Freundin in Brasilien!« Vor lauter Glück vergisst Christina sogar, sich über Huberts Frage aufzuregen. Schon zig

Male hat er Annas Anrufe entgegengenommen und jedes Mal musste Christina ihm aufs Neue erklären, dass sie ihre beste Freundin aus Studienzeiten ist, die kurz vorm Examen mit ihrem brasilianischen Lover Fernando durchgebrannt ist. Die beiden führen zusammen ein kleines Hotel irgendwo am Strand in der Nähe von Rio. Christiane hat es, seit die Kinder da sind, nicht mehr geschafft, sie dort zu besuchen. Anna und sie haben sich seit 15 Jahren nur per Telefon und Skype unterhalten und sich zweimal gesehen, als Anna in Deutschland zu den Beerdigungen ihrer Eltern angereist ist. Sie vermisst sie wie verrückt. Darum war dieses Geschenk von Jens das netteste, romantischste und tollste, was er ihr je gemacht hat.

»Was ist denn das?«, fragt Hannah. Sie und Paul haben nun auch mitbekommen, dass bei ihren Eltern irgendwas im Gange ist.

Darum ist dieses Geschenk von Jens das netteste, romantischste und tollste, was er ihr je gemacht hat.

»Wir fliegen nach Rio!«, ruft Christiane glücklich.

»Wer?«, fragen Hubert, Hannah und Paul im Chor.

»Na, wir alle!«, ruft Jens. Immer noch unübersehbar stolz auf seine Heldentat.

»Nie im Leben!«, ruft Hubert.

»Wann?«, wollen die Kinder wissen.

»Nächstes Jahr Weihnachten.«

»Och, erst?«, mault Hannah.

»Nur über meine Leiche!«, ruft Hubert. Und bekommt wie zur Bekräftigung seiner Worte einen minutenlangen Hustenanfall.

»Beruhig dich, Hubert!«, sagt Christina halb streng und halb besorgt.

»Nehmt ihr dann alle unsere Geschenke mit?« Paul ist tatsächlich ernsthaft besorgt.

»Die Reise *ist* das Geschenk.«

»Dann will ich auch nicht mit. Ich bleibe hier und pass auf Opa auf.«

»Ich auch!«, ruft Hannah.

Wie einig sich die beiden doch immer sind, wenn es darum geht, ihren Eltern eins auszuwischen.

»Nix da! Opa muss mit«, bestimmen diese nun wie aus einem Mund.

Ein Jahr später sitzt Christina am Pool des kleinen Hotels ihrer Freundin Anna. Neben ihr sitzt Hannah mit selbst für Pubertierende ungewöhnlich mieser Laune. In ihrem neuen, original brasilianischen Bikini befindet sich ein Schild mit dem Buchstaben G für *grande*. Christinas Argument, dass es doch egal sei, welche Größe drinstehe, Hauptsache, er passe, lässt sie nicht gelten. Das Mädchen hasst sich, ihren Hintern und vor allem ihre Mutter. Weil die sowieso immer an allem schuld ist.

Seufzend stemmt Christina ihren faulen Körper aus dem Korbflechtstuhl.

Sie will Anna in der Küche helfen, obwohl die es ihr streng verboten hat. Aber ihr ist langweilig und sie will auch etwas zu dem Festessen beitragen, das ihre Freundin für heute Abend plant.

Auf dem Weg in die Küche begegnet sie Jens. »Hallo, schöne Frau! Sind Sie allein hier?«

»Nein, Sie Wüstling. Mein Mann ist auch hier und meine Kinder. Und sogar mein Schwiegervater, wenn Sie es ganz genau wissen wollen. Apropos ... wo ist Hubert überhaupt?«

»Keine Ahnung, ich dachte, er sei bei euch.«

»Nein, ich habe ihn seit dem Frühstück nicht gesehen.«

»Was?!« Jens guckt sie erschrocken an. Gerade war er noch der heiße Latino-Lover, jetzt wirkt er wie der Pauschaltourist in Tennissocken und Sandalen, der Angst hat, von *Einheimischen* bei nächster Gelegenheit skalpiert zu werden.

»Was *was*? Ich bin doch nicht seine Mutter!«

»Aber er ist mein Vater!«, erklärt Jens überflüssigerweise. »Wo kann er denn sein? Er kennt sich doch gar nicht aus! Wir müssen ihn suchen!«

»Nicht wir. Du«, findet Christina und geht weiter in Richtung Küche.

Woher soll sie immer wissen, wo alle sind, und warum?

In der Küche herrscht Chaos. Anna hat ihrer Freundin schon oft erzählt, dass der Heilige Abend in Brasilien *das* Fest ist und die Menschen maßlos übertreiben, was Geschenke, Essen und Garderobe betrifft. Aber das hier übersteigt Christinas Vorstellung ungefähr in der Höhe des Zuckerhuts.

 In der Küche herrscht Chaos.

»Wer soll das alles verdrücken?«, fragt sie entgeistert.

»Ach, das ist nichts!« Anna wedelt mit den Armen durch die Luft. Wir machen noch Salpicão und Camoranga und zum Nachtisch eine Panettone, Pavê, Manjar branco, Creme de Papaia, Rabanada und Pudim de nozes. Und wenn das hier fertig ist, muss ich noch die Geschenke einpacken und das Silber polieren ...«

Christina ist sich nicht sicher, ob Anna lallt. Sie redet immer schnell, das ist wohl der brasilianische Einfluss. Aber diese unsaubere Trennung zwischen den Worten und diese eintönige Satzmelodie fällt ihr zum ersten Mal auf. Und sie hört einfach nicht auf zu reden.

»Der Stollen muss noch in den Ofen und der Idiot von Lebensmittellieferant hat die Schokoladennikoläuse in die pralle Sonne vor die Tür gestellt. Ich muss neue besorgen, deine Kinder sind doch sonst traurig, wenn sie keinen Schokola...«

Plötzlich ist Anna still und sinkt im nächsten Moment in Richtung Boden. Christina kann sie gerade noch auffangen und auf einer herumstehenden Gemüsekiste ablegen.

»Geht schon wieder«, nuschelt Anna und versucht, aufzustehen.

»Ich glaube, du brauchst mal eine Pause.« Christina hält ihrer Freundin ein Glas Wasser hin.

Gegen ihren Protest wird Anna auf eine Liege am Pool bugsiert. »Aber ihr sollt doch so ein richtig brasilianisches Weihnachten erleben!«

»Tun wir doch! Wir sind hier, in Brasilien, in der Sonne. Alles ist toll!«

Das ist nicht ganz die Wahrheit. Christina und Jens finden es toll. Der Rest der Familie eher weniger. Die Kinder motzen über das angeblich schneckenlahme WLAN hier im *Dschungel*, Hannah redet seit dem Tag ihres Abfluges nicht mehr mit ihrer Mutter, aus Wut darüber, dass die angebliche Party des Jahrtausends zu Hause ohne sie steigt. Paul kommuniziert altersbedingt sowieso kaum noch mit seinen Erzeugern. Und ab dem Punkt, an dem Christina ihm erklärte, die neue PlayStation fiele tatsächlich den exorbitanten Reisekosten zum Opfer, ignorierte er sie komplett.

Hubert hat sich, wie zu erwarten, anscheinend vorgenommen, alles furchtbar zu finden, und jammert seit ihrer Ankunft über die Hitze, die Luftfeuchtigkeit, das Essen, die Moskitos, die Betten und die Brasilianer. Das alles behält Christina in diesem Augenblick natürlich für sich.

Nachdem Anna erschöpft eingeschlafen ist, schleicht sich Christina leise weg und begegnet Paul, der den Blick wie immer starr auf sein Handy gerichtet hat.

»Weißt du, wo Opa ist?«, fragt Christina ihn und bekommt keine Antwort. Da platzt ihr der Kragen. »Soll ich dir 'ne WhatsApp schreiben, oder was? Wo ist Opa?«

»Am Strand«, kommt die einsilbige Antwort.

»Allein?«

»Keine Ahnung.« Paul verdreht die Augen.

Christina explodiert. »Wir gehen ihn suchen. Jetzt!«

Widerwillig schlurft der Sohn neben seiner Mutter am Strand entlang.

»Was ist eigentlich los mit euch? Wir sind hier im Paradies und du starrst den ganzen Tag auf dieses Ding, während deine Schwester sich in irgendeinen versifften Partykeller im kalten Deutschland wünscht.«

»Da ist Opa«, ist das Einzige, was Paul dazu sagt.

»Wo?«

Mit schlaffem Arm zeigt er auf eine Strandbude in etwa zehn Metern Entfernung. Dort hat sich eine Traube von knapp bekleideten Damen gebildet, die zu Bossa-Nova-Klängen ihre üppigen Hüften wiegen. Und mitten drin sitzt Hubert! Seine Augen leuchten mit dem roten Sonnenbrand auf Stirn und Nase um die Wette. Der Augenglanz liegt wohl an der nicht mehr ganz blutjungen Brasilianerin auf seinem Schoß. Er hebt sein Glas in die Höhe und verkündet in Richtung Strandtheke: »Mais um! Noch 'ne Runde!«, was von allen Umstehenden mit Applaus und Hurra gefeiert wird. Als Hubert Christina und Paul sieht, ruft er: »Feliz Natal, ihr Käsegesichter!«

»Was ist denn hier los?«, fragt eine empörte Stimme hinter Christina, die sich vor lauter Verwunderung über ihren sonst so reservierten **Dort hat sich eine Traube von knapp bekleideten Damen gebildet, die zu Bossa-Nova-Klängen ihre üppigen Hüften wiegen.**

Spießer-Schwiegervater nicht rührt. Es ist Jens, der schweißnass und vor Anstrengung bleich durch den Sand gestapft kommt. »Papa! Was machst du denn hier? Wir suchen dich überall.«

»Und jetzt habt ihr mich gefunden. Los, trinkt mit! Und lasst mal ein bisschen Sonne an eure Körper. Ist ja nicht auszuhalten, wie bleich ihr seid.«

»Und du hast wohl einen Sonnenstich. Komm sofort mit zurück ins Hotel!«

»Jetzt lass ihn doch!«, springt Paul seinem Opa zu Hilfe. Er findet das alles höchst amüsant und filmt die Szene grinsend mit seinem Handy.

»Nix da! Wir gehen zurück. Und Opa muss mit!«

»Opa bleibt hier!«, ruft Hubert und ordert gleich noch eine Runde.

Christina muss auf einmal laut lachen. Über ihren Schwiegervater, der den jugendlichen Liebhaber spielt. Über ihren Mann, der wie ein beleidigter Fünfjähriger eine Schippe macht. Und über sich selbst. Mit ihrer kalkweißen Haut und den Birkenstocks an den Füßen sieht sie neben den braun gebrannten, barfüßigen Brasilianerinnen aus wie Tante Trutsch vom Lande. Als sie wieder sprechen kann, fragt sie: »Wieso eigentlich nicht?«

»Wieso was nicht?« Jens hört für einen kurzen Moment auf, an seinem Vater herumzuzerren, um seine Frau stattdessen verständnislos anzusehen.

»Wir feiern hier!«, verkündet Christina. Sie ist wohl blitzbetrunken von dem Caipirinha, den ihr jemand in die Hand gedrückt hat.

Hubert, eher sturzbetrunken, pflichtet ihr bei: »Endlich! Der erste vernünftige Satz, den ich seit Jahren von meiner Schwiegertochter höre!«

Christina überhört das großzügig und stupst Paul an, der immer noch fasziniert auf das Display seines Handys starrt. »Jetzt mach dich mal nützlich mit dem Ding und schreib Hannah eine WhatsApp. Sie soll mit Anna und Fernando herkommen.«

»Okay!« Paul tippt blitzschnell in sein Handy. Christina kann es kaum fassen. Das ist das erste Mal seit sehr langer Zeit, dass ihr Sohn einfach tut, worum sie ihn bittet.

»Genau!«, lallt Hubert. »Und nächstes Jahr seid ihr alle eingeladen, bei mir zu feiern. In meinem Haus!«

 **»Und nächstes Jahr seid ihr alle eingeladen, bei mir zu feiern.«**

Mit tausendprozentiger Sicherheit hat keiner der Brasilianer verstanden, wovon er redet. Egal! Alle applaudieren und strecken ihre Caipirinha-Becher in die Höhe. Die Schönheit auf Huberts Schoß nimmt seinen Kopf, drückt ihn an ihr nicht unerhebliches Dekolleté und küsst ihn auf die Glatze.

Das lässt die alten Augen des Mannes noch mehr glänzen und er säuselt: »Du bist so schön! Fast so schön wie meine Rosalie.« Dann kippt sein Kopf zur Seite und es ist nur noch ein zufriedenes Schnarchen zu hören.

18

Fest der Liebe

Wenig überraschend tauchen gegen Ende des Jahres zuverlässig Weihnachten und der damit verbundene Heilige Abend im Kalender auf.

Sehr überraschend hingegen entnahm ich einige Tage vor diesem Termin meinem Briefkasten einen Umschlag aus Büttenpapier. Blasslila, meine Anschrift mit feiner Frauenschrift darauf getintet. Die Freifrau, mutmaßte ich zu Recht. Noch größer allerdings die Überraschung, die sich im Brief selbst befand: Ich war eingeladen. Zum Essen am Heiligen Abend im Kreis ihrer Liebsten. Immerhin schwärmt *tout* Düsseldorf von ihren exquisiten Essen und manch einer würde vielleicht sogar seinen Porsche gegen eine solche Einladung eintauschen.

Leise rieselte der Schnee über Düsseldorf, winzigen Swarovski-Steinen gleich schwebten die Flocken im Schein der Gaslaternen. Den Mantelkragen hochgeschlagen, machte ich mich auf den Weg. Buntes Spielzeug und pulsierende Lichterketten mit Rentieren und Sternen schmückten die Fenster. Manch Übereifrige hatte gar einen Weihnachtsmann am Fensterbrett stranguliert.

Mariengleich erwartete mich die Freifrau am Hauseingang. Es waren weder ihre rautenförmig gefalteten Hände noch das ungewohnt monalisische Lächeln, das mich verblüffte, sondern die Tatsache, dass die Schneeflocken knapp zwei Handbreit oberhalb ihres Körpers in der Luft schmolzen und verdampften. Doch bevor ich dem auf den Grund gehen konnte, erschienen

Frau Doktor Dittrich (Zahn) und Frau Rechtsanwältin Wagner (Wirtschaft).

»Wo ist der Freiherr? Wo die anderen Gäste?«, fragte ich.

Ihn erwähne man an diesem Abend besser nicht und über die anderen Gäste wisse auch sie nichts Genaues, beschied mir Frau Wagner mit einem sanften Rippenstoß.

»Es ist das Fest der Liebe«, murmelte die Freifrau mantragleich.

Nun denn, kleine Gesellschaften bieten ohnehin mehr Möglichkeiten zum geistigen Austausch; man lernt sich besser kennen und kommt einander sehr viel näher, dachte ich und freute mich.

»Es ist das Fest der Liebe.«

Wir bewunderten den Weihnachtsbaum, der sicherlich von den Chefdesignern Tiffanys oder Cartiers geschmückt worden war. Es entstand ein Moment des Innehaltens und Schweigens, denn noch wurde Herr Kürten erwartet, Besitzer einer der letzten inhabergeführten Werbeagenturen der Stadt. Doch der war es gewohnt, Termine nicht einzuhalten, und machte auch in seinem Privatleben ausgiebig Gebrauch davon.

Beim Aperitif erwähnte ich, dass auch ich mal ein Werbefiffi gewesen war. Man lernt dort viel und vor allem fürs Leben: So habe ich die Fähigkeit erworben, skrupellos teure Anzüge zu tragen und Menschen schamlos ins Gesicht zu lügen.

Wie aufs Wort tauchte der Terminmissachter auf: Sakko, Jeans und schrilles Hemd überreichten der Freifrau eine Schachtel Süßes, während die andere Hand nachlässig einen edlen Kamelhaarmantel aufs Sofa warf.

»Seien Sie bloß vorsichtig. Das sind die Guten vom Heinemann«, knödelte er überflüssig: Der Aufkleber prangte handtellergroß. Halblanges schütteres Haar schuppte auf seine Schultern, zwei Knöpfe am Hemd geöffnet, ganz Bata Illic 1974. Frau Wagner und ich ertappten uns gegenseitig beim Augenverdrehen. Ihr Julia-Roberts-Mund schenkte mir ein verlegenes Lächeln; mein Blick versprach, sie nicht zu verraten. Da war er auch schon zwischen uns, küsste den Damen die Händchen, Frau Doktor schnappte nach Luft, mir drückte er geschäftig männlich die Hand. Ein wahrer Lackschuhprolet, dachte ich im Stillen. Und lächelte ihm freundlich ins Gesicht. Gelernt ist gelernt.

Das Essen war wie immer vorzüglich, die Gewürze harmonierten hervorragend mit dem Wein, wenn sie auch wenig weihnachtlich waren. Die Vorspeisen kamen mediterran daher, mit sehr viel Fisch, das Hauptgericht war konsequent maghrebinisch. Couscous und Lamm. Ob ich dafür einen Porsche eintauschen würde? Diese Frage stellte sich mir nicht. Ich habe keinen Porsche.

»Marokkanisch, find ich gut. Wegen der Flüchtlinge und so«, lobte Herr Kürten.

Jetzt verstand ich ihre Intention.

»Daran habe ich gar nicht gedacht. Ehrlich gesagt, habe ich gerade drei Monate in der deutschen Botschaft in Casablanca verbracht und mich mit dem dortigen Koch recht gut verstanden«, erläuterte die Freifrau in den ansonsten weihnachtlich stillen Raum hinein.

»Der Jesus kam ja auch aus dem Nahen Osten«, bemerkte Frau Dittrich.

Passt.

»Fest der Liebe!«, stand ihr Herr Kürten bei.

»Aber ich habe doch keineswegs ...«, errötete die Freifrau.

»Auf die Flüchtlinge«, erhob Frau Wagner, die beiden unterbrechend, ihr Glas. Wir stießen an, gedachten der armen Seelen auf dem kalten Mittelmeer und griffen zum zweiten Mal in die Schüsseln.

»Ich lieber nicht mehr. Ich mache Diät«, sträubte sich allerdings Frau Wagner.

»Muss ich auch mal machen. Alles, was man ab dreißig drauflegt, bekommt man so schnell nicht wieder runter«, stöhnte Frau Doktor und Herr Kürten säuselte:

»Ach was, Mädchen, Sie doch nicht. Das haben Sie gar nicht nötig.«

Woraufhin sie ihm ein dentales Lächeln zuwarf und verführerisch hauchte: »Ihren Vier-Einser würde ich gern einmal näher untersuchen.«

Mir entging nicht, dass sie unter dem Tisch Visitenkarten austauschten.

Fest der Liebe, eben.

Später zogen wir uns zum knisternden Kamin zurück und bewunderten noch einmal ausgiebig den Weihnachtsbaum.

»Ist das Lametta Handarbeit?«, wollte Frau Doktor wissen.

»Selbstverständlich«, gab die Freifrau zurück.

»Sieht man doch gleich.«

Frau Wagner hingegen guckte auf einmal so nostalgisch verklärt, dass

Später zogen wir uns zum knisternden Kamin zurück und bewunderten noch einmal ausgiebig den Weihnachtsbaum.

ich fürchtete, wir würden uns gleich an die Hand nehmen und gemeinsam Weihnachtslieder intonieren. Dann aber nieste sie einmal kräftig und ihr Gesichtsausdruck wurde augenblicklich wieder professionell kühl, wenn auch mit einer leichten Verzweiflung zwischen den Brauen.

Ich kenne jemanden, der immerzu niesen muss, wenn er John Malkovich sieht. Beim Niesen ist der psychische Faktor nicht zu unterschätzen. Deshalb schlug ich, keineswegs ironisch, vor: »Vielleicht sollten Sie hin und wieder etwas ausmalen. Ich las erst kürzlich einen Artikel, demnach das eine beruhigende Wirkung haben soll. Hat wohl was mit Achtsamkeit zu tun und dass man dadurch bei sich ankommt.«

»Ich male tatsächlich sehr gern aus«, antwortete sie. »Jedenfalls früher. Mittlerweile habe ich ein Dutzend feinster Farbstiftkästen und Regale voller ausgemalter Mandala-Malbücher zeugen von meinem Engagement. Doch es gibt immer wieder neue Formate, immer wieder sinnlichere Motive. Ganz ehrlich: Das Ganze artet langsam in eine Belastung aus.«

Und für so was werden skandinavische Wälder gerodet!

»Wollen wir vielleicht alle gemeinsam singen?«, fragte die Freifrau aufheiternd und klatschte in die Hände. Niemand reagierte. Mir war das etwas unangenehm, denn schließlich sollte man seinem Gastgeber jeden Wunsch erfüllen, zumindest am Fest der Liebe.

Kürten fläzte sich rasch in den ledernen Klubsessel, den auch ich ins Auge gefasst hatte. Soll er sitzen, dachte ich, baute mich am Kamin auf und redete mir ein, dass ich so a) den Überblick behielte und b) weltmännisch wirkte. Er saß breitbeinig und lutschte an seiner Zigarre.

»Kaffee, irgendwer?«

Begieriges Nicken im Kreis. Jeder wollte, denn die Freifrau war berühmt für den besten Kaffee im Ort. Schon eilte sie zu ihrer miniaturisierten Kaffeefabrik. Weit entfernt aus der Küche vernahmen wir es bald schnarren und mahlen, saugen und pressen, düsen und klacken. Und schon lange vor der Freifrau erreichte uns wohlig-würziger Kaffeehausgeruch.

Auf den Kaffee folgten ein famoser Wein und weihnachtlich zimtiges Gebäck. Niemand, wirklich niemand in dieser Stadt gibt sich so viel Mühe mit seinen Gästen wie die Freifrau. In diesem Augenblick wünschte ich mir einen Porsche, den ich für einen weiteren solcher Augenblicke geben könnte.

Doch nur mit wenigen Menschen schweigt man lange gern und so war ich froh, als Frau Wagner die Stille brach. Sie habe kürzlich eine alte David-Bowie-Schallplatte gehört. (Es war das Jahr, das unerbittlich eine Popgröße nach der anderen dahinraffte.) Bei einem Lied, in dem es darum ging, dass die Menschheit noch fünf Jahre zu leben habe, hatte sie **Doch nur mit wenigen Menschen schweigt man lange gern.** sich gefragt, was sie wohl in solch einer Situation tun würde. Wir warteten gespannt.

Doch sie schien es sich nur gefragt, die Frage nicht aber beantwortet zu haben, denn sie sah gnadenlos abwartend zurück.

»Es ist das Fest der Liebe«, grummelte die Freifrau leise. »Warum fängt die denn schon wieder mit ihrem Existenzialistenunsinn an?«

»Man wird doch stets melancholisch, wenn das Jahr zu Ende geht. Das ist normal«, sagte ich beruhigend.

Herr Kürten stand auf und ging mit hinter dem Rücken verschränkten Armen auf und ab.

»Gleich wird er auf seinen Absätzen wippen«, flüsterte ich der Freifrau zu. Er wippte, sie blickte, bass erstaunt, und lächelte endlich wieder. »In Seminaren lernt man, dass diese Haltung Nachdenken und Entschlossenheit symbolisiere«, erläuterte ich.

»Segelschein machen, 'ne Jacht kaufen und dann gemütlich durch de Karibik cruisen. 'n bisschen die Sau rauslassen. Verstehn Se?«

Dabei sah er unumwunden Frau Doktor an.

Diese erbleichte, um sofort leicht zu erröten, und murmelte verschämt, dass sie sich in solch einem Falle wünsche, gläubig zu werden. Katholiken habe sie schon immer um ihren schlichten Fatalismus beneidet. Und ja, es sei doch absurd, da doktere sie täglich an Menschen herum und habe allzu selten einen Gedanken an den Tod dabei verloren. Man sei einfach viel zu oberflächlich und diesseitig orientiert. Wir sollten uns das Wort Sinnlosigkeit einmal auf den Lippen zergehen lassen. Wer genau hinsah, erblickte eine kleine Träne unter ihren Lidern.

Die Freifrau blies eine Locke aus ihrer Stirn und flüsterte mir zu: »Dass sie sich immer dermaßen theatralisch in den Vordergrund drängen muss.«

Kürten beugte sich weit zu Frau Doktor herüber: »Mädchen, Kopp nicht hängen lassen.«

Dankbar lächelte sie ihn an. Er tätschelte kurz ihr Knie, was sie sich gefallen ließ, und saugte dann, ganz Salonlöwe, an seiner kubanischen Zigarre.

Frau Wagner: »Ja, gläubig sein, das würde helfen. Da haben Sie ganz recht. Aber in meinem Beruf verliert man jeden Glauben. Den an das Gute im Menschen, den an Gerechtigkeit und letztlich den an Gott. Wenn ich ehrlich sein darf ...« Aufmunterndes Kopfnicken allerseits. »Vielleicht würde ich lauter verbotene Dinge tun.«

»Das is gut. Verbotene Dinge. Und an was haben Sie da so gedacht?«

»Morden.«

Im Wein spiegelten sich betretene Gesichter.

Die Frau stieg in meiner Achtung.

»Aber es ist doch das Fest der Liebe«, wehrte die Freifrau der grausigen Stimmung.

»Oder mal etwas stehlen, lügen, betrügen, hinterziehen, schänden, prellen, täuschen, fälschen, schmähen, entweihen. Wie das geht, habe ich ja in all den Jahren gelernt. Ach, ich weiß gar nicht, wo ich anfangen soll.«

»Arbeiten Sie sich an den sieben Todsünden entlang«, half die Freifrau.

»Prima Leitfaden«, anerkannte ich.

»Ja.«

Frau Doktor: »Aber was, wenn es nun nicht stimmt? Und die Welt nach fünf Jahren nicht untergeht? Wie kann man dann mit all der Schuld weiterleben?«

Die Frage schien den anderen dann doch zu hypothetisch. Alle sahen zur Freifrau. »Ach was. Weitermachen wie bisher. Carpe diem. So einfach ist das. Das Leben ist doch viel zu banal, um einen Gedanken daran zu verschwenden.«

»Sie sind verrückt!«, lachte Frau Wagner. Hätte sie geahnt, dass es sich hierbei um die berühmten letzten Worte handelte, sie hätte sie vermutlich noch einmal überdacht. Denn kurze Zeit später stand sie auf und ging in Richtung Bad. Nach einer halben Stunde vermissten wir sie – die Freifrau ging nachschauen. Auf ihr Gequietsche hin begaben wir uns im Gänsemarsch zur Küche. Dort lag sie, *La Wagner*, schlank und graziös, das rote Haar wallte seltsam unpassend über den Boden, der Julia-Roberts-Mund für immer geschlossen. Man sah auf den ersten Blick, dass sie tot war.

Man sah auf den ersten Blick, dass sie tot war.

Von wegen Diät: Sie war in die Küche geschlichen, um heimlich noch etwas Fisch zu essen. Dabei hatte sie sich an einer Gräte verschluckt und war erstickt. Das jedenfalls erklärten die Sanitäter, während sie mitleidig ihre Köpfe schüttelten, wurden aber von dem begleitenden Arzt mit barschem Blick zurechtgewiesen. Schließlich war es seine Aufgabe, mitleidig den Kopf zu schütteln. Die nun herbeigerufenen Polizisten verließen sich auf die Aussage des Arztes und Notizen machend das Haus.

»Wollen wir den Abend nicht lieber beenden?«, fragte Kürten galant pietätvoll, doch mit lüsternem Blick auf die straffen Brüste der Doktorin. Was heißt lüstern: Er trieb Unzucht mit seinen Augen.

Und das am Fest der Liebe.

»Ach was, gestorben wird immer, Weihnachten ist nur einmal im Jahr«, sagte die Freifrau resolut und gehorsam versammelten wir uns wieder am Kamin. Rechte Stimmung wollte allerdings nicht mehr aufkommen. Die Doktorin schluchzte einen endlosen Vorrat an Taschentüchern aus ihrer Handtasche hinweg. Und als ich laut dachte, dass es merkwürdig sei, wie eine so kleine Gräte einen Menschen ins Grab befördern könne, fuhr sie mich vorwurfsvoll an: »Sie haben wohl gar kein Mitgefühl?«

»Mitgefühl? Doch, das habe ich schon.«

Nur sei ich als Schriftsteller verdammt, beobachtend kalt durch die Welt zu flanieren. Registrierend. Nicht wertend.

»Ich hab die Patenschaft für einen Straßenhund auf Mallorca«, flocht Kürten ein.

Frau Doktor Dittrich sah ihn bewundernd an.

Mir lag auf der Zunge, dass wir doch in Deutschland über ausreichend herrenloses Getier verfügen. Doch ich verkniff mir nun selbst diese sanfte Kritik, aus Angst, angeschrien zu werden. Es war schließlich das Fest der Liebe. So verdrehte ich nur kurz meine Augen. Man kommt halt nicht raus aus seiner Haut.

»Gefühlloser Mensch, Sie!«, bellte die Doktorin augenblicklich.

Die Freifrau mühte sich, den Konflikt zu entschärfen. »Das ist es, was ich meinte. Carpe diem. Ist es nicht besser, jeden Tag so zu leben, als sei es der berühmte letzte?«

»Genau: Genießen, sag ich doch«, lustmolchte Kürten und entkorkte zur Bekräftigung den Cognac. Abwesend ergriff Frau Doktorin seine Hand und **»Ist es nicht besser, jeden Tag so zu leben, als sei es der berühmte letzte?«** sprühte blanken Hass in meine Richtung. Rote Nägel krallten in den Klauen des Werbers.

Und plötzlich zerbarst jede Haltung und sie warf sich schluchzend in die Arme ihres Nachbarn. Der injizierte ihr einen

Cognac und das Schluchzen erstarb. Er nutzte die Gelegenheit, ihr wippendes Köpfchen mit seinen Wurstfingern zu streicheln. Probeweise auch den Hals.

»Carpe diem«, wiederholte die Freifrau und schenkte sich selbst noch einmal nach.

Kalte Windbräute rappelten an den Fenstern. Duckten sich im Vorgarten, wirbelten im Buchsbaum, federten auf und ab und warfen sich an das Glas. Der Mond schien durchs Fenster herein. Ehrfurchtsvoll beugten sich Baumsilhouetten und streckten ihre Arme nach seinem Licht.

Ein Ruck und sie war wieder da. Sie habe nachgedacht. Und sie werde ihr Leben nun ändern. »Den Tag genießen, als sei es der letzte?«, fragte die Freifrau.

»Nein!« Das sei ihr zu pessimistisch. Aber die Idee mit den fünf Jahren, ja, das sei es. Ich wand ein, dass das bereits andere versucht hätten. Ihr Blick ließ mich verstummen. »Ich werde gläubig«, sagte sie entschieden.

»Nee, Mädchen, aber nicht heute Nacht.«

»Na schön, dann eben morgen.«

»Dann haben wer ja noch 'n paar Stunden.«

»Aber Sie können schon mal anfangen, Ihre Hände wegzunehmen.«

Herr Kürten drängte zum Aufbruch. Die letzten heidnisch frivolen Stunden rannen erbarmungslos davon. »Soll ich Sie irgendwo absetzen?«

»Danke.«

Auch ich entschied mich zum Aufbruch. Draußen war es eisesglatt. Treppabwärts stolpernd landete ich unsanft auf dem Bauch. Frau Doktor freute sich diebisch.

Küsschen, Küsschen, Küsschen.

Weihnachtsrezepte aus aller Welt

HEUTE: Chile, Tschechien, Schweiz, USA, Russland

Dieses Jahr soll alles anders werden (nächstes sowieso, aber so weit sind wir ja noch nicht) und deswegen haben Sie beschlossen, Ihre Lieben mit einem ganz außergewöhnlichen Menü zu erschrecken. Überraschen, meinte ich. Damit es Ihnen auch gelingt, die in den folgenden Rezepten verlangten Handlungsabfolgen einigermaßen zuverlässig abzuarbeiten, empfiehlt es sich, Stimmung und Kreislauf ein wenig in Schwung zu bringen.

Beginnen wir also mit *dem* chilenischen Weihnachtsgetränk *número uno:*

Affenschwanz – Cola de mono

Da es für Zubereitung und Genuss dieses chilenischen Nationalgetränks völlig unerheblich ist, woher sich der Name rekrutiert, belassen wir es dabei und konzentrieren uns aufs Wesentliche:

Den Alkohol. Sie brauchen immerhin **einen halben Liter** davon. Mehr ist natürlich auch völlig in Ordnung. **Weißer Rum oder Wodka,** je nach Vorliebe. Und nein: Prosecco geht ausnahmsweise nicht.

Außerdem sollten Sie **anderthalb Liter Milch, eine Tasse sehr starken Kaffee, zwei Gewürznelken, eine Zimtstange, eine Vanilleschote, Zucker nach persönlicher Vorliebe** und **eine Prise Muskat** auftreiben. Gewürze rein in die Milch, kurz aufkochen, etwas abkühlen lassen, Kaffee dazu, umrühren, dann den Alkohol rein und die Gewürze abseihen. Mit Muskat abschmecken. Warm oder mit Eiswürfeln servieren.

Und da wir wohlweislich eine enorme Menge dieses gesunden Muntermachers hergestellt haben, sollten Sie die ersten drei, vier Gläser ohne schlechtes Gewissen gleich hier und jetzt im Stehen hinunterkippen.

Denn vor dem Hauptgang steht ein Mord und so was gelingt in der Regel für alle Beteiligten besser mit Promille im Blut.

Einmal tief durchatmen.

Gut ...

Werfen Sie jetzt einen Blick vor Ihre Haustür oder auf die Terrasse, je nachdem, welchen Ablageort Sie FFfH (Fresh Fish from Heaven) im Falle ihrer Nichtanwesenheit für die Auslieferung Ihrer Bestellung angegeben haben. Denn Sie können mir erzählen, was Sie wollen, diese kleinen, süßen Minidrohnen sind schon ganz schön nützlich. Sie haben Ihnen völlig unkompliziert geliefert, was da nun blubberselig und flossenschlagend in einer sumpfgrünen Plastikwanne vor sich hindümpelt. Ein waschechter Riesenkarpfen.

Denn was ein traditioneller
Tschechischer Karpfen-Blau
werden will, darf vor der Zubereitung noch nicht allzu lange tot sein.

Dafür sind also Sie zuständig.

Aber keine Sorge, das Ganze ist herzlich einfach: Sie fischen das Tier aus dem Becken und legen es auf Ihren Küchentisch. Dann töten Sie es.

Fertig.

Gut gemacht, das war doch gar nicht so schwer.

Was?

Sie haben sich nicht mal getraut, ins Wasser zu greifen? Oh nein, kommen Sie mir jetzt nicht mit der Idee, die Sache mit einem Fön zu erledigen. So was geht leicht schief und die peinliche Schlagzeile in der *BILD*-Zeitung haben Sie wirklich nicht verdient.

Okay, wir machen es zusammen, ganz langsam ... Damit der Karpfen bei der Zubereitung die erstrebte gruselblaue Farbe annimmt, ist es nämlich wichtig, dass seine Schleimschicht nicht zu sehr berührt wird, da sie sehr empfindlich ist. Sie sollten also kurz und beherzt zugreifen, nicht wieder loslassen und den Fisch dann zum Ersticken auf den Küchentisch platzieren. Den haben Sie vorher mit Zeitungspapier ausgelegt, damit Ihnen der Karpfen beim Fluchtversuch nicht durch die Küche glitscht. Möglich ist natürlich auch eine barmherzige Exekution mit einem scharfen Küchenmesser, waidgerecht geht dem ein kräftiger Betäubungsschlag auf den Kopf voraus. Wenn Sie keinen Hammer besitzen, nehmen Sie ein Lexikon oder behelfen Sie sich mit einem schweren Haushaltsgerät wie beispielsweise dem Waffeleisen.

Nehmen Sie den Fisch anschließend sofort aus, damit Sie auch sicher sein können, dass er wirklich tot ist, und Sie den ekligsten Teil des Weihnachtskochens hinter sich haben. Die schleimigen Gedärme verbuddeln Sie im Garten unter einem Baum, das soll Reichtum im nächsten Jahr bringen und vor Hexen schützen (möglicherweise verwechsle ich das aber auch mit der Tradition, die Nabelschnur zu vergraben, aber einen Versuch ist es allemal wert).

Achtung: Schuppen Sie den armen Kerl bloß nicht ab, sonst war die ganze Mühe umsonst und Sie hätten auch einfach eine Packung Fischstäbchen aus dem Gefrierschrank nehmen können. Vielleicht trinken Sie an dieser Stelle noch ein kleines Schlückchen Affenschwanz. Oder warten Sie, besser den Wodka doch pur? Gute Idee, dann haben wir gleich noch Russland mit im Boot und blau kriegt man den Karpfen bestimmt noch besser hin (kleines Wortspiel, sorry).

Russischer Weihnachtspunsch

Man nehme **1 Flasche Wodka, 1 Glas, 1 Handvoll Schnee.**

Nachdem Sie also den ganzen Glibberschmonz aus dem Fisch herausgeholt haben, muss er innen **gesalzen** und **gepfeffert** werden. Nun stülpen Sie die wabbelige Fischhülle über eine umgedrehte Tasse und setzen das aparte Gebilde auf das Bratenblech. Kochen Sie ¼ **Liter Essig** auf (dabei tragen Sie am besten eine Taucherbrille gegen die ätzenden Dämpfe) und übergießen Sie damit den Karpfen. Er sollte durch diese Prozedur nun eifrig seine Farbe wechseln und das gewünschte Blau annehmen. Nun kippen Sie **1 Liter kochendes Salzwasser** dazu und entledigen sich des fischigen Grauens für 45 Minuten bei 125 Grad in den Ofen.

Jetzt loben Sie sich bitte für Ihre Heldentat, nehmen die Taucherbrille ab und nippen noch mal am Affenschwanz – und bereiten Kartoffelsalat, Pellkartoffeln oder Salzkartoffeln zu. Sie können aber auch einfach eine Tüte Kartoffelchips aufmachen. Hauptsache Kartoffeln, die vertreiben die leichte Übelkeit, mit der Sie gerade zu kämpfen haben, und machen Ihre Gäste satt, sollte der tschechische Weihnachtsschmaus wider Erwarten nicht auf allzu großen Heißhunger stoßen.

Wenn Sie sich entspannt genug fühlen, können Sie die Zubereitung des schweizerischen Beitrags in Angriff nehmen. Wir backen zusammen die härtesten **Weihnachtskräpfli**, die Sie je zwischen die Zähne bekommen haben, um so einen kautechnisch gesunden Ausgleich zum Seniorenteller von eben zu gewährleisten. Und Sie werden sehen, geschmackstechnisch sind sie Spitzenklasse!

Für die
Basler Leckerli
kippen Sie **300 Gramm Honig, 200 Gramm braunen Zucker** und **120 Gramm Butter** in ein Döpfli und erhitzen das so lange, bis sich der Zucker aufgelöst hat. Während die Masse abkühlt, mischen Sie **400 Grämmli Mehleli, 3 Teelöffeli Backpülverli** und **3 Esslöffeli Spekulatiusgewürzeli** (schon gut, lassen wir das) mit **150 Gramm gehackten Walnusskernen** und **150 Gramm gehacktem Backobst.** Zack, Honigmasse dazu, plus **4 Esslöffel Kirschwasser** (3 für die Leckerlis, einen für Mutti) und **5 Esslöffel Orangensaft.** Knethaken rein → durchrühren → Teig aufs Backpapier streifen. Herrgott noch mal, ist das ein Geklebe! Tauchen Sie das Messer (*nicht* dasjenige, welches Sie eben zur Ermordung des Karpfens verwendet haben – ach Gott, der Karpfen, ja, werfen Sie mal einen Blick in den Ofen ...), tauchen Sie das Messer also in Wasser, dann geht das Glattstreichen besser. Gut, weiter, ab in den Ofen mit der Pampe (am besten in den der Nachbarin, denn in Ihrem sauniert ja der Karpfen in seinem Essig-Wasserbad), 15 Minuten bei 150 Grad. Ein paar

Löffel Puderzucker mit Kirschwasser und Orangensaft glatt rühren und den heißen Teig damit bestreichen. Nach dem Abkühlen in Rauten schneiden. Ja-haaa, das ist eine Herausforderung mit zwei Promille, aber Sie können ruhig auch Quadrate wählen oder einfach kreuz und quer durch den Teig säbeln, merkt eh keiner. Kurz nach dem Abkühlen nehmen die Leckerli bereits ihre angenehm stahlharte Konsistenz an, gegen die Sie nur mit zehnjährigem Aufbewahren in einer Plätzchenbox mit beigelegtem halbem Apfel ankommen.

Hauptsache jedoch, Sie haben noch Energie für den Absacker made in USA, denn so ein Klötenflipp, Verzeihung,

Eggnog

muss wirklich noch sein. Wie soll man denn auch sonst das ganze Zeug verdauen, das Sie Ihren Gästen so liebevoll kredenzen werden?

Zunächst einmal brauchen Sie **12 Eigelbe.** Bewahren Sie das Eiweiß sicherheitshalber im Kühlschrank auf, vielleicht kommen Sie ja im Laufe der nächsten Tage auf die Idee, Christbaumschmuck aus Eischnee herzustellen, auch wenn Weihnachten dann längst Schnee von gestern ist. Schlagen Sie die Eigelbe schaumig und geben Sie nach und nach **500 Gramm Zucker** dazu, bis die Masse dick geworden ist. Fügen Sie ¼ **Liter Milch** hinzu und hurra, wer hätte das gedacht, **1**(!) **Flasche**(!) **Rum.** Jamm.

Nach drei Stunden im Kühlschrank heben Sie die steif geschlagene **Sahne** (¼ **Liter**) unter und servieren diese perverse Zuckerbombe mit einer **Prise Muskat.** Dieses Rezept ist für 24 Gläser konzipiert, Sie können also, nein, Sie müssen sogar, also wir beide, sicherheitshalber kräftig probieren. Pröschtli!

Klingeling! Die Gäste sind da!!!
God Jul!

Gesundheitsinformation: In diesem leichten, quasi veganen und Weight-Watchers-erprobten Slimline-Weihnachtsmenü verstecken sich (obwohl sie das nach dem Küchengrundgesetz nicht bräuchten – Artikel 3, Absatz 1: Alle Zutaten sind in dem Gericht gleich) roundabout 1 Kilo raffinierter Zucker, 1 ½ Liter hochprozentiger Alkohol, 12 unglückliche Eier, 5 Tüten biologische Kesselchips aus englischer Manufaktur (wow, nobel!), glutenhaltiges Weißmehl, pasteurisierte und homogenisierte H-Milch, Schlagsahne mit einem Mindestfettanteil von 30 Prozent, selbst gesammelte Garten-Walnüsse und jede Menge gesunde Omega-3-Fettsäuren in wertvollem, heimischem Fisch aus vietnamesischer Aquakultur.

Afiyet olsun! (Das ist Türkisch und heißt guten Appetit!)

KAPITEL 4
Abenteuergeschichten

Weihnachten – das Fest der Sehnsucht

Wie schön könnte Weihnachten werden, wenn das Fest der Liebe so ablaufen würde, wie wir es uns vorgenommen haben.

Mit Besinnlichkeit. Die Kerzen brennen am Weihnachtsbaum. Der Duft von Zimt und Anis erfüllt alle Räume. Der Entenbraten thront majestätisch in der Backröhre. Die Kinder schwingen bereitwillig die Geschirrhandtücher. Oma liest aus der Weihnachtsgeschichte von Charles Dickens vor und wippt dazu im Schaukelstuhl. Papa blickt zufrieden in den verschneiten Garten. Dicke Schneeflocken fallen vom Himmel. Harmonie liegt in der Luft. Zur Ruhe kommen ... Opa ist eingenickt und sieht ganz glücklich aus.

Ja, es könnte alles so schön sein ...

19

Weihnachtswahnsinn

Alle Jahre wieder das gleiche Bild. Kaum kommt man aus den Sommerferien zurück, räumt der Einzelhandel Würstchen, Grillkohle und Sangriakanister aus und dafür Christstollen, Lametta und Adventskalender ein. Dabei spielt es überhaupt keine Rolle, ob es draußen noch dreißig Grad hat und man in Flipflops durch die Gänge mit Lebkuchen und Spekulatius schlappt. Weihnachtszeit ist dann, wenn es von der Wirtschaft verordnet wird.

Aber nicht mit uns.

Schon im September hatten meine bessere Hälfte und ich beschlossen, uns dieses Jahr dem Wahnsinn zu entziehen und Weihnachten komplett abzusagen. Warum auch nicht? Die Kinder waren längst groß und feierten, wenn man das überhaupt so nennen mag, Weihnachten eh lieber mit Freunden auf irgendeiner hippen Party mit Cocktails und Beats, bei denen das Christkind aus der Krippe purzeln würde. Außerdem, wenn man mal ehrlich war, bereitete Weihnachten doch nichts als Stress. Erst musste man mit viel Mühe aus seinen Lieben herauskitzeln, was sie sich wünschten. Als die Kinder klein waren, war das leicht: ein Pony, ein Formel-1-Auto, ein echtes Laserschwert, damit konnte ich was anfangen, damit ließ sich arbeiten, aber heute? Heutzutage erfüllten sich die Kinder ihre Wünsche selbst oder sie wünschten sich das nötige Geld dafür. Und Geld schenken? Das sollte stimmungsvoll sein? Und dann die vielen Termine. Kein Verein, keine Firma, die nicht auf den letzten Metern noch ganz schnell eine Weihnachtsfeier, am besten noch mit

Wichteln, in den eh schon engen Terminkalender quetschen wollte. Wenn dann die Werbung kurz vor Ultimo mit einem drohenden Unterton fragte, ob man denn auch an alles gedacht hätte – gern mit dem entsprechenden Logo einer Parfümerie, eines Juweliers oder Konfektherstellers versehen –, war für mich der Ofen aus. Also dieses Jahr kein Baum, keine Geschenke, keine Gans und erst recht kein *Last Christmas*, das einem schon vor dem ersten Advent den letzten Nerv raubte. Weihnachten, so unser Plan, sollte ganz entspannt vor der Glotze stattfinden.

Was für eine glorreiche Idee wir da hatten! Noch nie erlebten mein Mann und ich eine besinnlichere Vorweihnachtszeit! Während unsere Freunde und Verwandten durch die Geschäfte hetzten, Geschenke für die Lieben besorgten,  Rezepte für das Weihnachtsmenü planten und verwarfen, Plätzchen buken und die Wohnung auf Hochglanz schrubbten und dekorierten, lehnten wir uns entspannt zurück. Klar gab es hier und da erstaunte, teilweise sogar entsetzte Gesichter. Weihnachten? Das ist doch das Fest für die Familie! Wie kann man nur so abgebrüht sein und nichts, wirklich gar nichts davon an sich heranlassen? Wir aber waren mit uns und der Welt zufrieden. Ich genoss es, dieses Jahr keinen sperrigen Kranz auf dem Wohnzimmertisch zu haben, der überall seine nervigen Nadeln hinterließ. Das komplette Vorweihnachtsprogramm perlte an uns ab und als ich am Morgen des Heiligen Abends aufwachte, gratulierte ich mir dazu, heute nicht stundenlang in der Küche stehen zu müssen, während mein Mann mit der Dekoration des Tannenbaums kämpfte.

Als sich die Kinder am Abend mit einem halbherzig gemurmelten »Frohe Weihnachten« zu einer Party in einen Club namens Downtown verabschiedeten, war mir kein bisschen wehmütig ums Herz. Kaum dass sie zur Tür raus waren, klatschten mein Mann und ich uns ab, warfen unsere Tiefkühlpizzas in den Ofen, öffneten eine Flasche Wein und machten es uns auf dem Sofa vor dem Fernseher gemütlich.

Geena Davis hatte gerade eine Horde böser Buben mit einem Tanklastzug in die Luft gesprengt, da klingelte das Telefon.

»Frohe Weihnachten, Schwesterherz«, vernahm ich meinen Bruder Paul am anderen Ende der Leitung. »Und, wie läuft's bei euch?«

Ich zog die Füße unter den Po und kuschelte mich in die Sofapolster. »Könnte nicht besser sein«, antwortete ich. »Die Kinder sind unterwegs und wir beiden Alten zappen uns durch die Glotze.«

»Bei uns ist auch alles super«, antwortete Paul. »Lauras Eltern wollten eigentlich kommen, haben sich aber kurzfristig auf die Kanaren verflüchtigt. Was bin ich froh, heute mal ganz entspannt abhängen zu können. Kein Verwandtenbesuch ...«

»Kein Streit, wer die Gans anschneiden darf«, setzte ich die Aufzählung fort.

»Und vor allem kein Dresscode«, ergänzte mein Bruder. »Einfach traumhaft.«

»Ja, traumhaft«, stimmte ich zu und nahm einen großen Schluck Rotwein. Wem machte ich eigentlich etwas vor? Ich hatte mich selten so gelangweilt und Paul schien es ähnlich zu gehen.

»Ist euch auch so öde?«, wollte er seufzend wissen.

Ich warf einen Seitenblick auf meinen Liebsten, der herzhaft gähnte. »Ja, total«, gab ich zu.

Wem machte ich eigentlich etwas vor? Ich hatte mich selten so gelangweilt.

»Wir sind in zehn Minuten mit Tim Burtons *Nightmare Before Christmas* bei euch.«

»Wenn ihr an der Tanke vorbeikommt, bringt was zu knabbern mit.«

Ich legte auf und knuffte meinen Schatz in die Rippen. »Paul und Laura kommen zum DVD-Gucken vorbei«, verkündete ich und sprintete ins Bad, um mich umzuziehen. Bruder hin oder her, im Schlafanzug wollte ich ihm nicht gerade an Heiligabend die Tür öffnen.

Eine Viertelstunde später standen Laura und Paul schwer bepackt in unserer Diele.

»Wir hatten noch ein paar Kleinigkeiten im Kühlschrank, die müssen wir ja nicht umkommen lassen«, erklärte Laura und steuerte mit einem Korb voller Tupperdosen die Küche an.

Kleinigkeiten war milde untertrieben, denn während mein Mann Weinnachschub aus dem Keller holte, förderten Paul und Laura eine Packung Serrano-Schinken, gefüllte Weinblätter, Krabbensalat und ein Tablett Lachsröllchen zutage. Ich fand in den Tiefen meines Gefrierschranks noch ein Ciabattabrot vom letzten Grillabend und packte es in den Backofen.

Beschwingt stießen wir vor dem reich gedeckten Couchtisch an und schalteten den DVD-Player ein. Kaum flimmerte Jack Skellingtons Entführung des Weihnachtsmanns über den Bildschirm, da klingelte es an der Haustür. Ich öffnete und blickte in die Gesichter unserer Nachbarn Gerda und Harald.

»Ich weiß, ihr habt gesagt, dass ihr dieses Jahr nicht feiern wollt«, begann Gerda.

»Aber dann haben wir gesehen, dass ihr Besuch bekommen habt, und da wollten wir die Gelegenheit nutzen, euch doch noch ein frohes Fest zu wünschen«, erklärte Harald und drückte mir feierlich einen Blumentopf mit einem Weihnachtsstern in die Hand. »Also dann, frohe Weihnachten.«

Ich war so perplex, dass ich im ersten Moment gar nichts sagen konnte. Gerda und Harald schenkten uns jedes Jahr einen Weihnachtsstern und jedes Jahr bekamen sie von uns eine Flasche ihres Lieblingsglühweins. Und nun stand ich mit leeren Händen da.

Unsicher deutete ich über meine Schulter. »Äh, danke. Wollt ihr nicht auf einen Sprung mit reinkommen?«

Gerda und Harald schenkten uns jedes Jahr einen Weihnachtsstern.

Gerda hob abwehrend die Hände. »Wir wollen wirklich keine Umstände machen.«

»Oder habt ihr schon etwas anderes vor?«, wollte ich wissen.

Harald lächelte wehmütig. »Außer fernsehen nichts. Heiligabend sind wir beide immer für uns. Die Kinder kommen erst morgen mit den Enkeln zu Besuch.«

Der Gedanke, dass meine beiden ältesten Nachbarn schon seit Jahren ganz allein feierten, versetzte mir einen Stich. Noch nie war mir in den Sinn gekommen, die beiden könnten Heilig-abend einsam sein.

»Na, dann aber schnell rein mit euch«, rief ich munter und hielt die Tür auf.

In stummer Übereinkunft schalteten wir Jack Skellington aus und suchten einen Radiosender mit Weihnachtsmusik he-raus. Gerda und Harald quetschten sich aufs Sofa und nahmen ihre Weingläser entgegen.

»Das ist leider der Rest«, erklärte meine bessere Hälfte kleinlaut. »Danach kann ich euch nur noch Sangria vom letzten Sommer anbieten.«

Gerda stieß Harald den Ellbogen in die Rippen. »Sag mal, wir haben doch noch den Rum, den die Kinder dir zum Geburts-tag geschenkt haben. Lauf doch schnell rüber und hol ihn. Und bring das Fondueset mit!«

Ich wusste zwar nicht, was Gerda damit vorhatte, aber eine halbe Stunde später stießen wir mit einer improvisierten Feuer-zangenbowle an. Der Duft von Orangen, Gewürzen, Rum und Wein durchzog das Wohnzimmer und färbte unsere Wangen rot. Wir waren gerade bei der dritten Runde, als es erneut an der Tür läutete.

»Herein, wenn's kein Schneider is'!«, rief Harald munter, der inzwischen auf Betriebstemperatur gekommen war.

Grinsend ging ich zur Tür und öffnete.

»Sorry, Anke, für die Störung«, presste Richard von gegen-über hervor und trat von einem Fuß auf den anderen. »Ich weiß, es ist Weihnachten, aber könntet ihr mir vielleicht Starthilfe geben? Wir wollten meine Schwiegereltern gerade nach Hause fahren, aber der Wagen springt nicht an.«

Ich reckte den Hals und entdeckte Claudia nebst ihren Eltern, die mir aus dem Auto zuwinkten.

»Kein Problem«, antwortete ich und hielt die Tür auf. »Kommt erst mal rein, dann sehen wir, was sich machen lässt.«

Das *kein Problem* nahm ich nach einer halben Stunde zurück, nachdem sich herausgestellt hatte, dass ein Starthilfekabel eins der vielen Dinge war, die man a) entweder gar nicht besaß (wie wir und unsere lieben Nachbarn) oder b) zwar besaß, aber schlauerweise zu Hause im Werkzeugschrank verwahrte (wie mein Bruder). Nachdem wir das Auto gefühlte zehn Kilometer erfolglos die Straße rauf und runter geschoben hatten, mussten wir uns eingestehen, dass dieser Wagen zumindest heute niemanden mehr irgendwohin fahren würde. Außer Richard war keiner mehr nüchtern, aber da er das Angebot ablehnte, unser Auto zu benutzen, blieb nur noch das Taxi. Und wie lange man an Weihnachten auf ein Taxi warten musste, traute sich keiner von uns laut auszusprechen.

Und wie lange man an Weihnachten auf ein Taxi warten musste, traute sich keiner von uns laut auszusprechen.

»Bleibt doch solange bei uns, warten könnt ihr hier genauso gut«, schlug mein Mann vor, worauf Claudia kurz nach Hause flitzte und unsere zur Neige gehenden Vorräte mit ein paar Flaschen Eierlikör, Prosecco, einem kalten Braten nebst Nudelsalat und einer Schüssel Schokoladenpudding auffrischte.

Gegen Mitternacht schoben wir unser improvisiertes Büfett in die Küche, um Platz zum Tanzen zu haben. *Jingle Bells* und

O Tannenbaum hatten längst ausgedient, stattdessen fragten Maite Kelly und Roland Kaiser einander schmachtend, warum sie nicht Nein gesagt hätten. Das Taxi, das gegen halb eins vor der Tür stand, schickten wir kurzerhand wieder weg. Claudias Eltern hatten inzwischen an der Idee, auf Gästebetten im Wohnzimmer ihrer Tochter zu übernachten, Gefallen gefunden.

»Is' doch wie im Ferienlager«, kicherte die Mutter und gönnte sich einen Nachschlag vom Nudelsalat.

Um eins tranken wir alle Brüderschaft und versicherten uns, dass so ein Tag, so wunderschön wie heute, nie vergehen dürfte. Es stellte sich heraus, dass Claudias Vater und die Schwester von Gerda in die gleiche Grundschulklasse gegangen waren. Eine Tatsache, die sogleich mit Eierpunsch begossen werden musste. Die Welt wurde mit steigendem Alkoholpegel zum Dorf, plötzlich fanden sich immer mehr Querverbindungen von Vettern, deren Ehefrauen mit dem Schwager einer Tante mütterlicherseits, Cousinen, die mit dem Bruder der Freundin der Mutter ihres Onkels oder sonst wem zur Schule gegangen, verheiratet oder anderweitig verbandelt waren.

Irgendwann fanden Laura und Richard heraus, dass sie beide Kinofans waren, und stellten vor grölendem Publikum ihre Lieblingsszenen aus *Pulp Fiction*, *Rocky* und *Titanic* nach. Zuletzt gaben sie eine äußerst gekonnte Imitation der Cafészene aus *Harry und Sally* zum Besten. Lauras Teil der Darbietung war gerade auf seinem sprichwörtlichen Höhepunkt angekommen, als plötzlich ziemlich verdattert unsere Kinder Lars und Svenja im Wohnzimmer standen.

»Tante Laura, alles in Ordnung mit dir?«, fragte Lars mit hochrotem Kopf.

»Das ist nicht das, wonach es aussieht!«, sprang ich mit ausgebreiteten Armen vor meine Schwägerin.

»Oder wonach es sich angehört hat«, stammelte Paul.

»Fröhliche Weinachten!«, rief Richard und prostete mit überschwappendem Punschbecher den Kindern zu. Im Hintergrund sang Helene Fischer tapfer ihr *Atemlos durch die Nacht* in die erschrockene Stille.

»Was macht ihr überhaupt schon hier?«, warf mein Mann all seine verbliebene väterliche Autorität nach vorn. »Wolltet ihr nicht ins Downtown und mit euren Freunden Weihnachten feiern?«

Im Hintergrund sang Helene Fischer tapfer ihr Atemlos durch die Nacht in die erschrockene Stille.

Lars nickte, noch immer halb entsetzt, halb fasziniert von der Szene, die sich ihnen bot. »Eigentlich ja«, fand er seine Sprache wieder. »Aber da war es total öde und kein bisschen weihnachtlich. Und da haben wir gedacht, dass wir lieber ganz gemütlich bei euch abhängen, und sind gegangen.«

Auf Svenjas Gesicht machte sich ein Grinsen breit. »Da hatten wir ja noch keine Ahnung, was hier für ein Weihnachtswahnsinn tobt.«

Zu Hause ist manchmal dort, wo wir es nicht erwarten

Die Nacht rauschte wie ein Kerzenschein im Wind an mir vorbei. Das Licht flackerte gegen jeden der Pfeiler, an denen der Zug in Höchstgeschwindigkeit vorbeiraste. Obwohl es bereits dämmrig war und der Abend nahte, schien noch immer die halbe Welt quer durch Deutschland zu reisen. Sie alle wollten heute, an Heiligabend, zu ihren Familien, ihren Geliebten, ihren Freunden. Überall standen vollgestopfte Reisetaschen, aus denen in knisterndes Papier eingepackte Geschenke herauslugten.

Ich hätte mich schon vor drei Tagen aus dem Staub machen sollen, als noch nicht aus jedem Radio schnulzige Weihnachtslieder klangen, dachte ich genervt. Aber ich hatte mich im allerletzten Augenblick dafür entschieden, einfach mit der Tradition zu brechen, jedes Jahr aufs Neue mit meiner ungeliebten, zerstrittenen Familie zusammensitzen und gute Miene zum bösen Spiel machen zu müssen. Dieses Jahr würde ich zum Flughafen fahren und in den nächsten Flieger steigen, der mich irgendwohin brachte: nur fort von der Heimat und dem Trubel und hin zu Sonne und Meer, wo es weder Mistelzweige noch Zimtsterne gab.

Nur fort von der Heimat und dem Trubel und hin zu Sonne und Meer, wo es weder Mistelzweige noch Zimtsterne gab.

Der Zug bremste und blieb stehen und doch spürte ich die ruckartigen Bewegungen kaum. Ich sah nur das Strömen der Menschen, die in die Waggons drängten oder sie wieder fluchtartig verließen, weil sie der Heimat nun ganz nahe waren.

Bald bemerkte ich ein Mädchen auf einem Zweiersitz. Es war vielleicht zehn oder elf Jahre alt und trug eine alte, abgewetzte Jacke in einem pinkfarbenen Farbton, der meine Augen schmerzen ließ. Das Mädchen erschien mir definitiv zu jung, um ohne Begleitung durch die Großstadt zu reisen, vor allem an Heiligabend.

Ich zwang mich, den Blick abzuwenden und aus dem Fenster zu starren. Es war klirrend kalt. Feine Flocken rieselten von dem mit dichten Wolken verhangenen Himmel herab, als wollten sie das Land pünktlich zum Heiligen Abend unter einem zarten Schneemantel begraben.

Der Zug verlangsamte sein Tempo erneut, um gemächlich in den nächsten Bahnhof im Zentrum der Stadt einzurollen. Das Mädchen mit dem pinkfarbenen Anorak zerrte seinen Rucksack vom Boden hoch und sprang auf die Füße. Ich runzelte die Stirn, denn immer noch gesellte sich niemand zu dem Kind. Es konnte doch unmöglich allein unterwegs sein? Inzwischen hatte es sich auf den Gang durchgekämpft. Dabei hielt es seinen offenbar prall gefüllten Rucksack mit beiden Armen fest umklammert, als dürfte es ihn auf gar keinen Fall verlieren. In der linken Hand hielt das Mädchen ein zusammengeknülltes Stück Papier, vielleicht einen Brief.

Als sich die Schiebetüren des Zuges öffneten, wurde das Mädchen unsanft nach vorn geschoben und das ärgerte mich. Aus irgendeinem, mir völlig fremden Impuls heraus griff ich nach der Reisetasche, die auf dem Sitz neben mir lag, und sprang auf, um mich in die nach draußen drängende Passantenschlange einzureihen. Zügig schob sich der Pulk zum Eingang und verteilte sich draußen auf dem Bahnsteig.

Ich entdeckte sie einige Meter von mir entfernt wieder. Sie folgte dem Strom und bewegte sich auf eine Unterführung zu, die zum nächstgelegenen Einkaufszentrum führte. Ich folgte ihr, wobei ich einige Menschen überholte, um mich ihr nähern zu können. Ich wollte sie nach ihrem Ziel fragen und nach dem Grund, warum sie ganz allein durch die Stadt streunte.

Wir liefen durch die Unterführung, während ich mühsam zu ihr aufschloss, und fuhren dann eine Rolltreppe hinab, die direkt in die unterste Etage des Einkaufszentrums führte.

Ich musste ein genervtes Seufzen unterdrücken, als ich durch die verglaste Eingangstür trat. Alles in diesem Einkaufszentrum strahlte das aus, wovor ich eigentlich hatte fliehen wollen: Hektik, der Geruch von Punsch und Tee und überall standen kitschig geschmückte Tannenbäume. Von den Decken hingen Weihnachtskugeln, Lametta und Mistelzweige. Von irgendwoher ertönten die klassischen Klänge von Weihnachtsliedern, die man schon von Kindesbeinen an kannte.

In der Eingangshalle blieb das Mädchen plötzlich wie angewurzelt stehen. Dabei wurde sie nun unsanft von einer

Von irgendwoher ertönten die klassischen Klänge von Weihnachtsliedern, die man schon von Kindesbeinen an kannte.

herannahenden Gruppe Teenager aus dem Weg geschubst. Der

Rucksack fiel zu Boden und der Reißverschluss, der ohnehin nicht ganz verschlossen gewesen war, öffnete sich beim Aufprall auf den Marmorplatten. Sein Inhalt verteilte sich auf dem glatten Boden.

Ich trat neben sie. »Kann ich dir helfen?«, fragte ich.

Das Mädchen hob den Kopf und musterte mich skeptisch. Es hatte langes, zu einem raschen Zopf geflochtenes Haar.

»Das wäre nett«, sagte sie dann und griff bereits nach den am nächsten liegenden Gegenständen. Verstohlen ließ ich den Blick über das Verteilte wandern: Süßigkeiten, ein paar handgroße Stofftiere, zwei Äpfel, drei kleine Plastikflaschen Saft, eine Zahnbürste ... sogar eine Decke war in den Rucksack gestopft worden, bemerkte ich, als das Mädchen den Reißverschluss vollständig aufzog, um die verlorenen Dinge zurückstopfen zu können.

»Hattest du vor, zum Nordpol zu reisen?«, murmelte ich scherzhaft.

»Zum Nordpol?«, wiederholte sie und neigte fragend den Kopf.

»Na, dort, wo der Weihnachtsmann wohnt«, erwiderte ich und lachte.

Nach einigen Sekunden stimmte das Mädchen zaghaft in mein Lachen ein.

»Ich bin Lisa«, sagte ich. »Und du?«

Wieder zögerte sie. »Eni«, antwortete sie.

»Und was machst du hier, Eni?«, fragte ich betont leichthin. »Fehlen dir noch Weihnachtsgeschenke?«

Die Hand des Mädchens wanderte unwillkürlich in ihre Jackentasche. Ich hörte das Knistern von Papier. Eni schüttelte

den Kopf. »Ich muss einen Brief abgeben.« Sie zerrte am Reißverschluss ihres Rucksacks und stand dann auf. Ich tat es ihr
gleich.

»Einen Brief?«, fragte ich verwundert. »Soll ich dir helfen,
einen Briefkasten zu finden?«

Eni schüttelte heftig den Kopf. »Nicht an einem Briefkasten.
Beim Weihnachtsmann.« Sie reckte entschlossen die Schultern
nach vorn und deutete mit der Hand in den rechten Gang, wo der
Weihnachtsmann sich wohl befinden musste. »Kommst du mit?«,
fragte sie und ich nickte langsam. Ich wollte das Kind nicht allein
lassen, nicht in dieser Menschenmenge. Wir würden diesen Brief
abgeben und danach würde ich sie nach Hause bringen.

Und dann wartete endlich der Flieger in die Sonne, die heilen würde, dass ich in meinem Leben noch nicht ein einziges
schönes Weihnachten gefeiert hatte.

Eni starrte mich
einen Augenblick
lang nachdenklich **Und dann wartete endlich
der Flieger in die Sonne,**
an, bevor sie nach **die heilen würde, dass**
meiner Hand griff **ich in meinem Leben**
und mich mit sich **noch nicht ein einziges**
zog. Etwas verblüfft **schönes Weihnachten**
ließ ich sie gewähren **gefeiert hatte.**
und folgte ihr durch
das Einkaufszentrum. Menschen strömten von allen Seiten in
das warme Innere, stöberten durch die Geschäfte und kamen
mit Paketen in glitzernden Farben wieder heraus.

Während ich neben Eni durch den Gang lief, wurde ich ruhi-
ger. Meine Blicke folgten denen des Kindes und ich erinnerte

mich daran, dass ich all das hier früher auch mit anderen Augen gesehen hatte. Alles war mir hell und erleuchtet und aufregend erschienen, der Duft in der Luft berauschend, die Atmosphäre ansteckend. Wir steuerten auf den Weihnachtsmann zu. Neben ihm waren stapelweise Geschenke aufgetürmt und vor seinem mächtigen Holzstuhl war ein Schlitten, auf dem zwei kleine Jungen saßen und ihn andächtig musterten. Eni blieb abrupt stehen.

»Was ist los?«, fragte ich. »Willst du nicht hingehen?«

Das Mädchen schüttelte heftig den Kopf. Sie zog das Papier heraus. »Ich traue mich nicht«, wisperte sie.

Ich drückte ihre Hand und ging neben ihr in die Knie. »Na los, nur Mut«, sagte ich und lächelte. »Wenn du jetzt nicht hingehst, bereust du es nachher. Ganz sicher.«

Eni lauschte meinen Worten. Dann entzog sie ihre Hand der meinen und stapfte entschlossen los, den Brief fest umklammert. Ich folgte ihr langsam und mit einigem Abstand.

Doch auch aus der Ferne konnte ich sehen, wie ein Licht in ihrem Gesicht aufging, als der Weihnachtsmann ihren Brief entgegennahm und mit der Hand über die kindlichen Buchstaben strich. Ich konnte nicht hören, worüber sie sprachen, aber das Gesicht des Mannes wurde ernst und ein wenig traurig, ehe er das Mädchen in die Arme schloss und ihr zum Abschied ein kleines Päckchen in die Hand drückte.

Freudestrahlend kam Eni zu mir zurück. »Danke«, rief sie. »Danke, dass du mir Mut gemacht hast!«

Ich lächelte. »Das habe ich gern getan. Und jetzt bringen wir dich heim? Deine Eltern machen sich bestimmt schon Gedanken, wo du abgeblieben bist.«

Eni nickte überglücklich. »Ja«, antwortete sie. »*Jetzt* können wir nach Hause gehen.«

Dieses Mal verschränkten sich ihre Finger ganz selbstverständlich mit meinen und sie ließ sie nicht mehr los, bis wir die Station erreicht hatten.

Bald standen wir vor Enis Zuhause und ich war überrascht, wie schön es von außen war. In den Fenstern schimmerten Lichter und Kerzen und verbreiteten einen warmen Schein. Ich sah Schatten hin- und herhuschen, die davon zeugten, dass eine Großfamilie anwesend sein musste. Eine in Aufruhr versetzte Großfamilie.

»Du wirst bestimmt schon sehnsüchtig erwartet«, murmelte ich vorsichtig, als ich Enis nun doch etwas ängstlichen Blick zur Haustür bemerkte.

»Sie sind bestimmt sauer, weil ich abgehauen bin«, sagte sie leise und drückte meine Hand so fest, dass es ein bisschen wehtat.

»Das glaube ich nicht«, entgegnete ich. »Sie werden froh sein, dass du gesund und munter bist.«

»Gesund und munter«, wiederholte Eni und sie klang dabei traurig und glücklich zugleich. Zusammen legten wir die letzten Schritte zur Haustür zurück  **»Sie werden froh sein, dass du gesund und munter bist.«** und Eni streckte die Hand aus, um die Klingel zu betätigen.

Keine drei Sekunden später wurde die Tür aufgerissen und Menschen nahmen das Kind in ihre Arme; erleichterte, glückliche, weinende Menschen. Eltern, Großeltern, Tanten, Onkel. Ich hörte jemanden telefonieren, dass das verlorene Kind wiedergefunden worden war. Und dieser traurige Teil in mir wünschte sich, auch einmal so begrüßt zu werden.

Irgendwann versiegten die Freudentränen und Enis Eltern wandten sich zu mir. Das Mädchen erklärte ihnen gerade, wie wir aufeinandergetroffen waren und dass ich sie zum Weihnachtsmann begleitet hatte. Ihre Mutter zog mich am Ärmel in die Wohnung, ohne auf meinen leisen Protest zu achten. Ich wollte das Mädchen doch nur sicher und wohlbehalten abgeben.

»Na los, kommen Sie doch mit rein, bitte!«, rief sie aus, nachdem sie mich so fest umarmt hatte, dass ich kaum noch Luft bekam.

»Hören Sie am besten auf meine Frau«, sagte Enis Vater und rückte seine Brille zurecht. »Das ist das Mindeste, was wir tun können. Immerhin haben Sie unser Kind nach Hause gebracht.«

Der Rest der Familie hatte sich um Eni geschart. Die Erleichterung lag beinahe greifbar in der Luft. So greifbar wie der hell erleuchtete Weihnachtsbaum, unter dem sich etliche Geschenke häuften.

Enis Mutter trat neben mich und legte mir eine Hand auf die Schulter. »Bleiben Sie zum Essen«, bat sie.

»Das ist nicht nötig«, setzte ich an, doch Eni unterbrach mich.

»O ja, bitte!«, rief sie begeistert und der Rest der Familie nickte zustimmend.

Ich wusste nicht, wie ich ablehnen konnte, ohne dabei unhöflich zu klingen. Daher nickte auch ich und alle sprangen auf, um sich nützlich zu machen, den geräumigen Esstisch zu decken und mit dem Weihnachtsmahl zu beginnen. Eni hüpfte die ganze Zeit zwischen Küche und Wohnzimmer hin und her. Ihr war die wachsende Aufregung anzumerken.

Ich wusste nicht, was ich tun sollte, und wollte irgendwie helfen. Enis Mutter aber drückte mir nur ein Glas Wein in die Hand und sagte, ich solle mich ganz wie zu Hause fühlen.

Unauffällig inspizierte ich das geräumige, gemütliche Wohnzimmer. Auf der Schrankwand aus hellem Holz war eine schier endlose Reihe an gerahmten Fotos aufgestellt. Einige der Gesichter erkannte ich, denn sie befanden sich im selben Raum. Ich sah Eni und ihre Eltern, sah sie im Garten, in der Sonne am Meer. Und immer wieder war da dieses andere Mädchen, vier oder fünf Jahre alt. Dieses Kind hatte ich hier nicht gesehen, dabei schien es zum engsten Kreis zu gehören, denn auf jedem Bild war es der Mittelpunkt.

»Das ist meine Schwester«, erklärte Eni leise neben mir.

»Deine Schwester?«, fragte ich überrascht.

Eni nickte langsam, während sie mit den Fingerspitzen über ein Foto strich, das sie mit ihrer Schwester zeigte. »Ja. Aber sie ist nicht mehr bei uns.« Ihre Miene wurde traurig.

Plötzlich erinnerte ich mich an den Brief, den Eni dem Weihnachtsmann unbedingt hatte überreichen wollen. Ich dachte an die ungelenken Buchstaben. Mir wurde heiß und kalt zugleich und ein Kloß, der mich beinahe am Sprechen gehindert hätte, setzte sich in meinem Hals fest.

»Was ist mit ihr geschehen?«, fragte ich halb erstickt.

»Leukämie«, antwortete Eni und sie klang dabei so erwachsen, dass ich kaum glauben konnte, wie mutig sie dieses Wort aussprach. Denn es konnte noch nicht sehr lange her sein, auf dem Foto war sie nur unmerklich jünger als jetzt.

»Das tut mir leid«, sagte ich fast lautlos. »Und was ... hast du dir vom Weihnachtsmann gewünscht?«

Eni lächelte, als sie zu mir aufsah. »Erst wollte ich mir meine Schwester zurückwünschen«, sagte sie langsam. Im Hintergrund klapperten Töpfe und wir hörten lautes Gelächter, in dem ich nun auch Trauer wahrnahm.

 **»Und was ... hast du dir vom Weihnachtsmann gewünscht?«**

Trauer und Hoffnung und doch ein wenig Vorfreude. »Aber ich wusste, dass selbst der Weihnachtsmann so etwas Unmögliches nicht geschafft hätte. Also musste ich mir etwas anderes wünschen. Ich wusste, dass ich einen Wunsch frei hatte, und ich habe mir wochenlang Gedanken gemacht, aber mir ist keiner eingefallen. Kein einziger. Bis heute ... wo es fast zu spät war. Also musste ich mich doch beeilen, damit der Wunsch noch rechtzeitig zum Weihnachtsmann kommen konnte.«

Ich schluckte und musste blinzeln. Mehrmals. Weil meine Sicht so seltsam trüb war.

»Wünsche darf man nicht verraten«, flüsterte ich.

»Diesen schon«, erwiderte Eni zuversichtlich und strahlte mich an. »Ich habe mir gewünscht, dass er uns etwas anderes schenkt. *Jemand* anderen. Jemanden, den meine Schwester uns schickt, der unsere Familie wieder vollständig macht.«

Schluss jetzt mit weißer Weihnacht!

Kennen Sie das? Wenn Sie vor die Haustür treten und Ihnen plötzlich klar wird, dass Sie scheinbar auf dem falschen Kontinent angekommen sind? Irgendwo in Zentralsibirien statt mitten in Deutschland, wo Sie wohnen? Beim Anblick der dichten Schneedecke auf der Straße fühle ich mich schon ein bisschen so.

Dabei begann alles eher harmlos mit dem Klingeln meines Handys. Trotzdem war es mein Untergang. Zwangsläufig. Auch wenn ich das noch nicht ahnte. Schuldbewusst schaute ich auf den Bildschirm, der so leer war wie mein Kopf. Angesichts meines nahenden Abgabetermins ein absolutes Desaster. Die Stimme meines Doktorvaters hallte durch meinen Kopf. »Über Weihnachten ist's doch ruhig, da kriegt man das doch spielend hin.« Aber der hatte leicht reden, denn ihm fehlten auch keine drei Kapitel. Mir dagegen schon.

Niedergeschlagen wanderte mein Blick auf die To-do-Liste. Denn – und das wird Ihnen jeder Doktorand bestätigen – jede Arbeit, jedes Kapitel und jede Seite beginnt mit einer solchen Liste. Und im Gegensatz zum Bildschirm war die ziemlich voll. Dem Smartphone war das egal. »Ja?«, meldete ich mich ziemlich geistesabwesend.

Am anderen Ende erklang eine glöckchenhelle Stimme. »Hallo Schatz«, zwitscherte sie und verkündete gute Laune pur. »Bist du schon unterwegs?«

»Unterwegs?« Ein Blick auf den großen Wandkalender, der den 24. Dezember anzeigte, rief die Realität in mein Gehirn zurück. Und mit einem Schlag fiel mir wieder ein, dass wir mit meinen Eltern bei meinen Schwiegereltern zum jährlichen Weihnachtsabend eingeladen waren. Meine Frau war deswegen

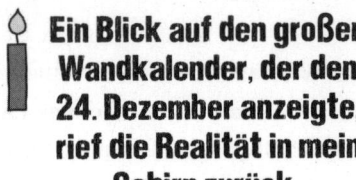

Ein Blick auf den großen Wandkalender, der den 24. Dezember anzeigte, rief die Realität in mein Gehirn zurück.

schon den ganzen Tag dort, um alles vorzubereiten. »Noch nicht«, antwortete ich ehrlich.

Es folgte Enttäuschungsstille.

»Aber ich steige sofort ins Auto«, hörte ich mich sagen und spürte förmlich die Erleichterung am anderen Ende.

Bis ich ihren nächsten Satz vernahm. »Du denkst doch bitte an die Geschenke für meine Geschwister?«

Geschenke? Damit assoziierte ich nur Fragezeichen in meinem Kopf. »Uh, ich, ja«, gab ich von mir und meine Frau wusste sofort, dass ich keine Ahnung hatte, wovon sie da sprach.

»Die Geschenke, die wir in unserer Wohnung versteckt haben«, erinnerte sie mich. Ich sah geradezu die Gesichter meines Schwagers und meiner Schwägerin vor mir. Beide deutlich jünger als meine Frau und noch mindestens hundertmal weihnachtsverrückter.

Da erlebte ich eine Blitzzündung meines Geistes. »Klar!«, antwortete ich.

»Dann ist's ja gut«, kam die Stimme meiner Liebsten durch den Äther und ihre Zweifel schienen sich gelegt zu haben. Nicht aber die in meinem Kopf.

Kawumm, schlug die Erkenntnis erneut ein und hinterließ ein Trümmerfeld. Die für heute geplante Seitenzahl konnte ich wohl vergessen.

»Schatz, bitte beeil dich. Das Wetter gefällt mir gar nicht«, hörte ich die sorgenvolle Stimme meiner Liebsten.

»So ein bisschen Schnee hält mich bestimmt nicht auf. In einer halben Stunde bin ich da und dann wird es ein ganz unvergessliches Weihnachtsfest«, versprach ich und damit endete unser Gespräch.

Jetzt, nur wenige Minuten später, wate ich durch den knöcheltiefen Schnee zu meinem Auto. Mit nassen Socken und frierenden Fingern öffne ich die Tür und packe meine Tasche hinein. Die Tasche, die für mich in diesen Tagen und Wochen die beiden lebensnotwendigsten Dinge enthält, die ich mir nur vorstellen kann. Die Unterlagen für meine Doktorarbeit und mein Notebook. Quasi mein Doktoranden-Survival-Kit. Ich lasse also meinen Motor an und sehe dabei zu, wie die Scheibenwischer verzweifelt gegen die schwere weiße Last ankämpfen. Da piept mein Handy. Auf dem Display erscheint: »Geschenke? ☺«

Ich sende einen Seufzer gen Himmel, dann mache ich mich noch einmal durch den Schnee zurück in unsere Wohnung. Wo ich die bunt verpackten Pakete für meine Schwägerin und meinen Schwager hole. Manchmal bleibt einem auch nichts erspart.

Die ersten Meter schafft mein tapferer Kleinwagen ganz gut. Zugegeben, ich schlittere ein bisschen den Berg hinunter, weil die Reifen nur schwer Halt finden. Ich rudere wie Colt Seavers am Lenkrad, bis sich mein Sechzig-PS-Flitzer stabilisiert. Vor der Windschutzscheibe tanzen unzählige weiße Lichtpunkte vor dem schwarzen Hintergrund der heraufziehenden Nacht. Selbstsicher schalte ich das Radio an. »I'm dreaming of a white Christmas«, haucht da jemand aus den Lautsprechern und ich schalte schnell weiter. Zu einer begeisterten Moderatorin, die uns »Schneeromantik pur« verspricht, »mit einem tausendfachen Glitzern des

Vor der Windschutzscheibe tanzen unzählige weiße Lichtpunkte vor dem schwarzen Hintergrund der heraufziehenden Nacht.

Mondlichts auf der verschneiten Landschaft und einem unverwechselbar kalten Duft«. Die hat gut reden, denke ich. Im warmen Studio kann man solche Töne spucken.

Aus dem Schneetreiben taucht ein Lichterpaar auf. Es steuert direkt auf mich zu. Während die Moderatorin weiterromantisiert, kurble ich am Lenkrad. Das reagiert auch. Dummerweise aber nicht mein Wagen. Der schlittert und gleitet wie eine glühweinbegeisterte Eiskunstläuferin auf die Scheinwerfer zu.

»Nein«, rufe ich noch. Dann schießt das andere Auto haarscharf an mir vorbei. Mein Puls fabriziert eine Art Heavy-Metal-Trommelsolo, als mein treuer Kleinwagen auf der Gegenfahrbahn zum Stehen kommt und mit einem eigenartigen Geräusch ausgeht. »Das war knapp«, ächze ich zu mir selbst.

Während Chris Rea aus den Lautsprechern kommentiert: »I'm driving home for Christmas.« Danke, Chris, genau das habe ich gebraucht.

Ohne nachzudenken, drehe ich den Schlüssel. Aber so richtig springt der Motor nicht an. Er rasselt ein bisschen wie eine erfrorene Kirchenorgel, tut aber nichts. »Nicht schon wieder«, flüstere ich und frage mich, ob es jetzt nicht an der Zeit wäre, mit dem Beten anzufangen. Noch einmal drehe ich den Schlüssel. Mit einem blubbernden Geräusch springt der Wagen an und bringt mir meine Zuversicht zurück. Schnee hin oder her. Jetzt wird Weihnachten gefeiert. Am besten im Schnelldurchlauf – Küsschen links, Küsschen rechts, schnell was essen, Geschenkepapier ritsch, ratsch und zurück an die Arbeit. Dann kann ich's der dummen To-do-Liste noch zeigen und zwar ehe der weißbärtige Rotkittel am Nordpol zur Landung ansetzt. Motiviert kämpfen mein Auto und ich uns durch den Schnee, der aus jeder Richtung zu kommen scheint. Natürlich habe ich Mitleid, als ich die liegen gebliebenen Karren am Straßenrand passiere. Arme Schweine, denke ich mir und steuere souverän meinen Kleinwagen durch das Schneetreiben. Selbst zwei Polizisten, die mit ihrem Fahrzeug schräg stehen, winken mir bewundernd zu. Zumindest meine ich das. Also erwidere ich die Geste freundlich und ziehe rasch an ihnen vorüber. Erst ein paar Meter weiter meine ich erkannt zu haben, dass sich einer der beiden mit der Hand an die Stirn geschlagen hat. Sachen gibt's. Mich beeindruckt das nicht. Auch das Weihnachtsgedudel macht mir nichts mehr aus. Denn es ist nicht mehr weit bis zu meinem Schatz. Dumm nur, dass mein tapferes

Auch das Weihnachtsgedudel macht mir nichts mehr aus. Denn es ist nicht mehr weit bis zu meinem Schatz.

Auto in der Nähe des dunklen Waldes, der mich vom Haus meiner Schwiegereltern trennt, langsam, aber sicher ins Schlingern gerät.

Dabei ist es weniger der Hügel, den ich mich gerade hochkämpfe. Vielleicht noch nicht einmal der Schnee. Sondern die Kombination aus beidem. »Uh«, sage ich noch und egal, wie sehr ich auch aufs Gas gehe, mein Auto bewegt sich zunehmend so, als hätte man den Stecker herausgezogen. Bis es sich irgendwann überhaupt nicht mehr bewegt. »Mist«, sage ich laut vor mich hin. Dann probiere ich es noch einmal. Vergeblich. Genervt sehe ich mich um. Mann, das brauche ich jetzt gar nicht. Geschlagen zücke ich mein Handy, auch wenn ich mir dabei vorkomme wie ein Rettungsschwimmer ohne Seepferdchen. Ein demütigender Anruf beim geländewagenfahrenden Schwiegervater ist zwar extrem schädlich für die männliche Psyche, kann aber in Ausnahmesituationen praktisch sein. Doch auch das kann mal schiefgehen, wenn der Akku leer ist. Ich muss mir irgendwann abgewöhnen, das Ding als MP3-Player zu missbrauchen. Fassungslos blicke ich in die Schneenacht dort draußen. Langsam, aber sicher erreiche ich den Punkt, wo ich das weiße Zeug nicht mehr sehen kann.

»Das hilft alles nichts«, sage ich mir, »ich muss handeln.« Also steige ich aus. Aber nicht ohne meine Arbeit! Ich schnappe mir die Notebooktasche und laufe los. Jemand wie ich, der immerhin ein ganzes Jahr bei der Bundeswehr zugebracht hat, ist ja quasi zu Hause in Wald und Flur. Ein echter Trapper im Heimformat. Schon nach zwanzig oder dreißig Metern kommt mir eine Blitzidee. Ich sehe hinüber zu der schwarzen, breiten Linie, die sich deutlich hinter dem Schneetreiben abzeichnet – der Wald. Ja, wenn ich den direkten Weg zum schwiegerelterlichen Haus nehme, dann bin ich viel schneller da. Denn die Straße ist ja doch eher kurvig und macht einen deutlichen Umweg. »Also wenn der Rambo das kann, dann ist das für mich doch kein Problem«, baue ich mich selbst auf und stapfe los in Richtung Baumgrenze.

Ungefähr zwanzig Minuten später muss ich mir eingestehen, dass ich mich völlig verfranzt habe. Meine Hände sind steif gefroren und zwischen meinen Zehen bilden sich Eisklumpen. Immerhin habe ich endlich die schwarz aufragenden Bäume erreicht. Doch der Waldweg, der ansonsten klar sichtbar da durchführt, ist nicht mehr da. Als wäre er einfach verschluckt worden. Ich fasse mir ein Herz und gehe am Waldrand entlang. Prompt versinke ich in einem Graben voller Schneezeugs und fühle mich wie Leo DiCaprio in *The Revenant*. Tapfer kämpfe ich mich wieder nach oben. Dabei erweist sich meine Tasche als ziemlich hinderlich. Aber ohne meine Doktorarbeit gehe ich nirgendwo hin. Verbissen kraxele ich aus dem Graben. Und siehe da, auf einmal erkenne ich auch den Waldweg zwischen den tanzenden Flocken. Erleichtert schleppe ich mich weiter, auch wenn ich jeden Knochen im Körper spüre. Wie war das noch? Das wird ein ganz unvergessliches Weihnachtsfest. Also in dem Punkt stimmt meine Prophezeiung.

 Das wird ein ganz unvergessliches Weihnachtsfest.

Etwa eine halbe Stunde später bin ich endlich da. Ich sehe nicht wirklich so aus wie sonst, aber nach dem ersten kritischen

Blick werde ich dann doch unter der Schneeschicht erkannt und umarmt. Frau und Schwiegermutter führen mich voller Erleichterung ins Wohnzimmer, wo ich mir erst einmal die steif gefrorenen Sachen ausziehe. Da verschmerzt dann auch die Schwiegermutter, dass ich beim ungelenken Ausziehen meines Pullovers einen ihrer Porzellanteller von der Wand schlage, der dann prompt auf meinem Schädel landet. Aber egal, ich spüre gerade eh nicht viel. Die Herren der Schöpfung lassen sich davon nicht stören und sehen sich weiter *Stalingrad* im Fernsehen an. Selten konnte ich einen Film besser nachfühlen als in diesem Moment. Meine Frau gibt mir heißen Tee und wickelt mich in eine Decke. Und was soll ich sagen? Alles ist gut. Sogar meine Unterlagen haben es weitestgehend trocken überstanden. Aber auch dieser Moment endet mit der falschen Frage. »Wo hast du eigentlich die Geschenke?«

Diesmal ist es draußen gar nicht so schlimm. Zumindest sage ich mir das, damit mein gebeuteltes männliches Ego keinen dauerhaften Schaden nimmt. Denn meine Frau steuert den Geländewagen ihres Vaters mit bewundernswerter Leichtigkeit bis zu meinem Auto, das gerade eher aussieht wie ein Schneehügel von vielen. Kaum haben wir die Geschenke umgeladen, geht es zurück in Richtung Schwiegerhaus. Im Auto, nicht zu Fuß. Und wieder einmal zeigt sich die Großzügigkeit meiner Liebsten, die mein leeres Handy mit keinem Kommentar erwähnt.

Wir schaffen es gerade noch rechtzeitig, bevor meine Eltern ankommen. Sie haben einen kleinen Umweg gemacht und sind gut durchgekommen. Irgendwie komme ich mir langsam ziemlich dämlich vor. Und was soll ich sagen, es wird ein richtig schönes Fest. Schwer von der Weihnachtsgans falle ich schließlich auf die Couch. Nur fünf Minuten, denke ich mir, dann kann ich immer noch an die Arbeit. Dann ist endlich das ganze Klingeling-Zeugs vorbei und ich kann mich getrost in einer ruhigen Ecke meiner Seitenzahl widmen. In meiner Vorstellung sehe ich meinen Doktorvater erleichtert nicken.

Die Stimme meiner Frau beendet die kurze Ruhephase: »Du Schatz, hast du mal rausgesehen? Ich glaube, mit ihrem Auto können deine Eltern nicht nach Hause fahren.«

Was soll ich sagen? Es gibt Tage, da diskutiert man besser nicht. Ich hole den Schlüssel für den schwiegerväterlichen Geländewagen und wir chauffieren geduldig meine Eltern nach Hause. Als wir dann auch noch dank des Schwiegerpapamobils in unserer Wohnung ankommen, ist es endlich so weit. Ich setze mich an meinen Schreibtisch. »Ein Kapitel ist heute auf jeden Fall noch drin«, verspreche ich meiner To-do-Liste. Dann bücke ich mich nach meiner Tasche, um das Notebook rauszuholen. Fassungslos starre ich auf den leeren Platz. Und schlagartig wird mir klar, dass meine Unterlagen nicht da sind. Sondern irgendwo im Haus meiner Schwiegereltern. Dort, wo ich sie vor der Heimfahrt vergessen habe. Ich meine, in diesem Augenblick irgendwo ein Rentierlachen zu hören. Aber das ist mir jetzt auch egal. Meine Frau und ich trösten uns lieber über all die Schneewanderei und -fahrerei mit einem ordentlichen Glühwein hinweg. Und was soll ich sagen? Auch

Ich meine, in diesem Augenblick irgendwo ein Rentierlachen zu hören.

von einer Doktorarbeit kann man ein bisschen Respekt vor den Feiertagen erwarten.

22

Drei Wise Guys

»Es ist keine echte Prophezeiung, sondern bloß ein dummer Scherz«, versuchte Arturo seinen Boss zu beruhigen. »Ein kleines Baby, ein Neugeborenes. Vergiss das Geplapper.«

Der Mann, den sie *Grande Erode* nannten, schaute vom Fenster auf, durch das er in die Winternacht gestarrt hatte. Er sah Arturo einen Moment wie benommen an. Schließlich räusperte er sich. »Wann kommen sie?«

»Sie müssen gleich hier sein.« Arturo ließ ihn nicht aus den Augen.

»Sind alle Handys ausgeschaltet?«

Arturo brauchte einen Augenblick, um zu reagieren. »Ja.« Er hatte die merkwürdige Anweisung seines Bosses, dass an diesem Abend alle im Haus ihre Handys ausschalten oder in den Flugmodus versetzen sollten, ohne kritisches Nachfragen umgesetzt.

Erode bemerkte seinen besorgten Blick. »Schon gut, schon gut.« Mit einer Handbewegung versuchte er den Mann, der als seine rechte Hand fungierte, zu verscheuchen. Nach einem letzten zögerlichen Blick ging Arturo schließlich und die schwere Bürotür schloss sich mit einem sanften Klicken.

Erode griff nach seiner Krawatte, zog sie zurecht. Fuhr sich mit einer Hand durch die immer noch schwarzen Haare, sah aus dem Fenster, wo sich vor dem dunklen Abendhimmel seine beeindruckende Statur widerspiegelte. Es hatte wieder angefangen zu schneien. Gelassen fielen fette Flocken und bedeckten alles unter einer weißen Schicht. Tief unter sich, auf der Straße, betrachtete er die Festbeleuchtung, die fröhlich vom Weihnachtsfest kündete.

Es klopfte und Arturo öffnete die Tür. Er machte Platz für die drei Besucher, die hintereinander das geräumige Büro betraten.

 **Gelassen fielen fette Flocken und bedeckten alles unter einer weißen Schicht.**

Mit einem erneuten Räuspern kam Erode hinter dem Tisch hervor. »Willkommen in *Little Jerusalem*«, begrüßte er sie mit einem Lächeln und schüttelte ihnen nacheinander die Hände. »Bitte.« Er deutete auf eine Gruppe von Sesseln aus schwarzem Leder, die um einen Couchtisch standen.

Die Männer in ihren maßgeschneiderten Anzügen setzten sich und schlugen die Beine wie perfekt choreografiert übereinander.

»Drink?«, bot Erode an und hielt einen Dekanter hoch. Fügte erklärend hinzu: »Single Malt.«

Alle drei Männer hoben abwehrend die Hand, wieder nahezu gleichzeitig.

Während sich Erode mit einem Schulterzucken zwei Fingerbreit Whiskey in ein Glas goss, beobachtete er sie unauffällig aus den Augenwinkeln. Dann trat er mit einem Lächeln zu ihnen hinüber und ließ sich in einen der Sessel fallen. Bisher hatte noch niemand außer ihm gesprochen, lediglich zur Begrüßung gelächelt. Ein Lächeln, das die Augen nicht erreichte und das Erode nur zu gut kannte. Weil er es selbst oft genug verwendete, wenn er jemanden einschüchtern wollte.

»Warum sind wir hier?«, fragte der Mann ganz links. Wie seine Begleiter besaß er einen dunklen Teint, kam vielleicht ursprünglich aus dem Nahen Osten und sprach mit einem deutlich hörbaren New Yorker Akzent. Er war der Größte von den dreien und Erode schloss daraus, dass das Farhad Kasradi, ein ehemaliger Arzt, sein musste. Dann musste es sich bei dem kleinen, dicken Mann, einem Perser, um Pardin Reza handeln, einen früheren Schriftsteller. Der letzte Mann, der eher aussah wie ein Afrikaner, Mohammed Lahouti, strich sich mit Daumen und Zeigefinger über den akkurat rasierten Schnurrbart. Er schien wie die anderen gespannt auf Erodes Antwort zu warten.

Der breitete die Hände aus. »Ich habe von der Geburt gehört. Dass Sie kommen werden, um Glückwünsche zu überreichen. Und Geschenke.«

Kasradi nickte.

Erode zuckte mit den Schultern. »Ich würde mich gern anschließen. Dem großen Sallinger zu seinem neugeborenen Sohn gratulieren, ihm meinen Respekt zollen.«

»Kommen Sie mit uns«, bot Lahouti an. Seine Stimme machte denselben schläfrigen Eindruck wie seine Augenlider.

Kasradi nickte.

Erode lehnte mit einem Lächeln und einem Kopfschütteln ab. »Dringende Geschäfte halten mich davon ab. Leider. Nichts würde ich lieber tun.«

Niemand ging darauf ein, obwohl sie alle wussten, dass es gelogen war. Erode und Sallinger hatten bis vor Kurzem noch einen erbitterten Kampf um die Hafengebiete ausgefochten und der zerbrechliche Waffenstillstand, der seit ein paar Wochen herrschte, drohte jeden Tag zu zerbersten. Nur die kommenden

Festtage hatten vor ein paar Tagen Schlimmeres verhindern können. Für das neue Jahr würden solche Einschränkungen nicht mehr gelten, das wusste Erode.

»Aber Sie könnten mir einen Gefallen tun«, fuhr er fort.

Nur die kommenden Festtage hatten vor ein paar Tagen Schlimmeres verhindern können.

Kasradis Augenbraue schob sich kaum merklich nach oben, wie um ihn aufzufordern, fortzufahren.

»Es gibt eine Reihe von Geschenken, die ich der Familie Sallinger gern überreicht hätte. Vielleicht besäßen Sie die Güte, das für mich zu tun?«

»Sicher«, sagte Kasradi ohne jede Freundlichkeit. »Sofern wir den Inhalt vorher überprüfen können.«

Erode neigte gönnerhaft den Kopf, deutete an, dass ihn das Misstrauen nicht weiter kränkte. Als wäre ihm nicht zuzutrauen, einen Sprengsatz oder andere Dinge in bunten Geschenken zu verbergen und damit Todesurteile zu vollstrecken.

Keiner der drei sagte etwas dazu, auch wenn sie wussten, dass in der Vergangenheit Sprengstoffattentate durchaus zu seinem Repertoire gehört hatten. Sallinger selbst hatte einen Onkel an eine Autobombe aus Erodes Werkstätten verloren.

»Natürlich. Keine Frage.« Erode lächelte wie unter Freunden.

Nachdem er die Gäste zum Aufzug gebracht hatte, betrat Arturo erneut das Büro. Leise schloss er die Tür hinter sich. »Was ist der Plan?«, wollte er wissen, während er zu seinem Boss trat, der am

Fenster stand und nach draußen schaute. Von der nächtlichen Welt war nicht viel zu erkennen, dafür war das Licht im Zimmer zu hell. Stattdessen starrten ihn Arturos und sein eigenes Spiegelbild wie aus einer Zwischenwelt heraus an. »Haben wir ihnen etwas mitgeschickt? In den Geschenken?«, wollte er mit einem Stirnrunzeln wissen.

Arturo hatte geholfen, die Pakete und Kisten in die Limousinen zu laden, nachdem die Araber sichergestellt hatten, dass sich nichts Gefährliches in den Kartons befand. Vermutlich erhoffte er sich von Erode wie von einem Magier eine Erklärung des Taschenspielertricks, mit dem sie es trotz des Misstrauens geschafft hatten, etwas in die Geschenke zu schmuggeln.

Erode lächelte. »Nein, haben wir nicht.« Er klopfte Arturo sanft mit der Hand auf die Wange. »Mach dir keine Sorgen, ich kümmere mich darum.«

Arturo schien nicht überzeugt, sagte aber nichts mehr.

Erode stieg aus dem Fahrzeug und nickte dem Fahrer zu, der ihm die Tür aufgehalten hatte. »Das ist es?«, fragte er und zeigte auf das langgezogene Gebäude, das komplett im Dunkeln lag. Nur weiter hinten, Richtung Hafen, versuchten einige Straßenlaternen tapfer, gegen die Schwärze der Nacht anzukommen. Es hatte längst aufgehört zu schneien.

Der Fahrer nickte. »Dort haben sie sich gestern mehrere Stunden aufgehalten, ja.«

Erode straffte die Schulter, griff ein weiteres Mal nach der Waffe, deren ungewohntes Gewicht ihn immer wieder irritierte, und ging dann langsam auf das verlassene Gebäude zu. Hier also hielten sie das Kind vor ihm versteckt.

Während er über den mit Schnee bedeckten Asphalt schritt und ihm die Kälte durch die Sohlen in die italienischen Schuhe kroch, musste er an Arturo denken. Der würde ihm nie verzeihen, dass er ihn im Unklaren über diese Aktion gelassen, ihn nicht mitgenommen hatte. Es war unkompliziert gewesen, die Handys der drei Araber zu identifizieren, als sie ihn besuchen gekommen waren. Immerhin hatte es sich um die einzigen Handys im Gebäude gehandelt, die nach Empfang gesucht hatten. Und es war genauso einfach gewesen, sie danach bis hierher zu verfolgen. Die Araber waren ihm ahnungslos in die Falle gegangen.

Er näherte sich dem Gebäude.

Arturo hätte darauf bestanden, dass er zu Hause blieb. Hätte sich selbst darum gekümmert. Aber das hatte Erode ihm nicht zumuten wollen. Einen Säugling zu töten, das war selbst für einen Killer wie Arturo keine kleine Sache. Erode atmete tief ein, die Kälte biss ihm in die Lungen. Er erreichte den Eingang.

Die schwere Stahltür ließ sich problemlos öffnen und knarrte dabei kaum. Arturo hielt den Revolver fest gepackt und schaltete mit der Linken seine Taschenlampe ein. Vorsichtig betrat er das Gebäude.

Angeblich handelte es sich um einen ehemaligen Viehbetrieb und er bildete sich ein, noch den scharfen Geruch von Ammoniak wahrnehmen zu können, auch wenn hier seit Jahrzehnten keine Tiere mehr untergebracht worden waren.

Im Geiste rief er sich den Plan vor Augen, den ihm seine Leute gezeigt hatten. Auf dem sie ihm beschrieben hatten, wo sich die Handys den Abend über aufgehalten hatten.

Er ging langsam den Flur entlang, ließ den Schein der Lampe über vergilbte und abbröckelnde Wände huschen.

Endlich stand er vor der Tür, hinter der er sein Ziel vermutete. Sein Puls beschleunigte sich, er schluckte trocken. Griff mit seiner in einem Lederhandschuh steckenden Hand nach dem Griff. Drückte ihn hinunter, spähte in den Raum. Ein Nachtlicht spendete etwas Licht und er schaltete die Lampe aus.

Trat hinein in wohlige Wärme. Er hörte ruhige Atemzüge, sah mehrere schlafende Formen. Vielleicht Mutter und Vater. Weiter hinten stand die Wiege mit dem Neugeborenen.

Weiter hinten stand die Wiege mit dem Neugeborenen.

Er machte vorsichtig ein paar Schritte nach vorn, zog die Waffe geräuschlos aus dem Holster. Entsicherte sie, richtete den schwarzen Lauf auf die kleine Form in dem Bettchen. Betrachtete das runde Gesicht, auf das er gleich schießen würde. Er würde die Eltern ebenfalls töten müssen, wenn sie in Panik erwachen würden.

Erode atmete tief ein, verschob die Füße etwas, um einen besseren Stand zu haben. Hob den Arm, spürte das Gewicht der Waffe. Dieser kleine Kerl dort, den nannten sie jetzt schon »König«. Den neuen König von Little Jerusalem. Redeten davon, dass er Erode sein Revier wegnehmen würde.

Mit einem leisen Klicken spannte er den Hahn. Zeit, dem Spuk ein Ende zu bereiten. Niemand würde ihm oder seinen Söhnen etwas wegnehmen. Nicht, wenn er es verhindern konnte. Nicht Sallinger und nicht dieses Baby.

Er fuhr sich mit der linken Hand durch das Gesicht und beugte sich ein Stück nach vorn. Das Kind öffnete die Augen. Erodes Finger zuckte, aber das Baby blieb ruhig. Blinzelte, schaute ihn an. In dem wenigen Licht wirkten seine Augen fast schwarz. Erode verspürte plötzlich das Bedürfnis, wegzuschauen. Er schluckte.

Als er das Kind wieder ansah, bildete er sich ein, ein Lächeln wahrzunehmen. Das Baby gluckste. Erodes Hand umfasste den Griff der Waffe wie eine Schraubzwinge, er bewegte den Revolver nach vorn. Bereit, abzudrücken.

Wortlos machte ihm der Fahrer die Tür auf, schloss sie hinter ihm. Erode schob sich in den Polstern zurecht. Es fröstelte ihn, unwillkürlich erfasste ihn ein Schütteln. Der Fahrer startete den Motor, langsam setzte sich die Limousine in Bewegung. Durch das Fenster betrachtete Erode das Gebäude, das er gerade verlassen hatte. Er bildete sich ein, dass der Ammoniakgeruch noch in seinem Mantel hing. Er würde ihn reinigen lassen müssen.

Ohne den Blick abzuwenden, steckte er die Waffe wieder in das Holster, alle Patronen noch in der Trommel. Versuchte, an etwas anderes zu denken.

Es war nur ein kleines Baby. Kein Grund, sich Sorgen zu machen.

23

Die Heiligen Drei Königinnen

Als Kind hatte ich immer schreckliches Heimweh. Ich erinnere mich an eine Klassenfahrt in den Harz, wo mich das Heimweh beschämenderweise so geplagt hat, dass ich vor der ganzen Klasse geheult habe. Ich war immerhin schon zwölf Jahre alt. Oder an Skiurlaube, wo ich es keinen Tag in der Skigruppe aushielt, ohne vor Sehnsucht nach meinen Eltern in Tränen auszubrechen. Oder an die wenigen Urlaube meiner Eltern ohne uns. Es war die Hölle.

Doch spätestens mit der Pubertät verschwand dieses Gefühl. Ich hatte diesen schwer zu definierenden Schmerz sogar ganz vergessen, bis ich an Weihnachten in einem indischen Ashram unter lamettageschmückten Palmen saß und dem Christen-Bashing »meines« Gurus zuhörte.

Ich hatte wenige Monate zuvor alles hingeschmissen: Job, Wohnung, Auto – alles, um diesem Guru zu folgen. Natürlich setzte ich damit auch meine Beziehung aufs Spiel. Aber der Guru schien mir damals wichtiger als alles andere. Meine Freundin konnte mich zwar nicht verstehen, ließ mich aber gewähren. Sie wusste, dass ich nicht aufzuhalten war, wenn ich mir etwas in den Kopf gesetzt hatte.

Der Guru war mir auf einem Festival für indische Musik in Baden-Baden begegnet. Er hielt damals einen Vortrag in einem Park und schaffte es innerhalb einer halben Stunde, mich völlig für sich einzunehmen. Er erklärte mir den Wahnsinn unseres Systems, machte mir klar, dass die Freiheit woanders zu finden wäre und dass ein Leben mit ihm und seiner Gemeinschaft das Beste sei, was mir je zustoßen könnte.

Ich war damals Mitte dreißig, hatte also eine verfrühte Midlife-Crisis und wollte einfach nur weg aus dieser konsumgestörten westlichen Gesellschaft. Ich wollte dem Druck entfliehen, allen Verantwortlichkeiten, aller verlogenen Angepasstheit.

Also ging ich tatsächlich weg – weiter weg als je zuvor. Wochenlang versuchte ich, mich einzuleben, versuchte, dem Guru und der Gemeinschaft zu gefallen, suchte sämtliche Unebenheiten auf dem Weg als Lernprozess zu verstehen, lauschte täglich den holden Worten des Gebenedeiten.

Dann kam Weihnachten in diesem Ashram und plötzlich sehnte ich mich nach einem Zuhause, wie ich es zuletzt als Kind gekannt hatte. Ich wollte wieder behütet sein. Genau wie damals. Ich wollte mit meinen Brüdern unterm Weihnachtsbaum sitzen, **Ich wollte mit meinen Brüdern unterm Weihnachtsbaum sitzen, Geschenke auspacken, Spielzeuge zusammenbauen und das kleine, flüchtige Glück der Weihnachtstage mit denen feiern, die ich am längsten kannte.** Geschenke auspacken, Spielzeuge zusammenbauen und das kleine, flüchtige Glück der Weihnachtstage mit denen feiern, die ich am längsten kannte.

Ich wollte, dass es draußen schummerig war, dass Kerzen brannten, dass es nach Kuchen, Plätzchen oder gutem Essen roch. Ich wollte eine Decke über mich legen können, dem Kamin zuschauen und *War Is Over* von John Lennon hören und leise mitsingen.

Stattdessen saß ich im Halbkreis mit weiß gekleideten Jüngern aus Europa und Amerika, schwitzte die triefende indische Luft aus und hörte dem Guru zu. Inder gab es komischerweise in diesem indischen Ashram nicht.

Der Heiland 2.0 hatte sich an diesem Heiligen Abend besonders hübsch gemacht: Sein Bart war gestutzt, das Haar frisch geölt, sein weißer Umhang von güldenen Fransen durchzogen.

»Merry Christmas«, wünschte er uns. »Ihr wisst, dass ich nicht religiös bin und eurem gekreuzigten Sohn Gottes nicht viel abgewinnen kann. Wäre er cleverer gewesen, hätte er dem Kreuz entkommen können. Isn't it?«, fragte er, um sich unserer Zustimmung zu versichern.

Der Guru hatte seinen Ashram im Südosten Indiens aufgebaut. In dieser Gegend wimmelte es von Gemeinschaften. Es gab den Wiedergeburts-Ashram, die Tree-Community, die weltberühmte Auroville-Gemeinschaft und – uns. Den einzigen Ashram ohne Etikett oder Stempel. Unser Guru wollte uns einfach nur in den natürlichen Zustand zurückführen, in dem wir geboren wurden. Bevor wir von Eltern, Lehrern, Religionen, Sitten und Kulturen versaut worden waren. Wir mussten hierfür einfach nur mit ihm leben, die Transformation geschehen lassen und seine Weisheit aufsaugen. Irgendwann würden wir schon einen Klumpen Erleuchtung abbekommen.

An diesem Weihnachtsabend in der großen Meditationshalle nervte mich sein Geläster über Jesus. Ich war zwar auch kein religiöser Mensch, aber Jesus mochte ich. Schon immer. Natürlich ist Jesus nicht für uns gestorben. Oder für unsere Sünden. Oder für sonst irgendeinen blöden Einfall der Kirche. Er ist gestorben, weil er sich für Menschenrechte eingesetzt hat. Weil er die Welt verbessern wollte. Und das fand ich grundsätzlich vorbildlich.

»Jesus hatte aber auch keinen leichten Start ins Leben, muss man sagen.« Ich hörte an der Stimme des Gurus, dass er in den Verarschungsmodus geschaltet hatte. »Wer glaubt denn noch an diesen ganzen Unfug? Wann entwickelt sich eure Religion weiter, sodass sie modernen Standards entspricht? Ihr kennt die Antwort: nie!« Der Guru lachte.

Außer einem lachten alle mit.

»Wie lange soll Maria eigentlich noch Jungfrau bleiben? Wie lange wollt ihr an eure Sünden glauben? Wie viel Weihwasser wollt ihr noch über eure Kinder schütten? Das ist alles Unsinn, den sich bigotte Kirchenmänner ausgedacht haben, um ihre Macht zu steigern. Lasst uns diesen ganzen Kram einfach vergessen. Isn't it?«

Um mich herum riefen alle: »Yeah!«

»Wie würde die Weihnachtsgeschichte eigentlich klingen, wenn die Heiligen Drei Könige in Wahrheit KönigInnen

»Das ist alles Unsinn, den sich bigotte Kirchenmänner ausgedacht haben, um ihre Macht zu steigern.«

gewesen wären – mit großem ›I‹?« Der Guru stand auf und versuchte, den Gang edler Frauen mit großen Hintern nachzumachen.

Wieder lachten alle.

»Ich kann euch garantieren, dass die Drei Heiligen Königinnen erst einmal nach dem Weg gefragt hätten. Isn't it? Dann wären sie auch pünktlich angekommen und hätten bei der Geburt helfen können. Anschließend hätten sie mit Sicherheit den Stall sauber gemacht und der armen Maria und ihrem vertrottelten Josef sinnvolle Geschenke überreicht und was Vernünftiges zu essen gemacht. Isn't it?«

Um mich herum grölten die Jünger des 21. Jahrhunderts.

»Aber wisst ihr, wie es auf der Heimreise abgegangen wäre? Könnt ihr euch das Gegacker und Geläster der Drei Heiligen Königinnen vorstellen?

›Habt ihr die Sandalen gesehen, die Maria zur Tunika trug? Scheußlich!‹

›Und habt ihr gehört? Josef ist jetzt arbeitslos. Wie beschämend ist das denn?‹

›Wie hält Maria das alles aus – noch dazu mit den ganzen Tieren im Haus? Und WLAN hatten die auch nicht.‹

›Ist euch aufgefallen, dass Jesus seinem Vater überhaupt nicht ähnlich sieht?‹

›Jungfrau? Wisst ihr noch früher? Maria war ja wohl die Schlimmste von allen.‹«

Um mich herum bogen sich die Weißgewandeten vor Lachen auf dem Boden.

Ich stand auf und ging hinaus. Bei dem ganzen Tumult fiel das hoffentlich nicht auf. Draußen setzte ich mich auf eine Bank und schaute in den Himmel. Ich wünschte mir so sehr, eine Sternschnuppe zu sehen. Vielleicht als Zeichen, dass es Jesus damals doch gegeben hatte. Und dass die Heiligen Drei Könige gar nicht so vertrottelt waren. Aber es kam keine Sternschnuppe. Über mir leuchteten nur die gleichen Sterne wie vor 2017 Jahren. Vielleicht waren die Sterne die einzige Konstante im Leben der Menschheit, dachte ich. Vielleicht schauen wir sie deshalb so gern an und fühlen bei ihrem Anblick eine gewisse Geborgenheit.

Langsam senkte ich meinen Blick wieder zurück auf unsere Erde. Vor mir stand eine riesige Palme mit schillerndem Lametta in ihrer Krone. Um ihren Stamm schlängelte sich eine Lichterkette. Davor stand ein leuchtendes Rentier neben einer Krippe. Ich hatte nie zuvor in meinem Leben etwas so lächerlich Unpassendes gesehen wie dieses Arrangement. Weihnachtssterne, Rentiere und Krippen passten einfach nicht in ein subtropisches Land – auch wenn hier neben Hindus, Sikhs und Moslems auch Millionen von Christen lebten.

Das Ganze sah einfach nur zum Heulen aus. Zum ersten Mal seit vielen, vielen Jahren brach akutes Heimweh in mir aus. Ich sehnte mich plötzlich nach nordeuropäischer Gemütlichkeit. Nach allem, was ich hin **Gemeinsam über den Weihnachtsmarkt gehen, gemeinsam Glühwein trinken, gemeinsam schenken und Geschenke bekommen.**

ter mir lassen wollte. Ich sehnte mich zurück in meine Heimat. Ich wollte mit meiner Familie und meinen Freunden durch die Kälte des Winters verbunden sein. Gemeinsam bibbern, gemeinsam ein bisschen schwermütig sein. Gemeinsam über den Weihnachtsmarkt gehen, gemeinsam Glühwein trinken, gemeinsam schenken und Geschenke bekommen.

Umarmen, andächtig sein, die gleiche Atmosphäre erleben, die uns seit Kindesbeinen an Weihnachten zusammenschweißt.

Ich stand auf, ging in mein Zimmer, holte meinen Computer, loggte mich ins WLAN ein und buchte den nächsten Flug nach

Deutschland. Ich besaß ein offenes Ticket, zahlte zweihundert Euro nach und bestellte mein Taxi zum Flughafen. Es kam in vier Stunden.

Ich würde am zweiten Weihnachtstag zu Hause sein. Und nie wieder Weihnachten unter Palmen verbringen.

Weihnachtssehnsucht

Der Verkehr rauschte auf der Hauptstraße vorbei. Langsamer und schneller, lauter und leiser. Aus der Dämmerung des Winterabends traten die Umrisse der uralten Olivenbäume wie Morgengaben hervor. Jeder Baum war wahrhaftig ein König, mächtig und altehrwürdig, mit wunderlich verdrehten Stämmen, schweren Ästen und filigranen Blättern. Unter den Kronen zeichneten sich Umrisse im Boden ab. Mauern liefen aufeinander zu, trafen sich in stumpfen Winkeln und formten ein Achteck, in dessen Mitte sich ein Felsen befand, an manchen Stellen grob und rau und an anderen glatt poliert. Auf ihm hatte Anna es sich bequem gemacht. Es war der 24. Dezember, 16.45 Uhr und hier war sie dem einzigen Weihnachten, das sie in ihrem Auslandsjahr in Israel feiern würde, wohl am nächsten. Sie hatte sich so weit an das Wunder von Bethlehem herangetastet, wie sie konnte. Genau hier an dieser Stelle stand vor 1400 Jahren die Kathisma-Kirche, über dem Fels, an dem Maria ihre erste Wehe veratmet hatte. Die Glorie von einst war vergangen, die bunten Mosaikböden unter Erde begraben, die Mauern verfallen, doch über dem Ort lag noch immer Magie und der Lärm der Moderne wurde von Mondaufgang und Blätterrauschen ferngehalten.

Anna blickte hinüber zur Straße. Kaum zu glauben, dass dieses Band aus Lichtern und Lärm derselbe Weg war, auf dem Abraham Isaak zur Opferung geführt hatte, an dem Rachel begraben lag und auf dem die Heilige Familie nach Bethlehem gezogen war ...

Eigentlich hatte auch Anna nach Bethlehem fahren wollen. Doch es war eine totale Schnapsidee gewesen, beim Franziskanischen Pilgerbüro anzufragen, ob es noch Karten für die Mitternachtsmesse in der Geburtskirche gebe. Eine Woche vor Weihnachten! Dabei wusste Anna gar nicht so genau, was sie getrieben hatte. Nach dem, was sie aus dem Fernsehen kannte, war Bethlehem in der stillen Nacht von lärmender Betriebsamkeit erfüllt. Die

Eigentlich hatte auch Anna nach Bethlehem fahren wollen.

Geburtskirche und der Mangerplatz waren dann mit Menschen übervoll und die Weihnachtsaufregung schickte ihre Schockwellen bis nach Jerusalem. Dort drängten sich an der Plattform des Busses 271 all jene, die nach Bethlehem wollten; Taxis, die die gewundenen Schleichwege über Beth Sahur nach Bethlehem kannten, waren schon seit Stunden ausgebucht und die Straße 60 war gesperrt, weil der Lateinische Patriarch in feierlicher Prozession nach Bethlehem pilgerte.

Da schickte Anna doch lieber ihre Fantasie zum Geburtsort Jesu. In das Dorf, das Bethlehem vor über zweitausend Jahren gewesen sein musste. Sie sah das Judäische Bergland vor sich, überzogen von Olivenhainen und Weizenfeldern und darin eine verträumte Siedlung. Auf den gewundenen Pfaden zwischen den niedrigen Steinhäusern wuchs das Gras und die Herberge, in der die Heilige Familie um Unterkunft gebeten hatte, war kaum mehr als ein Wohnhaus mit in den Fels geschlagenen Vorratskellern und Ställen, in denen Ziegen und Schafe Schutz vor der Kälte fanden.

Ein vorbeifahrender Laster hupte und die Vision verflog.

Anna stand langsam auf. Es war Zeit, nach Jerusalem zurückzukehren, und während sie das Auto startete, reifte in ihr ein Plan. Wenn sie nicht zum Weihnachtsort kam, dann würde sie ihn eben zu sich holen!

Das Jaffator der Jerusalemer Altstadt ließ sie in das enge Gassengewirr hinein, das heute so anders und doch so gleich wirkte. Im Schaufenster der Apotheke in der Patriarchenstraße blinkten die bunten Lichter eines Weihnachtsbaumes. Schokoladennikoläuse standen in Reih und Glied in einer Plastikpalette, Leuchtsterne hingen über der Straße und die Händler saßen geschäftig wie eh und je vor ihren Läden. Auf der Christian-Quarter-Straße führte Annas erster Weg sie zu Neschan, dem armenischen Juwelier.

»Was würdest du Jesus geben, wenn er heute käme?«, fragte sie ihn geradeheraus, nachdem er sie begrüßt und ihr einen Stuhl und eine Tasse Tee angeboten hatte.

Neschan setzte den Wasserkessel auf den kleinen Gaskocher und stellte richtig: »Wir gehören zur orthodoxen Kirche und unser Weihnachten ist erst in 19 Tagen. Mein jüngster Sohn ist noch in Jerewan und meine Frau hat noch nicht einmal angefangen, Plätzchen zu backen ...« Dann breitete er in einer plötzlichen Geste die Arme aus: »Schau dich um!« Annas Blick folgte seinen ausgestreckten Händen. In den Vitrinen lagen Kreuze aus Gold und Silber neben Ringen mit Edelsteinen und Perlen, Broschen aus Goldfiligran und Silberblech, und die Ketten hingen so dicht aneinander, dass man meinen konnte, sie wären ein Wand-  **»Jesus braucht weder Gold noch Silber!«** teppich aus Metall. »Jesus braucht weder Gold noch Silber!« Neschan schüttelte den Kopf. »Ich würde ihm alle guten Taten, die ich je in meinem Leben getan habe, geben.« Er öffnete eine Schublade und suchte darin:

»Und dir?« Er nickte freundlich und hielt ihr die Hand hin. »Dir gebe ich das hier.« Auf seinem Handteller lag ein kleiner Stern von Bethlehem aus Silber. »Fröhliche Weihnachten!«

Anna behielt das Schmuckstück in ihrer Hand, während sie die St.-Helena-Straße hinunterlief. Nur zwei Minuten von Neschan entfernt hatte Bilal seinen Stoffladen und dorthin wollte sie. Die Ladenglocke bimmelte, Anna trat ein und ihr Blick versank in glänzenden, schimmernden Stoffen aller Farben aus Seide, Viskose, Leinen, Baumwolle und echtem Kaschmir, die Bilal in einem Fach unter dem Tisch aufbewahrte und nur auf speziellen Wunsch hervorholte.

Bilal kam ihr entgegen, lächelte erfreut und bat sie, sich zu setzen. »Kaffee?«, lud er sie ein.

Anna nickte. »Was würdest du dir von Nabi Issa wünschen, wenn er heute käme?«, fragte sie, nachdem Bilal ihr und sich eingeschenkt und den ersten schlürfenden Schluck genommen hatte.

Bilal überlegte, während sein Blick zu den Regalreihen hinter dem Ladentisch glitt, dann sagte er: »Ich habe hier noch ein paar Stücke Stoff, feinste Seide mit Fäden aus 24-karätigem Gold verwebt. Vor sechs Jahren lagen hier mehrere Ballen davon. Ich selbst bin damals nach Syrien gefahren und habe sie bei christlichen Webern in Palmyra eingekauft.« Ein trauriger Ausdruck trat in seine Augen: »Doch dann kam der Krieg und zerstörte alles. Meine Stoffe kleiden ultraorthodoxe Juden genauso wie Bischöfe, Kardinäle und sogar den Papst. Ich bin gläubiger Muslim und bete fünfmal am Tag. Wenn Nabi Issa zu mir käme, würde ich ihn von hier direkt nach Syrien schicken, damit er dort Frieden schafft.«

Die traurige Stimmung ließ Anna nur langsam wieder los, während sie die Muristanstraße entlangging, an deren Ende die Grabeskirche lag. Auch heute würde Anna ihr einen Besuch abstatten, allerdings nicht dem Erdgeschoss, wo Grabesrotunde und Golgota-Felsen von Pilgern aus aller Welt umlagert wurden, sondern sie wollte hinauf aufs Dach und hinüber in die koptische Kirche der Heiligen Helena. Dort saß normalerweise, schwarzbärtig und dunkel gewandet, ein Mönch und wachte darüber, dass die Besucher der uralten Zisterne unter der Kirche den obligatorischen Eintritt bezahlten, doch jetzt gerade umarmte er herzlich nacheinander eine Frau und zwei junge Männer.

Anna schaute neugierig und die Frau erklärte: »Meine Söhne und ich sind koptische Christen aus Australien und haben ewig auf diesen Augenblick gewartet, endlich hier zu sein und Bruder Mikhael zu treffen.«

Mikhael heißt er also, dachte Anna und nickte: »Herzlich willkommen!« Sie zögerte einen Moment und fragte dann: »Was würdet ihr Jesus geben, wenn er zu euch käme?«

Mikhael blickte ernst durch die runden Gläser seiner Brille und legte die Hände ineinander: »Jesus habe ich schon vor ewiger  **»Was würdet ihr Jesus geben, wenn er zu euch käme?«** Zeit mein Herz und meine Seele gegeben. Und wenn er heute käme, gäbe ich ihm auch meine gesamte Existenz. Ich würde alles hinter mir lassen und mit ihm gehen, wohin auch immer er mich führen würde.«

Der jüngere Sohn fasste Mikhaels Hand: »Du bleibst aber noch ein bisschen bei uns, oder?« Alle lachten, dann sagte der junge Mann ernst zu Anna: »Jesus hat immer den Armen gegeben und ich gebe Jesus, indem auch ich den Armen gebe!«

Anna bedankte sich und wollte gehen, als Mikhael sie zurückhielt: »Heute ist dein Weihnachten?«, fragte er.

Anna bejahte, und Mikhael bedeutete ihnen allen, ihm zu folgen.

Sie stiegen die feuchten Stufen in die Zisterne hinunter, in der nach koptischem Glauben die Kaiserin Helena das heilige Kreuz gefunden hatte. Von den Felswänden hallte der Klang tropfenden Wassers und das Echo ihrer Schritte.

Mikhael blickte Anna ernst an: »Das ist mein Weihnachtsgeschenk an euch.« Er räusperte sich und als er anfing zu singen, wurde seine Bassstimme von dem Felsgewölbe emporgetragen, breitete sich aus wie ein Regenbogen und sank langsam wieder zu Boden.

Die Musik klang immer noch in Anna, als sie sich schon längst wieder unter den kreuzfahrerzeitlichen Gewölben der Khanel-Zeit-Straße befand. Ihr fiel ein, dass sie ihrem Mitbewohner scharfes Grillgewürz und Zatar versprochen hatte, und das bekam man am besten im »Sea of Herbs«-Gewürzladen.

Heute war Jacoub da, der jüngere der beiden Ladeninhaber. Er bediente gerade eine ältere Palästinenserin und mischte in Windeseile rote, braune, gelbe und ockerfarbene Gewürzpulver zu einer neuen Kreation zusammen. Unterdessen hatte Anna Zeit, sich umzuschauen. In unzähligen Fächern lagen geschälte Mandeln, getrocknete persische Zitronen, gerösteter Sesam, Datteln und Feigen, standen Fläschchen mit Geranien-, Thymian- und Sandelholzöl, Gläser mit Gelee Royale und Silansirup.

»Ahlan. Wie kann ich dir helfen?«, wandte sich Jacoub an Anna. Sie bestellte Zatar und Grillgewürz und während er die Pulver in Tüten abfüllte, fragte sie: »Was würdest du Nabi Issa geben, wenn er dich besuchen käme?«

»Nabi Issa?« Jacoub ließ den Messlöffel sinken. »Ich würde ihm mein Leben geben!« Anna schaute ungläubig und Jacoub erklärte: »Für uns Muslime ist Issa der Prophet Allahs und durch ihn  **»Für uns Muslime ist Issa der Prophet Allahs und durch ihn ist das Wort Gottes zu den Menschen gekommen!«** ist das Wort Gottes zu den Menschen gekommen!« Anna nickte langsam, und Jacoub fuhr fort: »Für dich ist Issa der Messias und auch für mich wird er wiederkehren.« Er lächelte sie jetzt an: »Doch heute ist dein Feiertag und mein Geschenk an dich ist das hier.« Er hob ein Glas dunkelgoldenen Honigs vom Regal, das er Anna mit feierlicher Geste überreichte: »Sisyphus-Jujuba-Honig. Jesu Dornenkrone wurde aus einem Baum derselben Familie gefertigt.«

Annas Rucksack wurde immer schwerer, doch einen Weg hatte sie noch vor sich, bevor sie auf eine Tafel Schokolade bei George einkehren konnte. Sie wollte ins jüdische Viertel zur Hurva-Synagoge. Von der Dachgalerie der Synagoge konnte man über die ganze Altstadt blicken, vom Ölberg bis zum Skopusberg, vom florentinischen Turm des italienischen Krankenhauses bis zur Dormitio-Kirche auf dem Zionsberg, über die goldenen und grauen Kuppeln von Felsendom, al-Aqsa-Moschee und Grabeskirche.

»Zwanzig Schekel bitte«, sagte der Kassierer am Eingang.

Anna reichte ihm einen Geldschein. »Wie heißt du?«, fragte sie dann.

Er lächelte ein kleines, verlegenes Lächeln und schaute wieder auf seinen Kassenmonitor: »Mordechai.«

»Mordechai, wenn heute der Messias käme, was würdest du ihm anbieten?«

Das scheue Lächeln verschwand und stattdessen kam ein sehnsüchtiger Ausdruck in Mordechais Augen: »Der Messias? Ich würde ihn zum Schabbat-Essen einladen. Es gäbe mein Lieblingsgericht: Lachs, genau auf den Punkt gebraten. Mit ein wenig Knoblauch und Zitronensaft.« Er schaute jetzt ernst: »Zu diesem Fest würde ich die ganze Welt einladen! Meine Mutter freut sich immer über Gäste!«

Bei George im Laden war es still.

Jedes Mal, wenn Anna in der Altstadt war, kam sie hierher und jedes Mal, wenn sie eintrat, fühlte sie sich zu Hause ein wenig näher. Schokolade, so weit das Auge reichte, aus der Schweiz, England, Belgien, mit Marzipan, Nugat und Krokant. Und zwischen all den Köstlichkeiten saß George, circa 120 Kilo schwer, davon mindestens achtzig Kilo Muskelmasse.

»Was darf es denn heute sein?«, strahlte er sie an, und Annas Heimatgefühl verstärkte sich.

»Noch etwas Weihachten, bitte!«, sagte sie leise.

»Weihnachten, ah?«, fragte George und musterte sie. »Allein im fremden Land wird das Fest der Familie zum Ernst des Lebens«, stellte er dann fest. Anna nickte, und George schaute mitleidig drein. »Du entschuldigst«, sagte er dann, »ich muss kurz telefonieren.« Er wählte, wartete und fing dann einen schnellen Dialog auf Arabisch an. Es ging ein wenig hin und her, dann legte er auf. Er wandte sich wieder an Anna, rieb sich kurz über die Stirn und sagte: »So! Bei uns gibt es heute Hasenbraten. Mit Sumac, Pfeffer, Kreuzkümmel und was weiß ich noch gewürzt, mit Reis gefüllt und ab damit in den Ofen.« Er lächelte verschwörerisch: »Glaub bloß nicht, dass ich so was sonst weiß, aber meine Frau hat mir ganz genau erklärt, was dich erwartet, wenn du einwilligst, zu uns zum Abendessen zu kommen.«

In Annas Herz fingen die Glocken zu läuten an. Bethlehem lag in weiter Ferne, doch dafür begrüßte  **In Annas Herz fingen die Glocken zu läuten an.** sie Jerusalem aufs Weihnachtlichste mit anrührenden Begegnungen, von Herzen kommenden Geschenken und unerwarteter Gastfreundschaft.

Nach dem Fest ist vor dem Fest

Irgendwann im Spätfrühling überkommt es mich – da springt mir etwas ins Auge, eine rote Blume auf grünem Grund vielleicht, ein metallisch glänzendes Auto mit blinkender Scheinwerferbeleuchtung, ein aufgeplatzter Locher, der seinen Inhalt auf den Fußboden schneit, und plötzlich denke ich: Mist. Es ist ja bald wieder Weihnachten. In acht Monaten.

Und während ich Papierflocken aufsauge oder mir grelle Lichtpunkte aus den Augen reibe, fasse ich einen Entschluss: Dieses Jahr wird alles anders. Diesmal fange ich früh, und zwar *jetzt*, mit der Festtagsplanung an: Ich werde alle Geschenke umgehend besorgen, echte Weihnachtskarten statt einer gehetzten E-Mail am 23. verschicken – und zwar selbst gebastelte. Außerdem werden Kekse gebacken, in Tüten verpackt und verschenkt. Überhaupt könnte ich Marmelade kochen oder Gewürzmischungen herstellen und in hübsche Gläser abfüllen.

Ich beschließe also, eine Liste zu machen, mit dem, was ich *tun* will, *wer* überhaupt etwas bekommt und wer von denen, die etwas bekommen, *was* bekommt, aber dann klingelt meistens das Telefon oder ich muss schnell zum Supermarkt, um getrocknete Feigen, Datteln oder Mandeln zu kaufen (ich kriege beim Gedanken an Weihnachten nämlich immer unersättliche Lust auf Nüsse und getrocknete Früchte), und plötzlich ist es Ende August. Da schnappt die Erinnerung ein zweites Mal zu, dieses Mal weniger subtil: In den Auslagen der Geschäfte tummeln sich Lebkuchen und verkünden: Bald weihnachtet es sehr und du bist schon wieder nicht vorbereitet. Meistens bekomme ich dann einen Riesenschrecken und verfluche meine Träumerei: Meine sieben, acht Monate praller Vorlauf sind auf klägliche Rosinengröße zusammengeschrumpelt. Sofort setze ich mich hin: Wer bekommt was?

Liebster? Das muss unbedingt etwas Ausgefallenes sein, abgesehen von dem obligatorischen Paar Socken, weil seine Plastiksocken müffeln und ich hinterlistig versuche, sie nach und nach durch neckische Baumwollstrümpfe zu ersetzen, auf denen dann so Sachen stehen wie »Mir stinkt's« oder »Hasis Stinkesocken«. Überlegen.

Eltern? Mit Schwester besprechen, endlich mal etwas anderes als ein Gutschein für die Thermen oder ein Fresskorb vom Delikatessen-Italiener.

Schwester? Zeit. Wir schenken uns seit geraumer Zeit »Zeit«, die wir nie aufwenden, weil sie im Süden wohnt und ich im Norden und wir beide nicht mehr allein sind und daher auch nicht einfach so für eine Woche in eine Klubanlage zum Wellnessurlaub fahren können.

Neffe, Patenkinder, Kinder von besten Freundinnen? Mütter fragen und Spielzeugläden durchstöbern. Kindergeschenke zu kaufen, ist super. Da gibt es so viel, was man selbst gern gehabt hätte, dass man aufpassen muss, nicht durchzudrehen. Einziges Problem neben ungezügeltem Kaufrausch ist hier bloß, dass die meisten Kinder in Spielzeug ertrinken, aber das Einzige, was sie wollen, ist ein Tablet. Mein Kind soll nicht so viel haben. Es bekommt unförmiges Holzspielzeug, leere Filmdosen mit Perlen und soll gefälligst seine Fantasie benutzen.

Ehe ich mich versehen kann, bin ich zu den Grundlagen der Kindererziehung abgedriftet, rege mich auf, was meiner Meinung nach in der heutigen Gesellschaft alles falsch läuft, und plötzlich ist Mitte Dezember und ich verfalle in Panik.

In einem Anfall von Weihnachtsfieber werden Kisten mit Weihnachtsschmuck aus dem Keller geschleppt und die verdorrte Palme sowie jedes Regalbrett und Bild mit rot-grünem Firlefanz behängt. Strohsterne kommen ins Fenster, in den Obstkorb, ein paar im Bad an den Spiegel. Im Drogeriemarkt werden fünf verschiedene Servietten mit Weihnachtsmännern gekauft sowie flauschiges Toilettenpapier, am liebsten mit Rentieren oder Engeln. Lebkuchen muss ich nachkaufen – die erwerbe ich, ich gestehe es mit hochroten Wangen, seit Ende August jede Woche neu, immer wieder mit dem Vorsatz, den Vorrat nicht vor Weihnachten anzubrechen. Auf den Weihnachtsmärkten streife ich mit glühenden Augen und Nasen umher und suche nach ausgefallenen Gaben, versacke aber beim Punsch, der zwar prima wärmt, aber das Problem der Bescherung nicht löst.

Am 23. Dezember kaufe ich das letzte Geschenk online, per Express mit Zustellung für den nächsten Tag, und trinke kannenweise Kamillentee, weil mein Magen brennt. Spätestens jetzt dudelt stets eine meiner beiden Weihnachts-CDs aus den Lautsprecherboxen und während ich den Müll runtertrage, schmettere ich im Treppenhaus mit geblähten Backen ein »O Tannenbaum, o Tannenbaum, du trägst ein grünes Kleid« und lausche verzückt dem festlichen Echo. In Windeseile wird ein Foto mit Weihnachtsmütze für die Weihnachtsmail erstellt und an den gesamten Verteiler versendet – danach müsste ich aufräumen, die übrigen Geschenke einpacken, Kekse backen, das Weihnachtsmenü noch einmal durchgehen, letzte Zutaten einkaufen, die Beine rasieren, damit die Borsten meiner Kakteenwaden nicht wie letztes Jahr durch die Strumpfhose pieken, und meinen Liebsten dazu auffordern, zur Waschanlage zu fahren, damit der gigantische Lamettastrang an Vogelkacke, der seit mehreren Monaten hartnäckig und wenig festlich die Fensterseite meines Autos schmückt, endlich verschwunden ist, wenn wir am zweiten Weihnachtstag zum Familienbesuch vorfahren.

Wie gesagt, das alles müsste ich.

Tatsächlich verbringe ich aber den Rest des Tages damit, Fehlermeldungen meiner E-Mails zu löschen, Nachrichten lang verschollener Freunde und Bekannter zu beantworten, einen Weihnachtsgruß auf Facebook zu posten und dann auf den Profilen von Exfreunden und ungeliebten Bekannten zu schnüffeln. Ein Vorsatz fürs nächste Jahr wird gefasst: Die schmeiße ich alle raus.

Am 24. wache ich morgens verstört auf, weil ich die essenzielle Zutat für die Weihnachtsgans vergessen habe: den Vogel selbst. Ich renne in den Supermarkt und schaue in sämtliche Gefriertruhen, aber da liegen nur noch ein paar Hühnerbeine mit Gefrierbrand und grünlich leuchtender Saumagen. Also gibt es dieses Jahr doch wieder Raclette. Die Regale sind wie ausgebombt, ich werfe wild irgendwelche Lebensmittel in den Einkaufskorb, dann stehe ich circa eine Stunde an der Kasse an, weil es der halben Stadt so geht wie mir. Was mich einerseits beruhigt – andererseits aber auch kolossal nervt, schließlich ist Zeit kostbar und ich muss mir noch Lockenwickler eindrehen. Das Personal im Supermarkt kommt als Entschädigung für das lange Warten mit billiger Weihnachtsschokolade herum, alle freuen sich, hurra. Ich mag weder Vollmilch- noch warme Schokolade (die schon gar nicht!), trotzdem lecke ich vier halb geschmolzene Exemplare gierig aus ihrer Aluverpackung, bevor mir übel wird. Die restliche Wartezeit bis zur Kasse verbringe ich mit leichtem Brechreiz und darf den Supermarkt verlassen, als die Türen abgeschlossen werden, damit auch die Kassierer nach Hause gehen können.

Zu Hause hat mein Liebster seinen furchtbaren Plastiktannenbaum aus Taiwan aufgebaut, der in sieben Regenbogenstufen blinkt, was mich entrüstet. Ich darf aber nicht motzen, weil ich mich um einen echten kümmern wollte, doch stets einen Grund fand, es nicht zu tun.

Nächstes Jahr also einen echten Tannenbaum, ohne Plastik, sondern mit Strohsternen und Popcornketten und Lebkuchenanhängern, wie in meiner Kindheit. Ach, meine Kindheit, seufze ich, befühle die langsam herabbaumelnden Hautlappen an den Oberarmen und fange beim Schnippeln fürs Raclette an, ins Gemüse zu heulen. Der Liebste stapelt die Geschenke unter dem Weihnachtsbaum auf und ich erbleiche ob der Anzahl und versuche auf dem Klo zu ergoogeln, ob man bei einem Anbieter noch eine Expresslieferung in der nächsten Stunde organisieren kann. Kann man nicht. Also bastle ich schnell einen Gutschein für ein romantisches Wochenende auf Sylt, der insgesamt etwas schief wird, weil ich den Wein beim Vorbereiten schon mal probieren musste.

Irgendwann ist es Abend, dunkel schon seit Stunden, die Locken habe ich vergessen, mein Beinpelz schiebt sich durch die Behosung, das Raclettegerät ist aus irgendeinem mir

unerklärlichen Grund total verranzt, fettig und muss noch einmal gründlich geschrubbt werden. Das soll aber der Liebste tun,
weil ich heute nun wirklich schon genug gemacht habe und endlich, endlich mal gern einen Moment die Füße hochlegen würde.
Der Heilige Abend beginnt mit einem zünftigen Streit, so wie
es sich gehört – und dann wird bei Rotwein, *Silent Night* und
künstlichem Kerzenschein andächtig gefeiert. Und im nächsten
Jahr wird alles anders.

Die Autoren

Heike Abidi ist studierte Sprachwissenschaftlerin. Sie lebt mit Mann, Sohn und Hund in der Pfalz bei Kaiserslautern, wo sie als freiberufliche Werbetexterin und Autorin arbeitet. Heike Abidi schreibt vor allem Unterhaltungsromane für Erwachsene sowie Jugendliche und Kinder.

Kerstin Bätz lebt und schreibt im lieblichen Taubertal. 2015 veröffentlichte sie ihren ersten Psychothriller. Dass auch das Familienleben mit drei Töchtern, ebenso vielen Katzen und einem erzählverrückten Mann genauso erlebnisreich sein kann, spiegelt sich in ihren zahlreichen, meist humoristischen Kurzgeschichten.

Volker Bätz ist seit seiner frühesten Kindheit ein Büchernarr. Kein Wunder, dass ihm irgendwann der Platz in seinen Regalen zu knapp wurde und seine Frau ihm riet, lieber selbst zu schreiben. Seitdem veröffentlichte er zahlreiche Kurzgeschichten und einen Thriller.

Susanne Böckle, von Beruf Justizangestellte, wollte schon als kleines Mädchen Bücher schreiben. Einen Großteil ihrer Kindheit verbrachte sie in der Leihbücherei. Schon als Erstklässlerin waren ihr Buchstaben und Wörter sympathischer als Zahlen und sie kritzelte lieber Geschichten statt Rechnungen in ihr

Matheheft. Auch heute verschlingt sie noch fast jedes Buch, das ihr zwischen die Finger gerät. Seit einigen Jahren schreibt sie Kinderbücher, aber auch Geschichten für Erwachsene. Die Autorin lebt am Rande des Nordschwarzwaldes mit herrlichem Blick auf das Enztal.

Ursi Breidenbach ist verheiratet und Mutter zweier Söhne. Nach (unter anderem) einer kunstjournalistischen Tätigkeit arbeitet sie seit 2009 als freie Autorin in Leoben (Österreich) und München. Sie schreibt Kurzgeschichten (wie zum Beispiel *Driving Home for Christmas* hier in diesem Buch) und Romane für Jugendliche und Erwachsene.

Andreas Brettschneider unterrichtet seit zehn Jahren die Fächer Deutsch, Englisch, Musik und Literatur an einem Gymnasium. Wenn die Zeit es zulässt, macht er Musik in zwei Bands und hat jüngst entdeckt, dass literarisches Schreiben auch eine feine Sache ist. Von ihm stammt die Kurzgeschichte *Die Fenster offen.* (www.derbrettschneider.de)

Wiebke Busch wurde 1976 in Kiel geboren. Ihr rheinländisches Lebensmotto »Et kütt, wie et kütt« ist daher eher untypisch. Aber wirksam: So kam sie nach Hamburg, fand ihren Traumjob als Texterin in der Werbung, traf ihren Mann, heiratete, bekam zwei Kinder und fing an zu schreiben. Zum Beispiel die Geschichte *Opa muss mit.* Mal sehen, was als Nächstes kütt ...

Akram El-Bahay hat viele Jahre als Journalist gearbeitet, verfasst mit Vorliebe fantastische Bücher und schreibt ansonsten die

Erlebnisse seiner kleinen deutsch-ägyptischen Niederrheinfamilie auf. Seine drei Söhne sorgen dafür, dass er nie den Verstand verliert – sie lassen ihm einfach keine Zeit dafür. Er kocht am Heiligen Abend immer arabisch und verarbeitet seine Kocherfahrungen in der Geschichte *Gans oder Falafel?*.

Michael Engler wurde in Niedersachsen geboren. Dort, wo das Land so flach ist und die Wolken so tief hängen, dass dazwischen nur Langeweile gedeiht. Der entflieht man entweder durch das Umschubsen von Kühen auf nächtlichen Weiden oder indem man sich Geschichten ausdenkt. Da er keine Kühe mag, hat er sich für die Geschichten entschieden. Zunächst als Comiczeichner und -autor, dann in der Werbung und seit einigen Jahren als freier Schriftsteller. Er schreibt Kinderbücher, Theaterstücke und Hörspiele. Schon lange lebt er in Düsseldorf, wo er auch zur Geschichte *Fest der Liebe* inspiriert wurde.

Christa Goede ist Diplom-Politologin, Social-Media-Managerin, Klartextschreiberin, Schachtelsatzallergikerin, Rechtshänderin, Linksdenkerin, Internetbewohnerin, Blümchenliebhaberin, Punkrockhörerin, Motivationsmaschine, Monsterhäklerin, Disziplintierchen und Besserwisserin mit Sinn für Humor. Und sie kannte mal einen großen schwarzen Hund mit Knickohr.

Moritz Hampel wurde 1973 in Berlin geboren und ist im östlichen Niedersachsen aufgewachsen. Nach dem Abitur leistete er anderthalb Jahre Zivilersatzdienst in einem Sozialprojekt mit straffällig gewordenen Jugendlichen in Dublin, Irland. Nach einem Studium der Nordamerikastudien an der FU Berlin arbeitet Moritz Hampel derzeit als Gamedesigner. Er hat drei Kinder, wohnt mit seiner Familie in Berlin und ist Mitglied im Autorenkombinat »Kommando Torben B.«.

Roland Helm ist langjähriger Radiojournalist, Moderator, Redakteur, (Ex-)Unterhaltungschef (SR1), Musiker (»Sarrebruck libre« und »Leonard Cohen Tribute«) und Buchautor (Saar Rock History). www.roland-helm.de

Anna Herzog lebt mit vier Kindern, einem Mann und einer wechselnden Anzahl Tiere in einem alten Haus im Ruhrgebiet. Sie ist unter anderem Ärztin.

Charlotte Hirsch, geboren 1978, lebt nach insgesamt sechs Jahren China wieder in Hamburg. Nach ihrer Ausbildung zur Fremdsprachenhostess sowie dem Studium der Sinologie und Sprachlehrforschung in Hamburg hat sie in unzähligen Büros, im Eventmanagement, Tourismus und in Bildungseinrichtungen in Deutschland und China gearbeitet. Sie schreibt, seit sie acht ist, exklusiv für ihre Schublade und findet, dass diese mittlerweile zu eng geworden ist. Sie ist ebenfalls auf der Suche nach ihrem Platz im Leben und fände ihn nur zu gern in einem Buchregal.

Heike Jurzik lebt meistens in Köln, ab und zu im Sauerland und ständig online. Als Journalistin und Texterin schreibt sie vor allem über Technik, Linux und Open Source/Freie Software. Wenn sie nicht gerade auf dem Mountainbike durch die Landschaft rast und sich Geschichten ausdenkt, spielt sie ihre Fiddle bei Bluegrass- oder Irish-Folk-Sessions.

Anja Koeseling war als Journalistin und Publizistin tätig, bevor sie 2008 die Literaturagentur Scriptzz mit Sitz in Berlin gründete. Heute lebt sie mit ihren Jack-Russell-Terriern im schönen Brandenburg und genießt das Leben.

Rebekka Knoll schreibt Thriller für Jugendliche, Romane für junge Erwachsene und Artikel für Zeitungsleser. Vom Schreiben kann sie sich nur abhalten, indem sie sich ihre Boxhandschuhe überzieht. Sie trainiert, schreibt und lebt in Kassel. Von ihr stammt die Geschichte *Vor Theas Tür*. www.rebekkaknoll.de

Olaf Köhler ist studierter Diplom-Kulturwirt. Der gebürtige Pfälzer lebt in München, von wo er die ganze Welt bereist. Olaf Köhler arbeitet als freiberuflicher Autor und schreibt Drehbücher für erfolgreiche TV-Serien für Jung und Alt. Er hat gerade seinen ersten Roman beendet. Vom ihm stammt die Geschichte *Wunderliche Weihnachtswunder*.

Timm Kruse (Jahrgang 1970) arbeitet als Journalist und Autor in Kiel und Südfrankreich – wenn er nicht gerade durch die Welt reist oder Meditationsseminare besucht. Von ihm stammen die Bücher *40 Tage Fasten*, *Roadtrip mit Guru* und *Meditiere ich noch oder schwebe ich schon?*. Er schrieb die Geschichte *Die Heiligen Drei Königinnen*. Mehr auf www.gekritzeltes.de

Tom Liehr, Jahrgang 1962, hat Dutzende Short Storys und bislang zehn Romane veröffentlicht, darunter *Radio Nights*, *Idiotentest*, *Leichtmatrosen* und *Sommerhit* im Aufbau-Verlag sowie *Nachttankstelle* und zuletzt *Landeier* bei Rowohlt. Der Roman

Leichtmatrosen wurde im Jahr 2016 für die ARD/Degeto verfilmt. Liehr hat außerdem für mehrere Zeitschriften geschrieben. Er lebt mit Frau, Kind und Katzen in Berlin. Von ihm stammt die Geschichte *Paare im Rückspiegel*.

Petra Plaum, Journalistin mit den Schwerpunkten Medizin und Bildung, lebt mit ihren drei Teenagertöchtern in Donauwörth/ Bayern und ist darum ein Profi in Sachen Weihnachtschaos. Zur Geschichte *Zum Kinderkriegen* inspirierte sie ihr Patenkind, geboren am 24. Dezember 2001.

Julia Reibel arbeitet seit zwanzig Jahren in einem großen deutschen Zeitungsverlag. Privat managt sie erfolgreich einen Ehemann und drei sehr lebhafte Söhne. Sie wohnt mit ihrer Chaosfamilie im schönen Rheinland. Ihre vier bastelnden Männer beschreibt sie in der Geschichte *Weihnachtsschmuck 2.0*.

Björn Schmidt, Jahrgang 1974, ist Diplom-Pädagoge und seit dem Jahr 2002 beruflich mit der Unterstützung arbeitsloser Menschen befasst. Wenn er die Zeit dazu findet, schreibt er auch gern mal einen Text. Ob über Fußball oder über Weihnachten – auf jeden Fall immer über das Leben.

Heike Eva Schmidt, geboren in Bamberg, lebt im schönsten Teil Oberbayerns zwischen Bergen und Seen. Nach einem Psychologiestudium war sie zunächst als Journalistin für Radio, TV und Print tätig, ehe sie ein Stipendium für die Drehbuchwerkstatt München erhielt. Seitdem arbeitet sie erfolgreich als freie

Drehbuchautorin und als Schriftstellerin. Von ihr stammt die Geschichte *Die Kipferl des Grauens*.

Tino Schrödl wurde 1972 geboren und arbeitet hauptberuflich als Autor, Regisseur und Producer von TV–Reportagen.

Andrea Schütze ist Diplom-Psychologin und schreibt eigentlich Kinderbücher, die es in sich haben. Wenn sie ab und an eine Pause von Feenzauber, Hexenwirbel und sonstigen magischen Verwicklungen braucht, dürfen es gern mal Kurzgeschichten für Erwachsene sein oder *Rezepte aus aller Welt*.
Und die haben es dann auch in sich.
Nur anders.
www.andrea-schuetze.de

Heike Schulz feiert Weihnachten am liebsten zwanglos mit Freunden und Familie. Alle bringen nach Lust und Laune etwas fürs Büfett mit und je später der Abend, desto ausgelassener die Späße. Sie lebt mit ihrer Familie in der Nähe von Köln und schreibt Romane für Jugendliche und junge Erwachsene.

Katharina Seck wurde 1987 in Hachenburg geboren und wuchs in dieser mittelalterlichen, von einem Schloss gekrönten Kleinstadt im Westerwald auf. Heute arbeitet sie im öffentlichen Dienst im Bereich Öffentlichkeitsarbeit. In ihrer Freizeit beschäftigt sie sich am liebsten mit Menschen, Kultur und möglichst vielen Büchern sowie mit ihrem Hund.

Mina Teichert wurde 1978 in Bremen geboren und lebt mit ihrem Mann und ihrer Tochter in einer dörflichen Gemeinde auf einem landwirtschaftlichen Betrieb. Nach jahrelanger erfolgreicher Tätigkeit als Fotografin kam sie über Umwege ans Schreiben und fühlt sich jetzt endlich angekommen.

Lisa Yehuda ist promovierte Archäologin, Reiseleiterin und freiberufliche Journalistin, die vor 17 Jahren vom Osten Deutschlands in den Nahen Osten, genauer gesagt nach Israel, ausgewandert ist. Über Israel gibt es so viel zu sagen, dass sie gar nicht anders konnte, als mit dem Schreiben zu beginnen. Leben und leben lassen in diesem faszinierenden Land sind Themen ihrer Kurzgeschichten, längeren Geschichten und ihrer Artikel für populärwissenschaftliche Magazine und Feuilletons.

Impressum

Herausgegeben von Heike Abidi und Anja Koeseling
Advent, Advent der Christbaum brennt
24 neue Geschichten aus der chaotischen Weihnachtszeit
ISBN: 978-3-95910-086-1

Eden Books
Ein Verlag der Edel Germany GmbH
Copyright © 2017 Edel Germany GmbH, Neumühlen 17, 22763 Hamburg
www.edenbooks.de | www.facebook.com/EdenBooksBerlin | www.edel.com
1. Auflage 2017

Dieses Werk wurde vermittelt durch die Literaturagentur Scriptzz, Berlin |
www.scriptzz.de

Einige der Personen im Text sind aus Gründen des Persönlichkeitsschutzes
anonymisiert.

Projektkoordination: Svenja Monert
Lektorat: Katharina Theml
Umschlaggestaltung: BüroSüd | www.buerosued.de
Layout und Satz: Datagrafix GmbH, Berlin
Druck und Bindung: optimal media GmbH, Glienholzweg 7, 17207 Röbel/
Müritz

Das FSC®-zertifizierte Papier *Holmen Book Cream* für dieses Buch lieferte
Holmen Paper, Hallstavik, Schweden.

Printed in Germany

Dieses Buch ist auch als E-Book erhältlich.

Um die kulturelle Vielfalt zu erhalten, gibt es in Deutschland und in Österreich die gesetzliche Buchpreisbindung. Für Sie, liebe Leserin und lieber
Leser, bedeutet das, dass Ihr verlagsneues Buch jeweils überall dasselbe kos-
tet, egal, ob Sie Ihre Bücher gern im Internet, in einer großen Buchhandlung
oder beim kleinen Buchhändler um die Ecke kaufen.